互联网+县域

一本书读懂县域电商

淘宝大学 阿里研究院 著

电子工业出版社
Publishing House of Electronics Industry
北京·BEIJING

内 容 简 介

《互联网＋县域：一本书读懂县域电商》是县域经济转型升级、接入互联网＋值得阅读的一本书。

郡县治天下安，县域经济占中国经济的半壁江山。能否顺利实现"电商国八条"（国务院《关于加快发展电子商务培育经济新动力的意见》）提出的让电商成为"工业化、城镇化、农业现代化、信息化同步发展的关键性因素"，最终要看县域电商发展。从2014年起县域电商发展明显升温，迅速成为经济社会发展转型的重点领域之一，各地纷纷出台政策措施加速推进，但县域电商是什么、怎么看、怎么办，一时众说纷纭。

为了及时解决理论与实践上的困惑，本书编委会邀请相关专家进行系统解读并集中解析了20个县域电商案例，对县域电商七大类型及各地十分关注的相关业务模块进行了介绍，以期为各地提供借鉴和帮助。

本书适合各级党政领导、电商企业、电商服务商及相关配套产业从业者阅读。

未经许可，不得以任何方式复制或抄袭本书之部分或全部内容。
版权所有，侵权必究。

图书在版编目（CIP）数据

互联网＋县域：一本书读懂县域电商 / 淘宝大学，阿里研究院著 . —北京：电子工业出版社，2016.2
ISBN 978-7-121-27946-1

Ⅰ．①互… Ⅱ．①淘…②阿… Ⅲ．①县级经济－电子商务－研究－中国 Ⅳ．① F713.36

中国版本图书馆 CIP 数据核字（2015）第 314850 号

策划编辑：张彦红
责任编辑：葛　娜　王　静　石　倩
印　　刷：北京捷迅佳彩印刷有限公司
装　　订：北京捷迅佳彩印刷有限公司
出版发行：电子工业出版社
　　　　　北京市海淀区万寿路173信箱　邮编：100036
开　　本：720×1000　1/16　印张：18.5　字数：277千字
版　　次：2016年2月第1版
印　　次：2016年2月第2次印刷
定　　价：79.00元

凡所购买电子工业出版社图书有缺损问题，请向购买书店调换。若书店售缺，请与本社发行部联系，联系及邮购电话：（010）88254888。

质量投诉请发邮件至 zlts@phei.com.cn，盗版侵权举报请发邮件至 dbqq@phei.com.cn。
服务热线：（010）88258888。

本书编委会

顾　　问：金建杭　王　帅　孙利军　高红冰　周　桓　陈庆探　汪向东

主　　编：魏延安

执行主编：刘国峰　陈　亮

策　　划：何兵权　张桥刚

插　　图：龚　路

撰　　写：（按章节先后顺序排序）

　　　　　汪向东　魏延安　陈庆探　盛振中　陈　亮　方　毅
　　　　　李　祥　张乐群　张小平　刘惠煌　牟文建　田建刚
　　　　　陈　良　李　博　殷梅英　陈民利　吴海端　郑春雨
　　　　　井然哲　李赛文　曲　江　王井泉　赵文明　洪　非
　　　　　高　翔　王郁松　朱长途　王军龙　吴　冬　胡晓云
　　　　　薛　倩　李春望　刘希富　杨润华　俞胜法　熊　健
　　　　　陆　夏　刘　洋　刘国峰

特别感谢：

淘宝大学县长电商研修班特邀专家：张旭晨、崔丽丽、章剑林、潘东明、潘君跃、徐炳东、余斌、王红春、王兴春、苏永忠、孙连岭、李亦阳、李英杰、辛巴、贾枭、王文辉、娄向鹏、金光磊、胡海卿、徐小波、王盛、曹明、张瑞东、蔡同超、向城钢

淘宝大学县长电商研修班项目组：张彬、张蕾、毛燕平、张建波、生拥芳

序一

DT 时代 县域变革

张勇（逍遥子）阿里巴巴集团 CEO

阿里巴巴集团在 2014 年发布了"千县万村"战略，把农村电商定位为与全球化、云计算大数据并列的阿里巴巴三大战略之一，以这三大战略带领阿里巴巴集团走向未来 10 年。这意味着发展农村电商，已经成为我们业务推进的重中之重。

经过一年多的发展。在 2015 年年末，阿里巴巴的农村淘宝"千县万村"计划走过了第一个里程碑——在全国范围内所覆盖的村超过了一万个。正是有了全国各地的合作伙伴和县长们的大力支持，农村淘宝才有了这么快的发展速度，才走向了全国，走向了"千县万村"。当然中国有几十万个村，一万个村只是一个起点，在以后的若干年我们会加快脚步，更积极地拓展农村业务。

当整个农村淘宝项目铺开以后，我一直在思考一个问题，在农村我们要怎么样借鉴阿里电商十多年的发展经验。在我看来，其中的关键一点就是坚定地秉承构建生态的核心思想。

生态不是什么都自己做，生态是帮助更多的人做。互联网能够把城乡之间的距离拉近,让需求和供给更好地面对面。如何去发现这样的需求，如何去创造这样的供给满足需求，这中间的核心工作，并不只是去建立一个深度分销渠道，而是利用互联网的技术和思想，通过构建生态的方法，让所有的合作伙伴都在农村发现市场机会，创造性地满足这样的需求。

在过去的一年，我们开始践行这个思想，于是有了淘宝大学县长电商研修班，于是有了各方面合作伙伴的加入。阿里巴巴始终相信，生态化地建设农村电商，是农村淘宝发展战略的核心，也是帮助农村利用互联网最高效的方式。

在整个农村电商生态发展的道路上，扮演至关重要角色的是知识与技能的传授、推广。阿里巴巴做了16年电商，深入农村后我们怎么样把过去从市场中获得的知识反哺到农村，把从市场中看到的机会提供给合作伙伴，这也是今天淘宝大学在做，并且会继续大力做下去的一件事。很多政府官员、合作伙伴和农村的新创业者，尽管在今天都是互联网用户了，但是怎么样用好互联网这样的基础工具、基础设施，去发展本地的经济、创造新的机会，还都处在一个探索阶段。

更重要的是，我始终相信淘宝大学是教学相长的，特别是在农村。在淘宝大学没有所谓真正的讲师和真正的学员：今天的讲师可能就是昨天的学员；今天的学员在获得一定的基础知识，并不断积累和实践后，未来就有可能成为一位好讲师，并愿意把这些知识分享给新一代的学员。这反映了整个互联网分享经济的内核，DT时代非常重要的特征就是分享、利他。在我们这样一个平台上，通过互联网创造了很多的实践，去创造更多的知识，去有针对性地推动农村电商生态化发展，以淘宝大学为载体进行知识分享，这是阿里巴巴整个农村电商计划。

展望未来，我们与合作伙伴致力于搭建的是什么样的农村生态呢？在这个新生态当中，有从事生产的人，有从事种植的人，有从事服务的人，有从事销售的人，需要遵循社会化分工的原理，怎么样能够从一个小规模的试点到一个大规模的社会化分工和合作，利用互联网走出当地，面向整个中国市场和全球市场，这是我们非常注重的。为了建设好农村电商的基础设施，阿里巴巴会围绕农村，为农户提供物流服务、信用服务、金融服务、营销服务、培训服务，提供各种各样的服务机会，把农村淘宝融入农村新经济中去。

只有这样，我们才可以真正让农村经济既面向市场，也可以通过专业化的分工和合作提升效率。扎实地推动各地经济的发展和提高所有农村居民的生活水平。

在这个过程中，淘宝大学能做的还有很多，特别是专业服务人才培养和数据赋能农村两大关键领域。我一直认为，电子商务的产生，推动了中国现代服务业的发展。我相信随着农村电商的发展，一定会需要大量农村的专业摄影师、专业营销人才、专业服务人才，也需要去整合农村到村镇县整个供应链的人才体系。有了人才，我们就有了基础，就能形成一个个实实在在的实体经济单元，利用好互联网这个工具，能够让农村经济搭载着互联网的翅膀，通过信息高速公路走向全国乃至全球的市场。

我们在走向农村的过程当中，也必须要用数据来武装自己，要用阿里巴巴积累的数据和开发的数据工具，赋能农村。今天，我们正把原来的传统经济加上互联网，变成真正意义上的新经济核心，我们正在利用大数据，利用对消费者的洞察，利用对市场机会的洞察，帮助在这个生态体系里的所有合作伙伴，找到发展的机会，找到增长的机会。我们在未来要用大数据来武装大生态，让我们的合作伙伴在这个生态体系里获得滋养的机会、发展的机会。

2015年是整个农村电商蓬勃发展的一年，很多往事还历历在目。一年多的时间，我们已经走进了很多县城，走进了很多村庄。但是从整个历史发展的长河来讲，这还只是刚刚开始。

在这里特别感谢全国各地的县长们和所有政府的合作伙伴们对阿里巴巴的大力支持。我们将继续努力，利用我们的大数据，利用我们构建生态的方式，和大家一起来推动中国经济的发展，推动农村经济的发展，真正让我们扶贫的梦想一步步地去实现。

序二

县域电商的黄金时代

高红冰 阿里巴巴集团副总裁 阿里研究院院长

身处互联网行业的一大乐趣是，身边总是会有意想不到的亮点涌现出来，让人目不暇接。县域电商就是这样一个耀眼的亮点，从2013年开始，短短两年时间，县域电商仿佛燎原之火，成为从钱塘江畔到大别山麓、从胶东半岛到云贵高原的热门话题。

县域电商有多火？从县域电商峰会可以窥豹一斑。2014年7月，首届中国县域电子商务峰会在阿里杭州总部举办，700人的会场涌进了将近1000人，有近200名县市长参加；一年之后，第二届县域电子商务峰会移步桐庐县召开，到会的县市长超过了300人。在中国，一个没有红头文件通知、由电商平台发起的活动，竟然能够吸引这么多的地方父母官热情参与，究竟是什么原因？

原因有二。其一，中国社会正处于从工业经济向信息经济转型的关键时期，互联网对于传统经济的转型升级作用、对社会消费的拉动作用、对创业就业的促进作用，正在被越来越多的地方政府所认识，站在县长的角度，发展电子商务，就是为本地经济寻找新的经济增长引擎，也是避免落后于时代发展的必然之举；其二，对各大电商平台来说，随着大中城市互联网普及度的提高，渠道下沉已经是大势所趋，占地面积广、人口占比大的县域地区自然成为发展的未来目标，中国的县域经济形式多样，资源禀赋各异，这是一个可以大展拳脚的舞台。

因此，综合而言，县域电商的崛起是区域经济发展内在需求、电商平台渠道下沉战略二者合力的结果。由于县域电商与发展实体经济高度结合，因此它并非昙花一现的流行风，而是有着旺盛生命力的新经济。

这种新经济之所以引人关注，一大原因是因为其多样性和创造性。在过去的两年时间里，涌现了一批颇具特色的县域电商模式，如以农产品电商分销体系为特色的"遂昌模式"，以政府主导、依托平台从而实现无中生有为特点的"桐庐模式"，以招商引资、筑巢引凤为亮点的"武功模式"，以电商扶贫为看点的"成县模式"等。这些县域电商模式的共同特点是根据本地自然资源状况进行大胆创新，政府合理扶持，保持"不缺位，不越位"，从而实现了互联网与县域经济的有机结合。尽管我们目前尚不能给这些模式冠以成功者的标签，但是这些创新性的实践，给全国的县域电商发展带来了诸多启示。

除了模式这种定性的视角，县域电商还可以从定量的视角审视，结果同样振奋人心。阿里研究院开发出了aEDI（阿里巴巴电子商务发展指数）体系，这套评测体系通过网购、网商两个维度的大数据统计，可以比较客观地反映一个区域的电子商务发展水平，"电子商务百佳县"也就应运而生。阿里研究院连续发布了2013年、2014年的电子商务百佳县之后，对于全国各地的县级政府提供了一个直观的本地电商衡量指标，也进一步推高了县域电商的热度。同传统的百强县排行榜相比，电子商务百佳县代表了新经济，代表了未来，这是让县长们兴奋的地方。同时，一些相对落后的县域的入围，也让人们看到了借助电子商务实现经济弯道超车的机会。

县长，是发展县域电商的一个关键要素。在中国发展县域电商和农村电商，离不开政府的支持，尤其是在互联网欠发达的中西部地区，更需要政府承担起更大的责任。有人说，真正的县域电商是不需要县长的，这种说法看似有道理，但是却忽视了中国县域巨大的地区差异和发展阶段差异，充分市场化是县域经济的目标，也是县域电商的目标，但在通往这个目标的道路上，政府是重要的推动力。我们看到，已经有一批优秀的县长在发展县域电商过程中经历了历练和成长，他们对新经济、对互联网有着非同寻常的敏锐，他们看重互联网的"富民"效应、对传统产业的拉动效应，所以才会奋不顾身一头扎进去，乃至"衣带渐宽终不悔"。我们希望这样的县长越多越好，他们是一方之福。

培养更多具有互联网思维的县长，是这个时代的需求。阿里巴巴集团在这方面也进行了积极尝试，如淘宝大学与阿里研究院合作举办的"县长电商研修班"，创办一年以来，培训了40期1572名学员，已覆盖26个省、193个地级市、598个县。县长班的课程既有高屋建瓴的互联网思维，也有紧贴地气的实操内容，极大地帮助县长们开拓了视野，提升了县域电商的落地成功率。从长远来看，这必是一项影响深远的系统性工程。

县域电商的另一个关键要素，则是服务商。以淘宝网为代表的第三方电子商务平台，孕育了数以百万计的卖家群体，围绕海量卖家的需求诞生了形式多样的第三方电商服务商，以电商服务商为主体的电商服务业，已经成为战略型新兴产业的代表。县域电商的快速发展，同样离不开专业、成熟的电商服务商的支撑。当前，在许多县域，快递、仓储、培训、运营、摄影、产业园等电商服务业发展非常迅速，成为县域电商的助推器。以快递为例，2014年我国县域发出和收到的包裹总和超过了45亿件，在促进县域电商发展的同时，也创造了巨大的就业机会。

阿里正在尝试提供一体化的县域电商解决方案。2014年10月，阿里推出了"千县万村"计划，即农村淘宝模式，其目标是在5年之内，投资100亿元，建立一个覆盖1000个县、10万个行政村的农村电子商务服务体系。截至2015年12月31日，农村淘宝落地24个省，开业200多个县级服务中心、13000多个村级服务站，日均订单突破150000单，村日均订单超过 13 单。农村淘宝将依托阿里生态圈，不断开辟出新的服务模式和领域，真正地践行让农民生活更美好的服务理念，包括农村金融、农村健康、农村物流、农村集采、农村旅游等，构建"智慧乡村"。这将是县域电商的一大看点。

县域电商的第三个关键要素，是人才。县域发展电子商务，普遍面临人才匮乏的挑战。无论是刚刚起步的县域，还是已有领先优势的县域，在营销、运营、设计等各个岗位，在高、中、低各个层次，都有不同程度的人才缺口。究其原因，一是由于大多数县域尚未建立电子商务人才培训体系；二是县域对于目前集中于大城市的电子商务人才缺乏吸引力。电商人才培养是个系统工程，需要制度保障和持续投入。要从根本上解决电商人才问题，需要政府、企业、学校、协会等多方协力，逐步建立起本地化的电子商务人才培训体系。

发展县域电商正当其时。让我们共同开创、见证中国县域电商的"大场面"！

序三

县域电商，让我们共同期待

汪向东 中国社会科学院信息化研究中心主任

近一年多来，电子商务开始在越来越多的县域陆续被列入经济社会发展的重要日程。地方政府从战略规划、政策安排、资源配置等角度对电子商务工作之重视，达到前所未有的广度和高度。我们有理由认为，我国县域电商已经开始进入一个全面的引爆期。

在给县长班讲课时，我往往会强调，当前县域电商的全面引爆有其必然性，起码有"三个符合"：首先，符合电子商务本身发展的趋势。电子商务的主流化进程已经到了由城及乡的时候，县域是城乡接合部，农村电商的兴起自然会体现在县域电商的发展上；其次，符合国家大政方针的要求。中央明确提出"网络强国"战略，国务院发布了《关于积极推进"互联网+"行动的指导意见》，电子商务作为"互联网+"行动的一个重要领域，更是得到国家政策的高度青睐。国家的大政方针需通过县域才能落实下去，县域电商全面引爆是各地落实国家相关战略与政策部署的体现；最后，符合县域发展自身的需要。今天的电子商务不再仅仅是从线上多销售一些产品，而是已经覆盖到几亿人口和一半以上的企业，关系到增量创新和存量转型，成为名副其实的民生工程。越来越多的县域领导把电商作为推动当地中心工作和实现战略目标的重要手段，从而带来县域电商遍地开花的新局面。

我在各地调研和与县域领导们交流时，不少领导同志坦言，他们认识到了县域发展电子商务的重要意义，想做，却又苦于无从下手，或不知道怎么做。为此，2014年12月，淘宝大学开始专门组织县长电子商务培训班，面向全国各地，对主管电子商务工作的县级和部门领导进行培训。在不到一年的时间里，此类县长班已经开办了40多期，参与学习的学员主要是电商处于导入期的县域的领导。县长班得到各地政府的欢迎，好评如潮。其重要的原因，就在于县长班的举办和培训的内容，切合了当前县域电商发展的需要。

为满足更多县域开展电商工作的需要，淘宝大学联手阿里研究院，组织县长班授课老师，以他们的讲课内容为基础编写了本书。

本书围绕县域电商的实际需求，主要提供了三个方面的内容，即县域电商的理论工具、实操经验和可对接落地的相关资源。其中，理论篇，虽有县域电商的趋势分析和理念主张，但更多内容侧重于指导行动的应用理论；案例篇，占了本书的大量篇幅，汇集了当前我国县域电商领域较有影响力的典型案例，这些县域电商的案例按照电商驱动主体的作用方式和演进特点分类进行编排；另外，部分电商服务商介绍了他们运营县域电商服务的经验和案例；资源篇，集中介绍阿里系可为县域电商落地提供的资源，包括农村淘宝、特色中国、蚂蚁金服、菜鸟物流、中国质造、满天星和淘宝大学人才培养等。

我相信，本书会和淘宝大学县长班一样，受到众多县域电商领导们的欢迎。因为书中许多应用性很强的理论和实操知识，本身就来自于县域电商的一线实践，其中包含了许多前沿性的宝贵探索；而阿里业务部门介绍的内容，以及部分电商服务商的案例展示，都为有意开展合作的县域提供了可接入的资源，事实上，这些资源已有不少已经或正在越来越多的县域落地应用。作为本书向读者提供的内容，在过往淘宝大学40多期县长班的培训课程中，多数经历过反复打磨，有些则直接被受训学员带回所在的县域，变成当地县域电商的实际行动。因此，这本书的出版，对于推进我国县域电商的开展，会起到非常重要的作用。

另外，应该提醒读者注意，政府倡导的"互联网＋"行动计划刚刚部署，县域电商全面引爆也处于开始阶段，我国幅员辽阔，县域之间情况各异，各县域电商发展的基础条件、发展现状、所处阶段、演进路径等会不尽相同。本书作为合作研究成果，作者们各自的背景也不一样，大家对县域电商的某些问题见仁见智，众说纷纭，自然也在所难免。因此，希望读者在参考本书案例和作者的见解时，能有自己的独立思考。

细心的读者能够发现，如何把握县域电商的一般规律和特殊规律，如何区分县域电商的不同类型，如何看待农村电商与县域电商的关系，再进一步，县域应如何制定交易平台、电商园区、服务体系、人力资源、跨地区合作的策略等，对诸如此类的问题，不同作者的看法存在着或多或少的差别。更重要的是，如果回到县域电商的实际场景中，观点上的差别往往更加明显。拿我自己的观点打个比方，我明确主张"电商导入期，且行且调整，模式是浮云，实效为根本"，也能真切地感受到不少地方的政府官员希望打造本地电商"模式"作为政绩的热情，以及服务商作为"乙方"迎合政府"甲方"诉求的想法和做法，但坦率地说，这难免会让本应客观和理性的探讨中间，加进一些复杂的因素。

或许，最容易触动人们的情绪和引发分歧的命题，是县域电商发展中政府与市场的关系问题。十八届三中全会提出一个重大理论观点，就是使市场在资源配置中起决定性作用和更好地发挥政府的作用。那么，究竟如何看待县域电商中事实存在的"政府主导"作用？如何把握政府"因地因时制宜"的界限？政府发挥作用的成败得失如何评价？如何构建政府与市场良性互动的机制？这既是重大的理论问题，也是非常迫切需要解答的实践问题。

作为一本县域电商领域实操性很强的专著,本书最大的特点就是直面县域电商实践中出现的一系列前沿问题,而由于种种原因,本书又不可能将县域电商所有的重大问题悉数覆盖。比如,究竟县域电商与县域"互联网+"行动的其他领域是何种关系,如何把握县域电商中增量创新与存量转型的关系,县域电商多平台生态如何共存发展,以及县域电商与"两化融合"、贫困县的电子商务等重大的理论与实践问题,还有待我们进一步探索、研究和实践。

对此,让我们寄希望于未来吧。好在县域电商的全面引爆才刚刚开始,我希望,也坚信,未来一定会有更多的实践者和研究者参与其中,县域电商快速发展的实践,也定会推动人们的认识不断更新。在这个快速迭代的互联网时代,县域电商的明天,值得我们共同期待。

推荐语

一本书读懂县域电商

国务院扶贫办国际合作和社会扶贫司巡视员　曲天军

我对电商扶贫的概括，电商扶贫即将电子商务纳入扶贫开发体系中，瞄准扶贫对象，作用于扶贫对象，拓展扶贫对象的增收渠道，将当地绿色、有机、安全的农副土特产品卖出来，促进商品流通，增加扶贫对象的收入，进而脱贫致富，在市场作用下，反过来带动当地相关产业壮大发展。

中共陇南市委书记　孙雪涛

"互联网+"带来了人们思维方式、行为方式、生活方式的改变。我们已经实实在在感受到，在广大农村正在发生一场深刻的变革。电商将空间上的万水千山变为网络里的近在咫尺，给西部地区、贫困县区带来了后发赶超的历史机遇。相信这本书会对全国县域经济发展、实现中央精准脱贫目标提供各种类型的借鉴和参考。

甘肃省白银市委副书记、市长　张旭晨

当我看到这本书时，不禁眼前一亮，这是迄今为止我看到的国内关于县域电商发展理论和实践结合最紧密的一本书。该书的突出之处在于囊括和解析了全国近几年来县域电商发展最优秀、最有代表性的成功案例，汇聚了全国从事县域电商研究最前沿、最新颖、最富实践精神的研究成果，是县域电商从业人员的指南，是地方政府抓好县域电商的帮手，是草根创业的一本秘籍。

北京大学国家发展研究院院长　姚洋

互联网为中国农村的现代化打开一扇新的门。以往，农民现代化的唯一途径是进城，但对于许多人来说，这未必是最好的选择。如今，互联网的普及，特别是淘宝在农村的渗透，让农民可以在不必离开故乡的前提下完成现代化的华丽转身。本书值得每个关心中国互联网发展、关心中国农村发展的人士阅读。

浙江大学中国农村发展研究院院长　黄祖辉

县域电商是个系统工程，需要通过政府、服务商、各类经营者多方介入相互联动，形成健康的生态体系，才能快速而有序地发展。本书汇集了中国走在前列的各类县域电商发展经验，为各级地方政府通过互联网和电子商务实现经济转型提供了有效的借鉴，能够推动县域电商发展中的各类角色，从组织化、品牌化、电商化高效整合的角度，改善国家最关注的农业、农村、农民"三农"问题。

浙商发展研究院院长　王永昌

"互联网+"与"县域"的"联姻"，将创造出我们这个时代的奇迹。郡县制自古为中国社会治理最稳固的体制单元，它融宏观与微观于一体，上接中央，下接百姓，是个大有作为的平台。大家看看吧，一旦"电商"与"县域"、与农村农民们牵手，它们已改变着什么，并将创造着什么？《互联网+县域》给了许多鲜活的答案。

蚂蚁金服集团首席战略官、蚂蚁金服商学院院长　陈龙

太史公言，"郡县治，天下无不治。"但是，中国的农村长期以来处于经济边缘地带，发展缓慢；对资金的需求旺盛，却面临严重的资金流失；对发展的渴望强烈，却出现了经济"空心化"。技术革命带来了改变这些趋势的契机。《互联网+县域》一书，将理论与实战、技术与愿景融为一体，从一个别样的视角让我们窥见农村的今天和未来。

阿里研究院学术委员会主任　梁春晓

20年来，互联网以前所未有之势席卷中国的每一个角落，县域、三农和淘宝村无疑是这一轮浪潮中最耀眼的焦点，其长远影响不可限量。继技术创新和经济创新之后，互联网所引发的社会创新将接踵而至。通过本书，我们看到大量基于县域和乡村的互联网经济创新，我们也期待由县域和乡村涌现出更加精彩的互联网社会创新。

阿里巴巴集团副总裁、农村淘宝总经理　孙利军

郡县治，天下安；县域兴，中国强！县域电商的发展正在成为加速城乡一体化建设，服务农民、创新农业现代化的新动力。本书所呈现的理论和案例丰富而鲜活，相信可以为我们带来更多的借鉴与思考。

目录

第一篇 理论篇

县域电商如火如荼的发展带来了很多改变，其中之一是给外出务工青年一个能够回乡创业的机会，让年幼的孩子在父母的陪伴下快乐成长，让年迈的父母在儿女的侍奉下颐养天年。从"世界那么大，我想去看看"到"世界再大，也要回家"，这是一种情感的回归，更是对乡愁的深情呼唤！当这些熟悉互联网的"80后"、"90后"、"00后"回归家乡，替代父辈开始成为经营乡村的主力时，"留守儿童"、"空巢老人"将会成为历史名词，亲情可以不再流浪，家庭变得更加温馨。

1　县域电商的机遇和挑战 / 2

2　县域电商的顶层设计 / 24

3　县域电商发展的整体框架 / 31

4　中国"电商百佳县"分析 / 40

5　县域电商服务业和生态系统的整体构建 / 48

第二篇 案例篇

县域电商，怎么落地？特别是农村电商其实是挺让人纠结的一件事，就是想做不知道该怎么做。虽然一些中西部地区电商还处于导入期，但是从全国来看已经出现了样式纷呈的局面，不同的县电子商务的产业依托是不一样的，主导力量是不一样的，交易平台也是不一样的。本篇归纳总结了七大类型的县域电商案例，从不同视角进行解读。

1 县域电商——政府驱动型 / 60
    1.1 浙江桐庐：无中生有的县域电商 / 61
    1.2 甘肃成县：一颗核桃引发的电商扶贫大戏 / 70
    1.3 陕西武功：中华农都如何转身电商新城 / 78
    1.4 福建德化：世界瓷都如何玩转互联网 / 82

2 县域电商——服务商驱动型 / 89
    2.1 吉林通榆：八万里路云和月 / 90
    2.2 新疆：丝绸之路的网络重筑 / 99

3 县域电商——网商驱动型 / 106
    3.1 江苏睢宁：从淘宝村到淘宝县的跨越 / 107
    3.2 广东揭阳：大众创业的淘宝村试验田 / 114
    3.3 山东博兴：当董永遇见马云 / 127

4 县域电商——产业驱动型 / 133
    4.1 浙江义乌：世界小商品城的电商换市 / 134
    4.2 福建莆田：互联网如何帮助"莆田造"走向世界 / 142
    4.3 河北清河：羊绒之都的电商转身 / 147
    4.4 云南元阳：互联网＋扶贫的元阳实践 / 154
    4.5 浙江临安：小核桃如何做出大文章 / 162

5   县域电商——综合发展型 / 168

- 5.1 浙江丽水：青山绿水如何换来金山银山 / 169
- 5.2 浙江遂昌：农村电商的"延安"是如何炼成的 / 180
- 5.3 黑龙江明水：黑土地如何变成电商沃土 / 192

6   县域电商——业务推动型 / 198

- 6.1 山东寿光：蔬菜之乡触电记 / 199
- 6.2 浙江常山：经济弱县如何走上电商快车道 / 205
- 6.3 江苏泗洪：洪泽湖上的村淘号 / 209

7   县域电商——公共服务体系 / 219

- 7.1 县域电商启航，公共服务先行 / 220
- 7.2 电商园区如何在县域"硬着陆" / 224
- 7.3 县域电商，品牌为纲 / 227
- 7.4 酒香也怕巷子深——县域电商营销解密 / 233
- 7.5 一个亿元大卖家眼中的县域电商 / 244

第二篇的县域电商案例，大多数是县委书记、县长直接或牵头撰写，比如浙江桐庐县长方毅、甘肃成县县委书记李祥和县委副书记张乐群、陕西武功县长张小平、福建德化副县长刘惠煌、江苏睢宁县委常委陈良、广东揭阳市军浦村第一书记李博、山东博兴县长殷梅英、福建莆田商务局副局长吴海端、河北清河县羊绒制品市场管委会副主任郑春雨、浙江临安市委常委李赛文、浙江丽水商务局副局长王井泉、浙江遂昌副县长赵文明、黑龙江明水县长洪非、山东寿光副市长高翔、浙江常山县委副书记王郁松、江苏泗洪县委副书记朱长途等。第二篇的作者团队由政府官员、专家学者、服务商共同组成，他们为县域电商发展不遗余力地贡献了自己的力量！

第三篇 资源篇

农村电商是阿里巴巴集团的重点战略，整个集团的业务部门几乎都有与县域电商、农村电商相关的支撑。为了让更多县域、服务商、电商从业者了解并运用这些业务支撑，本篇把阿里巴巴集团与县域电商相关的业务做了一个简要的介绍，并附上了网址链接，方便后续相关工作的落地。

农村淘宝 / 252

特色中国 / 255

农村金融 / 258

农村物流 / 260

中国质造 / 263

满天星 / 265

淘宝大学 / 266

后记 / 270

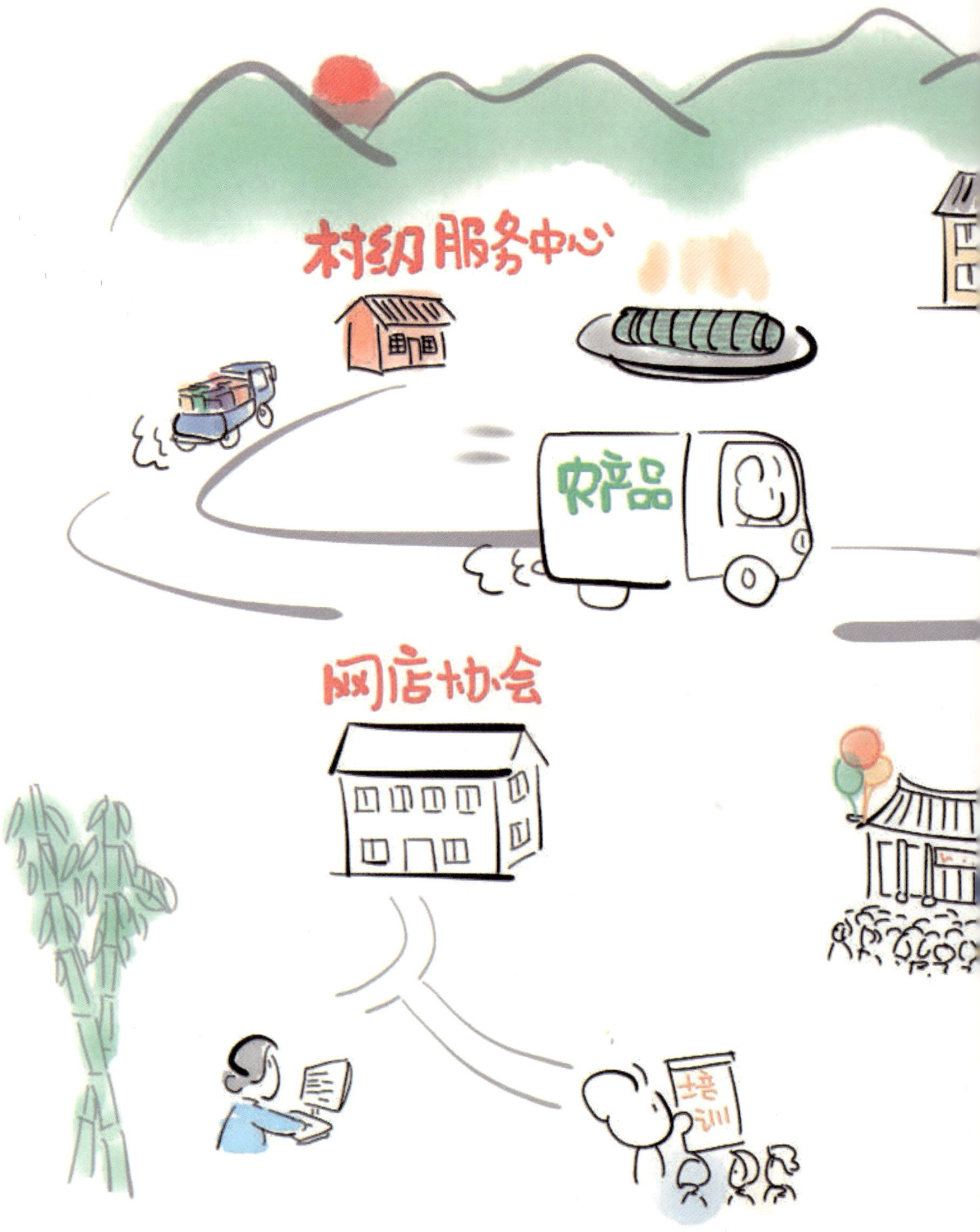
村级服务中心
农产品
网店协会
培训

第一篇

理 论 篇

1 县域电商的机遇和挑战

汪向东 中国社科院信息化研究中心主任

"县域电商的趋势与机遇"——讨论这个主题有三个背景:

(1) 电子商务在我国长期发展到今天出现了一些新的发展趋势,即电子商务主流化在加速。其中,县域电商和农村电商成为整个电商发展过程当中一个新的亮点。这是实践层面的趋势。

(2) 2015年以来,国家电子商务政策环境正在发生迅猛的改变。

(3) 县域电商、农村电商全面引爆。

在这三个背景下,一个核心的问题是,发展县域电商如何把握这个大趋势,包括贫困县,如何抓住这样的历史机遇,顺势而为,把本县经济推向前进呢?

这里面有两个大问题:

(1) 如何看待、理解电子商务发展的大趋势,这个大趋势跟县里的中心工作、战略目标是什么关系?

(2) 如何让电子商务落在自己的县域、落在当地,它的抓手、落点是什么?

最近两三年,特别是2015年,如果你关心电子商务就会发现,这个领域在实践层面发生了许多值得关注的事情,包括电子商务的技术层面、业务层面、市场层面、产业层面、监管及政策层面,让人目不暇接,这些事情都在很深刻地影响着我国经济社会的发展。

在政策层面,2015年5月国务院下发了24号文件,关于大力发展电子商务加快培育经济新动力的意见,这是国务院对当今中国的电子商务所做出的一个系统性政策安排,是非常重要的一个纲领性文件。时隔两个月,7月国务院又下发了40号文件,即互联网+行动计划。接下来下发了59号文件,关于加快转变农业发展方式的意见。后来,国家19个部门联合下文,发布了关于农村电子商务的意见,对农村电商提出了5个重点、10项举措。9月国务院下发了72号文件,关于推进线上线下互动的意见。2015年10月,李克强总理组织召开了国务院常务会议，进一步讨论农村电子商务的问题。国家在这么短的时间内，这么密集地推出重磅的政策文件，相信一定会带来电子商务政策环境的迅速改观，当然更加有利于农村电子商务和县域电商的发展。

把实践层面和政策层面的变化放在一起，说明中国的电子商务的的确确出现了新趋势。我用"主流化"这个词来概括新趋势，中国的电子商务已经进入到主流化阶段。

看下面的图，大约在10年前，中国的电子商务从一个非常低的水平，经过一段时间低位的蓄势，开始一路发力高速增长。截至2013年，中国的电子商务交易规模超过了美国，成为全世界交易规模最大的国家。有人注意到，这是网络零售（B2C），为什么不用总量？为什么不把批发（B2B）也放进来？我们知道，B2B指标统计中包含了大量的重复计算，统计口径在国际上不可比，不如网络零售指标具有可比性，所以用这个指标来比较。

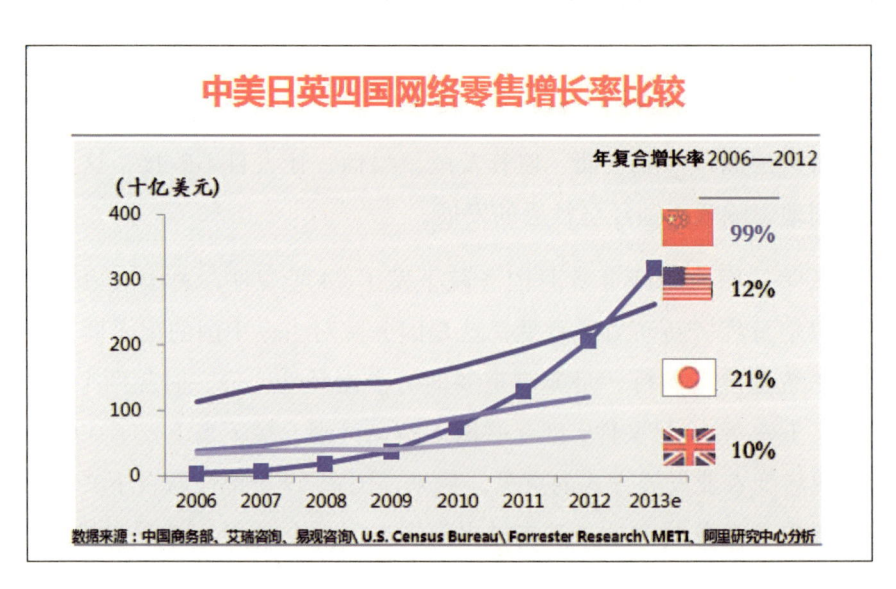

中美日英四国网络零售增长率比较

年复合增长率 2006—2012

- 🇨🇳 99%
- 🇺🇸 12%
- 🇯🇵 21%
- 🇬🇧 10%

数据来源：中国商务部、艾瑞咨询、易观咨询\ U.S. Census Bureau\ Forrester Research\ METI、阿里研究中心分析

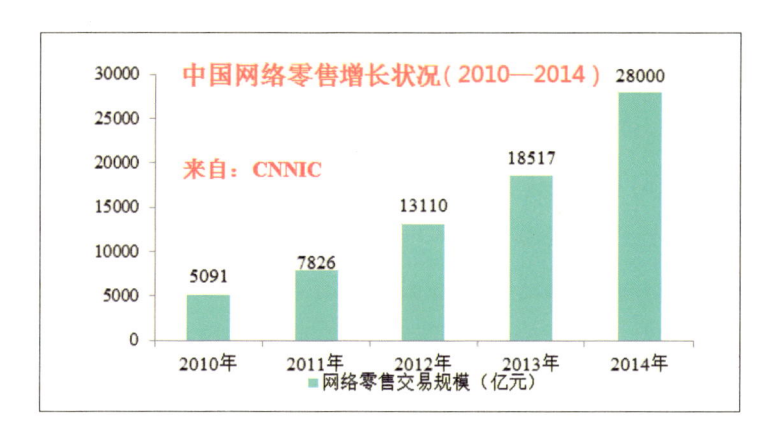

中国网络零售增长状况（2010—2014）
来自：CNNIC

年份	网络零售交易规模（亿元）
2010年	5091
2011年	7826
2012年	13110
2013年	18517
2014年	28000

2013 年，网络零售规模达到了 1.85 万亿人民币，折合成 2950 亿美元。2014 年，电子商务的交易额在已经全球第一的水平上继续高速增长，商务部发布的数据是 2.78 万亿人民币，同比增长 50%。50% 是什么概念？现在经济新常态，经济增长率从 10 个点、9 个点，降到 8 以下，2014 年是 7.4%，2015 年发布的第三季度数据显示，GDP 已经破 7%，到 6.9%。国家政策上已经非常明确地提出稳增长的目标。在这种背景下看电子商务 50% 的增长率，就能够明白为什么国家这么重视电子商务了，电子商务已经在国家宏观经济稳增长、对冲经济下行压力的过程中发挥重要的作用。国务院下发 24 号文件，进一步加快发展电子商务，培育经济的新动力，就是希望电子商务能够继续在宏观经济中发挥更大的作用。

2.78 万亿人民币是什么占比？较之上一年全社会商品零售总额刚刚超过 10%。这意味着未来的空间还非常大，一旦县域电子商务特别是农村电子商务进入到快速发展的轨道以后，这样一个长期被压抑的市场跟电子商务结合起来，真的可以成为中国经济发展的新动力。我们一定要在这样的背景下来理解，为什么国家在短短几个月这么密集地出台这么多的政策文件，加速县域电商、农村电商的发展，就是对电子商务寄托了非常高的期望。

除了发展规模不同,还有以下 5 个方面的变化也非常重要。

1、市场主体

今天,电子商务在中国已经有了几亿的买家,CNNIC 的数据说有 6 亿多的网民,阿里巴巴年报说光在阿里平台上就有 3 亿多买家,一半以上的网民是电子商务的买家;在这个平台上电子商务的卖家数以千万计,现在一半以上的企业被纳入、被覆盖到电子商务的空间中。这样一个庞大的市场主体的存在,改变了电子商务发展的动力机制。在考虑电子商务发展时,包括贵州[1],在考虑本地电商发展时,一定不要忽视这样一个市场主体。也许贵州的发展比起东部沿海地区稍微晚一点,也许卖家没有那么多,但是较多的人已经开始成为买家,他们就会成为今天和以后发展电子商务必须依靠,也应该依靠的市场力量。

2、平台经济

淘宝是 2003 年成立的,京东是 2004 年从线下转到线上的。2014 年在浙江乌镇召开的世界互联网大会上,列出了全世界互联网市值 TOP10 的公司,其中 6 家在美国,4 家在中国,这 4 家中国公司就是阿里、腾讯、百度、京东,有两家是电子商务公司。10 年前,这样一个平台经济不存在,但是今天讨论电子商务,包括讨论贵州的电子商务,再看不到平台经济的存在那就太盲目了,这样的平台经济已经是电商领域不可回避的存在。贵州在考虑自己的电商问题时,可以有各种各样的平台策略,其中回避不了的问题是,贵州电商跟已有的平台经济是什么关系,跟村淘是什么关系,跟京东是什么关系。当然,平台不仅有阿里、京东,但它们代表着一个平台经济的群体。

3、服务体系

中国拥有全球最大的电子商务交易量,这样的交易规模依靠背后的服务体系来支撑,这个服务体系同样是伴随着电子商务的发展而发展起来的。今

---

[1] 本节内容多次提到贵州,是因为原作者写作时的场景所致,不影响读者放眼全国理解并阅读本节内容。

天这个服务体系变得越来越重要，县、市电子商务的环境怎么样？环境好不好看什么？其中一个重要的因素就是看当地的电子商务服务体系怎么样。如果当地没有服务体系支撑草根创业、双创或者是传统产业转型，让做电子商务的主体自己去打通关，所有的事情都自己干，这种电子商务的发展环境难言优良。电子商务的发展，要靠当地落地的细密分工，甚至物种丰富的服务体系来提供支撑，以便让电子商务的从业者、网商、交易者、供货商做起来能够很顺畅，进入的门槛很低，想要什么服务都能够很方便地得到，这样的服务体系是非常重要的。从全局来讲，最近这10来年，我国电商服务体系已经得到快速发展，但还不够，还要继续发展，特别是考虑当县域电商、农村电商开始启动时，面向县域市场、农村市场的服务体系是非常值得下力气的地方。

4、草根赋能

如果对比10年前的政策文件来看，就会觉得很有意思。那个时候讲电子商务，是希望以既有的企业为主体，用它们来推动、引领整个电子商务的发展。说白了，这是一个存量转型的概念，要用当时的存量，特别是以大企业、龙头企业的电商转型来带动整个国家的电子商务发展。当时是这样一个思路，10年过去了，今天回头看，存量转型电商不能说不成功，这个领域也有非常成功的案例，比如海尔、苏宁。但这10年下来，更值得我们关注的是增量。从那些不起眼的地方野蛮成长，发展出来一批草根、小微企业的电商，他们抓住机遇迅速发展，达到一定规模以后，就对细分市场产业中间的老大产生直接的冲击，甚至威胁到其生存。这种增量创新推动存量转型的故事，在今天的实践层面出现得越来越多。国家希望电子商务能够为大众创业、万众创新，提供更广阔的用武之地，培育经济发展的新动力，为下行压力不断加大的宏观经济注入新的动力。这是10年增量创新带给我们的启示。

5、区域发展

也许贵州比起东部沿海地区的电子商务发展晚了一些，我们看到在东部沿海地区无论是农村电商还是县域电商已经如火如荼，贵州其实没有必要再把东部沿海地区走过的路再走一遍，完全可以利用后发优势，探索跟东部沿海地区的合作。中西部地区可以利用其成功的经验，利用其已经形成的资源，特别是人力资源。比如，有经验的网商和服务商可能是中西部地区最缺少、最需要的，通过这样一种跨区域合作加快贵州、中西部电子商务的发展。

现在各地尤其是县域电子商务开始成为整个中国电子商务版图中间一个最大的亮点。2014 年 7 月和 2015 年 7 月，阿里巴巴主办了两次县域电商峰会。2014 年参加首届县域电商峰会的有 176 个县，2015 年有 400 多个县，都是书记、县长带着商务局、农委、发改委等部门领导去参会的。在参会的县里面，中西部省份占了非常大的比例。这说明电子商务主流化趋势在加速，电子商务开始出现从东到西、从城市到农村的延展。

另外一组数据显示，2014 年交易规模上亿的淘宝县已经有 300 多个，其中国家级贫困县有 21 个。这其实说明，现在电子商务这个事已经不再是东部沿海地区那些富裕地方的专利，也已经成为中西部，甚至成为国家级贫困县和经济社会发展条件不是那么好的地方的重要经济现象，也为这些地方的经济带来一种新动力，这些地方也隐藏着发展电子商务的巨大热情和良好基础。随着县域电子商务全面引爆的格局形成，电子商务将成为地方经济发展的新动力，当地也将把电子商务的新动力注入到经济发展、社会发展中间来。

县域电商的全面引爆有其必然性，这里有"三个符合"：

（1）符合电子商务发展的规律。就是从边缘到主流、从城市到农村、从东部发达地区到广大中西部欠发达地区这样一个过程。

（2）符合国家政策的要求。举个例子，在商务部和财政部公布的2015年电商进农村第二批示范县中，属于国家级贫困县的占到44%，属于革命老区的占到77%，属于中西部地区的占到83%，这样一个比例其实很明显地说明了国家的政策意图——就是让电子商务跟这些相对欠发达地区的经济发展结合起来，让电子商务成为这些地方经济发展、社会发展的新动力，希望这些贫困县、革命老区、中西部地区能去探索电子商务助力当地经济发展这样新的示范经验。所以县域电商全面引爆符合国家政策的要求。

（3）符合地方的发展需要。如果今天的电子商务还仅仅是增加一个销售渠道、在网上多卖几件产品，则根本上不了书记、县长的议事日程，顶多就是商务部门的事。今天的电子商务一旦和三农有关、和就业有关、和扶贫有关、和当地的主打产业有关、和城镇化有关，甚至和当地的社会安定都有关的时候，就已经跟书记、县长关心的中心工作结合在一起了。今天的电子商务主流化就是这样的，事关增量创新、存量转型，以及地方的中心工作和主要领导关心的战略目标。今天的电子商务已经不再仅仅是一个销售问题，而是一个民生工程。这就是为什么各地都开始考虑纷纷出台电子商务的规划和政策，大家都非常关注电子商务的原因所在。

县域电商的引爆会很自然地带来农村电商的升温，今天的农村已经成为电子商务发展的一个战略要地，有三支力量在其中发挥着重要的作用：一是政府，二是电商平台，三是地方服务商。前面讲过商务部、财政部在做电商进农村的示范，在部署这方面的工作。还有农业部在推进信息进村入户，交通部在围绕着农村电商的发展部署农村的快递物流，扶贫办2015年全国扶贫工作会议第一次把电商扶贫纳入到政策体系里面来，供销总社2015年1号文件就是供销电商转型，等等。

在平台方面，阿里2014年9月上市以后，就推出三大战略：农村战略、跨境战略和大数据战略。农村战略中的千县万村计划，3~5年100亿、1000个县、10万个村；村淘在很多地方开始落地。京东在阿里推出千县计划后的两个月也推出了京东的千县计划，叫作"星火试点，千县燎原"。1号店原来县域电商做的是一县一店、一店一品，以农产品为主，围绕一个爆款组织农产品上行，产权变更后1号店的县域电商怎么做有待观察。张近东明确表明农村电子商务是苏宁战略中的重中之重。前不久阿里和苏宁在产权上进行了合作，双方看中的是阿里线上的优势和苏宁线下的优势。线下的优势在大城市体现不出来，在县域以下优势就变得非常明显了。阿里和苏宁的合作是两家公司对县域电商和农村电商所做的一个重大部署、一个非常重要的行动。

地方服务商也是一样的，今天光是靠政府、靠平台都不够，落地的本地化服务体系，尤其是落地的服务商也非常重要。现在看各地做电商都有一些服务商在发力。

在这三大力量面向农村做部署的时候，19个部委发布了一个对农村电商的意见。这个意见明确指出，现阶段农村电商有5个重点：工业品下乡、农产品进城、农资流通、农村综合服务、电商扶贫开发。

在这里特别想强调的是，在调研中间包括一些研讨会上，能够听到这样的观点，主张没必要把农村电商专门列出来讨论。他们认为，电商就是电商，不要分什么农村和城市电商，觉得这么分下来好像歧视农村一样，主张用县域电商指代农村和县城这样的电商。我是不同意这样的观点的，我觉得把农村电商专门列出来，做针对性的研究、做政策的部署是非常必要的。因为农村电商跟城市比起来的确不一样，想想农村留守人口的问题，这是解决三农问题、讨论三农问题什么时候都回避不了的，解决三农问题靠谁，同样在农村做电子商务靠谁，这是一个大问题。

还有就是农村发展电商的条件不同，比如说云贵高原，这种山区的条件能和城市一样吗？不可能一样。所以把农村电商从县域电商这个概念中剥离出来，有利于更加清醒地认识电子商务在农村做必然碰到的特殊困难，能够帮助我们把农村电子商务的决策做得更务实、更接地气、更能够解决问题。

至于电商扶贫，就更是这样的。农村电商扶贫不仅是在农村做，而且是在那些最贫困的农村做，面临的挑战更大。这里面不存在歧视的问题，只是让电子商务的决策，无论是政府的决策还是平台等市场主体的决策，更加务实、更能落地。

> 农村电商、农村电商扶贫，行不行？能不能行得通？如果行，为什么行？最关键的一个东西就是赋能。"赋能"这个关键词非常重要。我们国家对农村电子商务、对县域电商、对电商扶贫给予这么大的希望，是看到了电子商务为大众创新赋能，为落后地区赋能，为贫困主体赋能，已经发挥出巨大的作用，希望它进一步地发挥更大的作用。电子商务为什么可以为草根、为大众赋能？其实关键就是它第一次让草根农民、贫困主体有了一个可以对接广域大市场的能力。

举个例子，拿扶贫来说，电商扶贫跟其他扶贫方式有什么区别？最大的区别就是，它第一次让贫困主体有了一个可以去直接对接广域大市场这样的能力。原来的扶贫做了这么多年，从授人以鱼到授人以渔，从救济式的扶贫到开发式的扶贫，教贫困主体怎么种植、怎么养殖、怎么打鱼，但是有一个最大的短板制约，就是本地市场。因为贫困，本地市场的购买力有限，本地市场的发展空间有限；因为贫困，本地的资源有限，所以本地市场越来越成为一个制约，即使教会他怎么打鱼，如果那片渔场是贫瘠的，他也是无鱼可渔的；他即使打到了鱼，但是卖不掉，换不成钱，也同样无法脱贫。本地市场是长期制约扶贫的一个最大的短板。电商扶贫为什么可以？就是可以绕开本地市场，直接去对接广域的大市场，从中找到发展空间。这是电商扶贫跟以前的扶贫手段最大的不一样的地方。

更重要的是，我们从农村电子商务的实践中看到那些草根英雄，他们为电商扶贫，为农村电商提供了最好的解释。他们中间没有富二代、官二代，一个个都是草根，这样的草根英雄越来越多。他们的成功，让人深切感受到，一旦电子商务被草根真正掌握了，就会成为改变他们自己，同时也改变他们家乡命运的最得力的手段。

县域电商的目的和意义是什么？就是国发24号文明确的，"打造双引擎，实现双目标"。双引擎是什么？第一个引擎就是"双创"，大众创业、万众创新。在经济下行压力不断加大的今天，我们国家非常希望电子商务可以让更多的人大众创业、万众创新，为经济注入一种新动力，成为今天国家经济发展中一个有力的引擎。第二个引擎是公共产品、公共服务（"双公共"）。此前一直说政府提供公共产品和公共服务，电子商务带来了不一样，前面讲平台经济，实际上电子商务领域的平台企业和地方服务商，也在和政府一起提供更多的公共产品、公共服务，这样的公共产品和公共服务能够成为整个经济发展、社会发展的又一个引擎。这叫打造"双引擎"。

实现双目标，其中一个目标叫作稳定中高速增长，稳增长；一个目标叫作迈入中高端，用电子商务推动转方式、调结构，从经济大国变成经济强国。对于县域电商也一样，县域电商让电子商务成为本县经济发展的新引擎，"打造双引擎，实现双目标"。

那么怎么办或者是怎么干、怎么实施、怎么落地呢？

县域电商特别是农村电商其实是挺让人纠结的一件事，就是想做不知道该怎么做。虽然一些中西部地区电商还处于导入期，但是从全国来看已经出现了样式纷呈的局面，不同的县电子商务的产业依托是不一样的，主导力量是不一样的，交易平台也是不一样的。

拿产业发展来讲，有的地方是依托实体商贸发展电子商务，比如县域电商发展最好的是义乌，义乌的电子商务就是依托线下的商贸发展起来的；有的地方是依托现有的工业，比如河北清河的东高庄依托羊绒产品，农民很方便在网店卖羊绒衫、羊绒线；还有的地方是依托当地的优势农业，比如安溪的铁观音、临安的坚果等。

还有就是电商创生，原来根本没有这个产业，就是因为最早做电商，网商从网上拿到订单，这个订单有钱赚，那些地方就从这开始，从无到有、从小到大地出了一个大产业，比如沙集模式。沙集电商的产业依托是拼装家具，原来这个地方连一家家具厂都没有，沙集镇党委书记杨帆告诉我，这个 6 万人的镇现在有 1593 家家具厂，2014 年网上销售做到 26 亿，2015 年前 8 个月做到 28 亿，超过 2014 年全年，从无到有、从小到大。

电商创生的成功，让我们不能不去思考，让我们考虑农村电子商务不要把眼光只盯在农产品上。

主导力量也是多种多样的，比如存在政府主导和市场主体主导，市场主体主导中又分不同的主体。交易平台，是让政府在制定本地电商发展规划时最挠头的地方，现在交易平台各种各样，不知道该怎么选——有政府建的平台，有市场主体建的平台，有本地自建的平台，也有合作的平台。合作时跟谁合作也是个问题，有自营电商，也有第三方电商。另外，有的是综合平台，什么都卖，海量的商品各种各样；有的是垂直平台，只做一行；还有 2C 的平台、2B 的平台，2C 做零售，直接对个体、消费者。比如，特色的农产品许多是直接 2C 的；到西北、东北去，做大宗的大米、玉米，更多的却是 2B 的，这就不一样了。这些交易平台的多样化带来了选择的难度，要先想好自己的定位，跟自己本地的产业结构相结合，这样就比较合适了。平台又出现一些新的动向：一是移动化、微平台。可上网的手机越来越多，很多电子商务现在往手机端转。二是跨平台、多平台。到淘宝村看，很多农民网商自己同时在淘宝、天猫上做，也在京东、苏宁上做，还在其他的平台上做。他们在不同的平台间切换，做得非常熟练。所有这些给发展本地电商都带来了一些问题。要选择自己的发展道路，利用好自己的优势去跟这些平台打交道，组织新的商流非常重要。

具体来讲，一个县落地电子商务，抓手是什么？在研究电商扶贫时，我提出一个"15字诀",包括5个方面的抓手,不光适用于贫困县,也适用于更多的县,即:拓通道、建支点、育网军、强体系、优环境。下面结合案例展开介绍怎么做这件事。

拓通道,通道如何拓?要打通网上的交易通道,这是做县域电商、农村电商的前提。如果没有网上交易的通道,电子商务就不可能做起来。网上交易通道的核心就是平台策略。有两个大问题:一个问题是要不要自己去构建网上交易通道,县要不要自己建个平台;另一个问题是如果合作,跟谁合作。自建平台,首先不是能不能的问题,而是要不要的问题。在今天技术发展的基础上,地方政府要想建平台太容易了,软件、硬件都很容易得到,找个集成商三下五除二平台就建起来了,建好平台以后把本地好的商品、好的卖家组织到平台上来交易也不难,难在谁来买,买家在哪里。如果建了平台只有卖没有买,就形不成交易,形不成交易就没有收入,没有收入卖家就会觉得这个平台没有用。建平台容易,真正用好太难。这不是一概否定自建平台的必要性,除非现有的平台满足不了需要,不光是满足不了地方政府的需要,更重要的是满足不了平台用户的需要。我们一直在说,要给自建平台一个理由,即:要么是人无我有,要么是人有我优,自建的平台能够为更多的客户提供更好的服务、更好的体验,这样才可以。如果做不到这些,就没有理由自建平台。想一想,为什么用户,特别是那些习惯在淘宝、京东上消费的用户,要离开他们熟悉的平台,上到你自建的平台上面消费?你自建的平台能不能比淘宝、京东、现在已有的平台提供更好的服务，他们干不了的你能干，他们能干的，而你却能干得更好？如果能，你就去建平台；如果不能，当然就不必自建了，而是要与已有的平台合作。跟谁合作？就要对已有的各类平台进行研究、比较，要结合自己的产业发展定位去找合作者。2B和2C是不一样的，农产品和工业品是不一样的，平台所带来的服务是不一样的，平台和平台的打法也是不一样的，要去研究找到那些最契合自己的平台去合作。

网络通道打开以后，还要把本地的市场主体买家、卖家放到通道上，要让更多的老百姓和企业去对接通道、对接市场；否则，你把通道建起来了，通道上没人也没有用。这个对接有两类做法：一类是自上而下；一类是自下而上。政府更多的是组织本地的资源，营造环境，自上而下地鼓励和组织大家对接通道。同时，我们要特别注意发挥自下而上的力量，通过榜样的示范作用，达到对接通道的目标。我们看看淘宝村、电商村的发展，特别是2015年以前的淘宝村，很少是地方政府设计规划出来的，而是靠市场力量自下而上自发形成的，其中最大的动力是领头羊的赚钱效应。一个地方、一个村里开始做电商的人赚到钱，这种榜样的力量带动越来越多的乡亲跟着学，淘宝村就是这样来的。要注意，有可能你那个地方已经有这样的领头羊在运作、在做了，只是我们还不了解而已。

建支点，支点如何建？农村电商跟城市电商不一样，最大的不一样是在农村做电商有两个大困难：一个困难在于农村的留守人口网络素质不符合需要，他们不知道也不会在网上下单。解决这个问题的一个办法是，如村淘做的，在村一级建一个支点、建一个服务站，由专门的人帮着农民代买代卖，现在更多的是代买。另一个困难是物流快递，农村的物流快递条件特别是在中西部地区很差，物流公司不愿意为农村的小单子跑一趟，有的时候货单的金额还不如跑一趟的成本高，划不来，农村快递能够到乡镇就不错了。所以要建支点，村里的这个点不光是代买代卖，还代收代发。村建服务站，县建服务中心，县服务中心面向各个村提供服务支撑，然后再打通从县到村的支线物流，这是现在以村淘为代表的一个标配打法。

很多做农村电商的，都这么干，这是做农村电商的要件。当然，有的地方在建三级服务体系，县、乡镇和村，不是三级也起码要两级。这是今天农村电商、县域电商要集中突破的地方，也是以村淘为代表的这些平台、企业、服务商为县域电商和农村电商做的一个最大的贡献。

建支点其实还可以更大地打开市场，有更多的做法。

举个例子：山西乐村淘。2014年11月底去这个企业调研，当时他们开通了第一个村级点。第二次去是2015年7月初，赵总说乐村淘已经在全国部署了1万多个村，他说阿里提供高配的服务，我提供低配的，农村市场是分层的，还有那些更偏远的、人口规模更小的村，阿里顾不上去覆盖的我来覆盖，我来向农民提供服务，他们难道不需要电子商务吗？所以，考虑农村电商，考虑建支点的时候，得认识到这个市场是分层的，这个市场是滚动的。如果能够做到低成本、快覆盖，就可以让更多的老百姓、更多的农民，早一天享受到电子商务的发展，解决他们的问题。

如此说来，绩效评估就很重要了。电商进农村示范县，政府有投入，两年 2000 万，当然需要有绩效考核了。但是怎么考核呢？绩效考核一定要把投入跟产出相结合，一定要把能力建设跟能力应用相结合，不能光追求越高大上越好，用得好才更重要。

再就是"机场模式"。在调研中听大家在讲"机场模式"，比如说有的县，阿里去了，京东去了，赶街去了，多个平台进入到这个县，各建各的，这里面就有资源重复建设的问题。特别是地方政府在想，能不能够有一种"机场模式"，一个地方不要建很多机场，一个机场就够了，然后跟不同的航空公司合作，一个机场+多个航空公司。这就是国家文件中特别强调的，让原来的一些设施如何发挥作用，比如说供销点、邮政点，国家不希望浪费资源。但是，现在农村电商、县域电商还不存在这样的机场模式。机场模式的关键和核心，是要找到机场和航空公司之间的利益平衡点。农村电商没有，现在找不到这个点。正因为原来的支点发挥不了机场的作用，所以村淘来了，赶街来了，建了自己的机场。可见，今天能不能有一种机场模式，关键是能不能找到利益平衡点。哪个县能够在这个问题上找到破解之道，谁就对中国的县域电商、农村电商做了大贡献。这叫机制创新。

育网军，网军如何育？现在都在说以培训为切入点。没错，谁天生就会电子商务，都不会，都得学习，不光是老百姓，网商要学习，服务商要学习，平台要学习，政府也要学习，学会在互联网+的背景下怎么样去引导电子商务。培训不光是切入点，还是一个更长期的战略性任务。我们去各地调研，没听谁说他那个地方人才过剩，大家都在喊人才短缺。但是，喊人才短缺的含义是不一样的。在处于电子商务导入期的地方，说缺少人才，讲的可能是入门级的；而在东部沿海地区，喊人才短缺，可能缺的是精英级的。一个网商的规模做到上亿、几十亿时，可能产权要重组，企业要上市，要有一些知识产权的问题、跨地区运作的问题，缺的是那样的人才。所以，谁都缺人才，人才问题始终会伴随左右，今天有，明天有，后天还有。培训是一个长期的任务，解决人才短缺问题，一个靠对外引援；一个靠对内挖潜，比较起来可能对内挖潜更重要。培训也需要创新，要重实效。比如说能不能让中学生教小学生，能不能让二年级学生教一年级学生,用这种办法来解决人才短缺问题。

> 农村电商特别重要的是还要发挥农村熟人社会的作用。领头羊挣到钱,周围老百姓学习效仿的积极性按都按不住,还有农村熟人社会中挣钱的本领瞒也瞒不住。所以这个力量是很重要的。

我们看到,育网军在具体的操作上,也有不同的做法。比如睢宁县万人电商大培训、山东曹县结合产业做培训,还有组团培训的,比如内蒙古扎兰屯组起不同的团队,有做供货的,有做交易的,有做服务的,由政府官员组成团队,一起去参加同一场专业培训,这样让不同的角色有一个共同语言,回去以后成为当地发展电子商务的火种。这都是非常好的案例。

强体系,体系如何强?一个地方产业依托的定位是很重要的,当然这里很重要的一件事是本地服务体系的构建。

讲一个我自己的故事。一个村官找到我,说"汪老师你帮帮我"。他告诉我,这个村是樱桃村,樱桃上一年丰收了,但是卖得不好,今年想注册网店,做预售。这是好事,肯定要帮。从樱桃树刚刚冒芽开始做预售,他介绍情况,我来帮助扩大宣传,预售情况非常好,我自己也定了5斤。但等到樱桃拿到手的时候,尝了一颗吐掉了,整个扔了。为什么?打开箱子一股变质的酸味就出来了,不能吃了。内行人说,樱桃这个东西摘下来以后最好是第一时间预冷,马上把它降到一定的温度,这样就可以多放几天。还有就是装箱的时候很熟的果就别往箱里放了,包装时要通气,不能捂严实。

> 这是一个什么道理?好产品不一定是好网货,好网货不一定有好销售,好销售不一定有好体验。所谓互联网思维,是强调用户体验至上的。我承认产品在你手上的时候是好的,但是拿到我手上的时候不能吃。你的销售很好,但是体验不好,用户要不要找你退货、

退钱、给你差评？接下来，你那个地方的电子商务怎么做？这就体现出本地化服务体系的重要性了。若没有一个可以落在本地的服务体系的保障，光是网上销售好不行。电子商务是一把双刃剑，弄不好，会伤了自己。

无论是上行还是下行，都要有一个在本地落地的服务体系，特别是农产品的上行服务体系尤为重要，本地化服务体系是刚需，一定要重视。在这个方面，遂昌在农产品上行方面做了很多探索，可以去了解一下遂昌模式。他们比较早地触及到一些问题，他们有自己的答案可以参考。

还有一个问题是电商园区。我知道贵州做了很多电商产业园、孵化园、创业园等。现在国内对发展电子商务园区有质疑，有的干脆旗帜鲜明地反对电子商务产业园。对电商园区应该怎么看？其实电子商务产业园本质是一个落地的电子商务服务体系的基地。前面讲这是刚需，如果当地电商刚刚开始，没有这样的服务体系，那就一定是需要的。还有，不是建电子商务产业园就一定能成功，用原来的房地产思维来做电商园区就很危险，电商园区的经营理念、操作方法要符合电商规律，电商产业园要符合当地电子商务的需求。如果只是想建园区，就真的有风险，有可能这一轮下来以后，我国出现一大批挂着电子商务招牌的烂尾工程。所以，我对此有两个观点：第一，有需要；第二，有风险。不少地方电商服务体系欠缺，因此建电商园区是必要的，接下来要建好园区，关键是按照电子商务的规律来做，按照当地需求来做。

优环境，环境如何优？优环境当然包括软环境、硬环境，特别是软环境跟政府是密切相关的。政府要做的就是营造环境，提供公共服务，这是政府在推进电子商务时一个核心的职责。在营造环境方面，现在全国各地有很多的经验，比如陇南六大体系，其中有成县的五路带贫，我们还看到有扎兰屯的"567战略"、罗田的"35131"等。

在营造环境中一个核心的问题是政府和市场的关系。政府要不要在电子商务中间发挥主导作用，这是问题的核心。比如桐庐在提桐庐模式，讲的就是在现阶段政府主导的模式。当地的同志认为像沙集、曹县这样的地方电子商务市场基础比较好，觉得桐庐原来没有这样的基础，如果坐等基础的形成会贻误时机，所以政府要主动出击、主动作为，要发挥主导作用，"无中生有"。另外，在调研中发现，中西部地区也有地方在讲"扶上马，送一程"，也是起步之初由政府主导的观点，也就是说，政府先来启动，高位推动，先把电子商务的市场主体扶上马，送一程，再把接力棒交还给市场。

对此怎么看？说到底，必须得明白，电子商务是市场的事，而且这件事不是政府可以包打天下的，这是基本的前提。不是全盘否定这种"扶上马，送一程"的观点，但是，如何检验这种做法的成败得失呢？检验其成败，不在今天政府主导的时候，不在今天"扶上马，送一程"的时候，而在你把接力棒交出去、撒开手的时候。如果一撒开手它就掉下来，那么前面再成功都没用，接力棒交出去它接不过来没用。既然这是市场的事，那么检验成败得失不在今天政府主导的时候，而在真正让市场发挥作用的时候。

下面讲挑战。农村电商、县域电商，特别是在中西部地区挑战很多，主要讲三个挑战。第一个是场景不同的挑战。在农村做电商跟在城市不一样，在中西部地区、在贫困县做，跟在沿海发达县城做不一样，必须对这种困难有充分的认识。第二个是机制创新的挑战。在做农村电商、县域电商的过程中，政府、市场、各种各样的主体都在里面，如何凝聚合力，这需要一个机制的创新。第三个是强调政绩理念的挑战。地方政府、政府官员当然要讲政绩，但这个政绩一定要建立在惠民的基础之上。在调研时真的觉得这里面还是有问题的，现在很关注电子商务，电子商务做好了是政绩，但是在这个政绩追求的过程中有没有面子工程？有没有短期行为？有没有长官意志？有没有拔苗助长？有的。

举个例子。看别的地方有淘宝村了，说我们这里也要打造淘宝村。
问有什么标准，说是有100个网店或者说开的店占总户数的10%，

年交易量上1000万，就是淘宝村。有人于是就提出，看看我们县有多少人在做淘宝，集中到一个村子里，就打造成淘宝村了。农村电子商务能这样吗？不能这么玩！必须得明白，检验农村电商、县域电商的成败得失，没有别的标准，就是看能不能真正为老百姓带来好处，老百姓说好那才是真的好。

电商扶贫更是这样。就算电子商务玩出花来，最后检验成败得失就一个标准：贫困户增收了没有，交易量上到多少。如果老百姓没增收，就难言成功。

我们强调一个根本的理念，就是说县域电商不是"做盆景"，而是"种大田"。以政府现在的资源，集中财力、物力集中打造几个亮点，不难，但那是"做盆景"。农村电商、县域电商要造福老百姓，要普惠老百姓，这是"种大田"。"种大田"难，难在"成规模、可持续、见实效"。"种大田"有种大田的打法，比如基于市场、实效导向、机制创新、把握规律和持之以恒。

在"种大田"的理念下，最后重点讲几个观点和建议。

一是上下行并重，循序渐进。有的领导说，现在农村电子商务光是解决下行的问题，这个东西说好也好，但是最要解决的还是上行问题，能不能把我们地方的农产品卖出去，解决农产品上行问题。农产品上行的电子商务当然要做，目前的问题是在你那个地方基础条件如何？比如你有花生、有红薯，你想做农产品上行的电子商务。哪个快递公司愿意为你的几斤红薯这个单子跑一趟？还有前面讲的樱桃村那个例子，农产品上行卖出来了，预售卖光了，卖得很好，但是当地的服务体系基础没有，反受其害。所以，急功近利要不得，欲速则不达。

上下行并重，比如这个快递不是专门为你的几斤红薯跑一趟，而是给你送电视机、电冰箱来了，顺手把几斤红薯带出来，这就合适，交易成本就降下来了。不要小看现在的下行，现在的下行是为未来的上行奠定基础、孵化市场。上下行并重，循序渐进，这样才能够走得扎实、走得长远。

二是在产业依托上要接二连三，不要把眼睛只是盯在红薯和花生上。研究淘宝村会发现一个规律，那些由市场主体自发形成的淘宝村，他们经营的产业大部分都不是农产品。为什么？因为农产品难做，货单价格小，利润空间小，损耗大，交易半径有限，价格波动，劣币驱逐良币，有好东西市场不认等。农产品电子商务挺难，生鲜难上加难。让农民自己选，他们会怎么选？淘宝村的案例告诉我们，他们会选那些比较容易上手的来做。还有，更根本的问题是，做电子商务为什么？发展经济，老百姓增收，只要能达到这样最基本的目的，怎么能够做好，就怎么做。所以，在产业依托上，不要把眼睛光盯着第一产业，要接二连三。

三是电子商务，要掌握电子商务的规律。电子商务有一个非常重要的规律，是对接大市场所带来的。想想前面举的电商创生的例子，能给中西部地区带来什么启示？原来一些地方考虑电子商务的时候，首先想到的是这边有什么资源，有什么产业基础。这叫资源驱动，即有什么卖什么。电子商务给我们一个新的能力，在资源驱动的基础之上增加一个动力，叫作市场拉动。这就让原来单纯的一个动力——资源推动，变成了两个动力——资源、市场的双轮驱动。原来有什么卖什么，现在除了这个之外，还有市场要什么我卖什么。

比如武功的案例，武功的电商定位是"买西北卖全国"。为什么不仅仅立足本地的苹果来发展电商？苹果一年就一季，草根网商光卖苹果一年下来要闲10个月怎么行？我们也可以想想自己该怎么定位，如果光盯着自己的那些花生、红薯，你会不会也是培训这么多人、开了这么多网店，一年下来得闲9个月、10个月？

还有几条建议，包括：

- 跨区域合作、加快发展；
- 欢迎高端、不拒低配；
- 营造环境、公共服务。

还想再强调一下，县域的领导，切忌一厢情愿、画地为牢。许多县要制定电子商务规划，其实电子商务、县域电商、农村电商会有很多不可预测的因素，要为这些不可预测的因素留出空间，政府制定规划时没有办法也不应该去规划那些市场主体、规划他们的路径、规划他们的行为，不要忘记"法无禁止市场主体即可为，法无授权政府部门不能为"。我们要相信市场，相信这些市场主体，相信草根，他们在市场上会比政府官员更高明，相信电子商务的赋能，让他们按照自己的意愿选择自己的发展路径。政府干什么？前面讲了营造环境、公共服务，如果出于良好的意愿把他们的路径给框死，把资源都放在政府限定的路径上，这样的规划就影响到了市场主体的创新，得不偿失。

最后，送给读者16个字："不拘一格，顺势而为，营造环境，实效为本"。不能忘了不拘一格，强调不拘一格，就是让县域电商、农村电商所有的主体都能够按照自己的意愿、路径去发展电子商务。

2

县域电商的顶层设计

魏延安　共青团陕西省委农工部部长

县域电商发展，顶层设计非常关键。县级党委、政府对电商的认识高度、定位精度、推进力度将在很大程度上决定一个县域一段时期内的电商发展走向。因此，如何做好县域电商的顶层设计，是县域电商发展中必须着力研究的前置性问题之一。

1、顶层设计的前提是知己知彼

在第二届县域电商峰会上，浙江桐庐县作为东道主发布了桐庐电商的一些经验和措施，并将最近几年在电商上的发展归结为"从无到有"，即是说，桐庐的工业、农业、三产，这几年都先后嫁接了电商思维，电商从无到有，蓬勃发展。必须注意的是，桐庐的电商是"从无到有"，但并不代表着桐庐电商发展的基础资源是"一无所有"，桐庐电商是经济社会发展到一定水平的厚积薄发、顺势而为。没有这种底气，桐庐是不敢大胆进行"电商换市"的，也不会有这么快的电商发展速度。由此可以看出，县域电商的顶层设计，首要的问题是认识电商，认识县情，知己知彼，方能把握好定位，精准用力。

当前在对县域电商的认识问题上，有一种偏见，就是人为地把电商归纳为虚拟经济，与实体经济对立起来，认为搞了电商，街头的实体店就倒了，还没有税收，得不偿失，尤其是西部地区，底子本来就薄，经不起折腾。这种观点颇具有代表性，但仔细分析起来，还是经不起推敲的。

首先是"躲不过"。电商新经济已经形成，虽然没有夸张到比尔·盖茨说的"21世纪要么电子商务，要么无商可务"，但至少已经无法否认电商对实体经济的渗透，谁也挡不住互联网＋推进的脚步。在此大势面前，积极抓，自己要主动；早早抓，才能有先机。如果一味地观望等待甚至抵制，即使不是马云，也会有其他人来占领这个市场。

其次是"等不起"。互联网行业有一句常讲的话，唯快不破。电商的发展也遵循着这条规律，农村电商的进程虽然相对较慢，但用"蓬勃发展"一词来形容一点也不夸张。可以说，县域电商成为互联网＋时代县域经济竞争的又一热点，不尽早研究，不抓紧动手，很容易陷入落后。

最后是"有新生"。不要看失掉了什么，还要看得到了什么。从初级层次看，电商不交税的说法也不科学，除了网上销售环节外，其他环节，如收购、加工、流通等，照样交税；从中级层次看，电商至少拉动了仓储物流、彩印包装等直接相关产业，催生了电商培训、专业美工、运营推广等新兴的电商服务业，这些关联行业是有税收的，可谓"失之东隅，收之桑榆"，而且这些行业的繁荣还会带动大量就业，有一大笔民生账在里面；从高级层次看，电商的繁荣将促进人流、物流、资金流的聚集，带动整个产业链条的繁荣，最终推动产业转型升级和县域经济创新发展。浙江敢于提出"电商换市"的底气就在这里。

2、顶层设计必须考虑政府与市场的关系

顶层设计的第二个问题，是如何处理好政府与市场的关系问题。一些人反对政府主导县域电商发展，担心产生政绩工程，担心会走偏方向，诚然，这些担忧都是有道理的。但也必须看到，一些县域的电商发展，不是政府越位的问题，而是严重缺位，并导致发展迟滞，电商主体难以有效发育。在电商的发展中，政府与市场就像两个巴掌，合拍才能掌声雷动、精彩纷呈；否则可能会出现孤掌难鸣、了无生气的局面。所以，政府的手不能不出，否则就是行政不作为；但也不能乱搭手，那是行政乱作为，特别是对一些地方反映出的一知半解、长官意志等问题，必须警惕。

那么政府的手放在什么位置比较合适？我认为应该有三个基本标准：

第一个叫"风向标"，即基于县域实际，提出切合实际的发展目标、工作重点和配套措施，这个是必需的，要让搞电商的知道你扛的什么旗，要走什么路，才好与政府合拍。

第二个叫"催化剂"。化学里有催化剂，参于化学反应，加速化学反应，但不影响化学反应结果，这是政府调节市场的最理想状态。实际上我们也经常讲"扶上马，送一程"，大体是一个道理。但什么时候扶上马，什么时候丢开手，却很有讲究。孩子才七八岁，你非得让他自己骑马，很可能的结果是跌下来、摔骨折，这种情况是政府政策扶持不到位；而孩子已经二十多岁了，你还牵着马不丢手，或者说孩子已经被宠得不敢让你丢手，这是政府一味扶持的恶果，导致企业丧失了竞争力。

第三个叫"定心丸"。政府要做的绝对不是锦上添花，而是雪中送炭。企业发展好的时候，政府要少插手；企业发展有问题的时候，政府才要大显身手。比如电商企业要在"双十一"备货，流动资金怎么解决？临时的仓储产生的问题，政府能不能协调或解决？

顶层设计的指导思想要清晰。顶层设计要干什么？它不是为了显示县长有多么英明，政府有多么伟大，而是要落脚在让市场主体充分发育，茁壮成长，形成百舸争流的生动局面，最终实现县域电商的全面繁荣。然而，现实是，好多县在电商的问题上，与第二届县域电商峰会的主题——"小县域、大生态"的提法相距甚远，可以归结为"看小了、没生态"。所谓"看小了"，一是把电商这件事情看小了，认为就是几个年轻人在网上卖货，没有看到电商对经济社会发展的深远影响；二是把电商的内容看小了，基本只关注网上零售，缺乏对大电商的整体认识，对B2B、O2O以及由此衍生的互联网金融、农业众筹等新业态知之甚少；三是把电商的困难看小了，以为搞点培训、补贴一点资金就可以了，结果却不见成效。所谓"没生态"，一是没有电商服务，让创业者单打独斗，效率很低；二是没有人才，懂电商的少，既懂电商又懂农村的更少，有想法没办法；三是没有配套产业，根本拿不出适合线上的产品来，产业链的问题更多，运作时到处跑风漏雨。

所以，顶层设计可以提宏伟目标，也可以讲发展模式，但必须有实实在在的配套措施来跟进，必须考虑如何以规划引领工程，以工程布局项目，破解县域电商的现实困境。所有的顶层设计与配套措施，所要达到的效果就是：电商需要什么服务，政府就提供什么服务；电商需要政府如何改革，政府就应该如何改革；以改革创新的精神，打造出精良的电商基础设施和电商公共服务。对电商如此，对新常态下的经济社会同样如此。

顶层设计至少有三个标准：

一是清晰。现在各地的电商规划、发展意见满天飞，但多为应景之作，有的和国务院文件一样大而全，远远超出县域的实际情况；有的文字优美、蓝图宏伟、措施完备，就是看不见当前具体要做什么。从县域的实际来看，根本不需要大而全，也不需要高精尖，只需要一句明确的话，点明农产品、农村电商或者什么优势产业的电商，到底抓哪个？

二是集中。县域电商比较综合，在实力、精力有限的情况下，一段时间集中抓住一个重点，短期内不要四面出击，逐个击破，循序渐进，这也是各地实践的普遍经验。比如浙江遂昌就是从农产品电商起步的，逐渐深入到县域电商和农村电商领域，推动一个较大的电商生态开始形成；只要把一个优势产业做好了，同样可以带动县域经济发展。

三是精准。看看现在各地的电商文件，一说投入资金往往没有低于千万的，但钱从哪里出、怎么支配，一点也不明确。刘邦仅凭"约法三章"就能安天下，一个县域电商起步也只需要最核心的几条措施，就是明确谁来管事，准备投多少钱，都要投到哪里。比如说平台、园区、培训、网货开发，个个都得干，资金优先投给谁？这些不清楚，干部、企业都没法干。

政府的手放在合适的位置

风向标	催化剂	定心丸
引领产业发展	加速产业发展	保护产业发展

3、顶层设计要注意四个问题

第一，关于模式，不要迷恋模式，那可能只是传说，应当走自己的路。模式是干出来的，不是预设的；已有的模式本质上可能是唯一的，因为这个世界上根本没有两片一模一样的树叶，一个县的电商发展注定是特立独行的，还是老老实实地探索自己的道路更好。更何况，以目前县域电商的发展程度，差不多都处在"摸着石头过河"的阶段，又能去模仿谁呢？

第二，关于行政推动，一把手工程是对的，但只靠一把手抓还不够，还得抓住下面的一把手，带动整体。县委书记、县长再能干，底下的人不理解、不支持、不动手，县域电商还是没起色。所以，四大班子都要动，各部局也要动，各个乡村也要动，而且都要是一把手在动。如果县域电商要起步，电商就得天天讲，一把手讲，讲给一把手听，要作为一个常项工作来抓好，注定需要持之以恒。我给一些县出主意，电商启动之初，就抓"四个一"——一个县级领导包抓一个电商经营主体，近距离接触电商是什么，怎么协助发展；一个部门围绕电商发展办一件实事，解决现实困难与问题；一个乡镇找出一个能在网上销售的特色产品，以备开发；一个村找出一个愿意干或者已经干的年轻人，培训上路。

第三，关于培育人才，培训只是一个切入口，更重要的是培训以后怎么办。好多地方的培训搞得好，像打鸡血一样有效果，但培训完了还是找不着北，为什么？干起来以后，发现要什么没什么。所以，做电商培训只是点第一把火，火起来后必须要有后续的燃料供给。电商在县域的起步，就像荒漠种树，有苗没水活不成，电商服务就是水。目前，电商服务业是县域电商特别是中西部电商的最大短板，必须在这方面努力跟上。今天的电商创业，不能再让大家白手起家了，并且，现在的电商培训也要改进，可以偶尔开一次千人大会，但整天这样搞运动，也是有问题的。面上的培训之后就是分层分级，领导与创业者要分开讲，初入门者与已上路的要分开讲，个体创业与电商企业要分开讲，更要把传统的走出去、引进来，洋专家与土专家结合等有效办法用起来。

第四，关于优惠政策的问题，钱不多不要紧，关键要用在刀刃上。目前的政策导向大体有三大误区：一是盲目搞平台，烧钱很多，没有效果。马云早就讲了，平台格局已定。一个县，暂时不需要搞什么电商平台，等做大了再说。当然，搞一个孵化平台是可以的，这个也是最需要的。二是盲目建园区。这个投资也非常大，但在县域电商初期用处不大，因为没有成熟的电商主体来入驻，初期创业者大体在家里的电脑上，甚至是手机上就能完成订单了。更重要的是，这些园区的思维太陈旧，不是搞商业地产，就是搞物业的，空有基础设施，没有电商生态圈，谁愿意来？要建电商园区，需要等到县域电商发展到一定程度，水到渠成。三是一味地招大商引大资，把有效的资源全部补贴给个别企业，结果电商发展独木难成林。正确的思路是，"大象起舞"与"蚂蚁雄兵"同在，可以招电商企业回来，但更应扶持草根电商创业。

总之一点，做县域电商的顶层设计，一定要有一点大视野，识大势而动，想清楚了再干；要有一点大胸怀，坚持打基础，管长远，在县域电商生态上多下功夫，前期可能慢一些，后期走得会很好。我相信，那些在县域电商中涌现出来的经典案例和人物，也一定会在县域经济发展的历史上留下深深的足迹。

3
县域电商发展的整体框架

陈庆探　阿里巴巴集团资深总监、淘宝大学业务负责人

县域电商是一片大蓝海，基本上，互联网公司都已经或正在进入这片蓝海。的确，这个市场该切入，因为那里有数亿人还没有跟网络连接，那里还有成千上万很好的品种、特产也没有跟消费者见面，所以互联网可以打破原来在空间、时间上的局限。但是一切都事在人为，是要靠人去推动的。过去的15年时间，基本上是互联网公司引领着一些理念和思维往线下渗透，未来应该是线下积极拥抱互联网的时代。所以说互联网+不是模式的问题，是谁先主动的问题，谁先加谁的问题，而且在各个领域里面都产生了很大程度的创新。

今天的互联网发生了什么样的格局变化？如果要切入到县域电商，应该切入到哪一块？

首先，从互联网对各个领域的影响与渗透来看，以前讲互联网能连接是一种时尚，今天的互联网，可以想象一下，哪些领域还没有被渗透？在过去的十几年、二十年间，它就像一个巨大的黑洞一样，从最早的广告、通信、媒体到后面的零售、智慧交通、餐饮、旅游、教育、金融、住房、制造……可以说，只要我们生活在这个社会中，在不同的领域里，都有机会让互联网渗透进来。所以，它已经展现出无孔不入的业态。但是互联网本身应该是一场智慧的革命，为什么互联网公司会切入进去？是因为他们善于发现这个社会需要解决的问题，这个社会的痛点是什么。今天我们更多讨论的是跟经济有关的，比如，零售影响比较大。在这个黑洞里面基本上有三大块是大家关注的：第一，领域的新机会，哪些领域有新机会，可以在各自的县域里面找一找，利用互联网+的思想和技术切入进去；第二，移动互联网；第三，最宝贵的数据怎么去采集？怎么沉淀？怎么加工和分析？互联网本身可以从以下三点来说明：一是要联网；二是要互联，无论是B和C的互联，还是B和B的互联，抑或是C和C的互联；三是要互动，互动就会有数据，这个数据会成为最有力的支持。

从互联网渗透的各个领域来看，最大的一个趋势是PC向移动互联网的转变，大家已经感觉到了，整个手机网民发生了很大的变化，它的增速往往超过了 PC 端。2014 年是移动元年，因为这一年移动互联网网民的增长数出现了拐点。这里面有什么关系呢？关系重大！这就表明，无论是在零售方面，还是在城市生活方面，或者是未来的医疗、教育、生活领域，都要考虑用移动互联网的方式去实现。这是一个大趋势，首先要看清这个趋势，以及在移动互联网整个领域里面发生的很大的变化。其次是多关注移动互联网应用最多的 APP。总理说大众创业、万众创新，尤其是在创新这个领域里面要释放年轻人的梦想、年轻人的潜力。互联网是属于年轻人的，更是属于年轻心态的，跟年龄有一点关系，但是更多的是要拥有年轻的心态去拥抱互联网，肯定躲不过，也别想逃，只能去参与。大部分看得到的创业者，比如说互联网小镇，随便推开哪扇门进去，十个人中有九个人都在创业，并且是移动互联网创业。其实这跟它的领域有关，与它的应用深度、广度和规模有关，还有就是这里有创业的氛围，创业氛围会引来很多知识，移动互联网在各个领域都会不断地渗透进去。你打开手机的时候会看得到，上百万款 APP 应用。为什么？因为今天载体发生了变化，从 PC 到移动。2014 年中国移动购物交易额在中国网络购物整体市场中占比 33.0%，2016 年将超 PC 端。

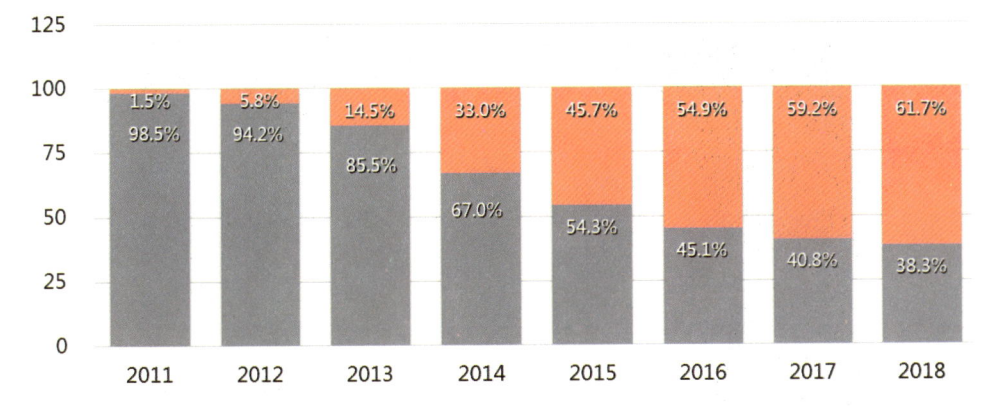

　　未来呢？除了手机还有没有其他东西？如车载系统，还有智能穿戴设备等，这些高科技的连接终端设备在不断发生变化时，大家需要关注在这些载体领域中，应该致力于哪些应用？是否跟本地应用有关？还有就是购物领域，2014 年在移动互联网购物领域有 2000 多亿，即使是通过移动网销售的，各个县域中也有 1200 亿。所以，如果要进行大众创业，去做电商，一定要鼓励创业者在移动这个领域里面加大步伐。这个顺序大家不能弄反了，我们首先要看清楚趋势，然后再想办法去顺应这个趋势。列举这些数据是想告诉大家，每天都有机会，但是不代表每天都能把握住这个机会。

那么，在这么广阔的市场前景下，县域电商要落地哪些、做哪些呢？这是大家最关心的话题。现在跟大家分享的是应该在哪些领域里面狠狠地抓这几点。所有一切都是人为的，当大家在思考用互联网＋的思想怎么样促进产业升级，促进企业转型，在研究各种各样的事例时，请多考虑一项内容——成败关键在于人，最后沉淀下来的一定是人。为什么城市互联网发展远远高于一些县域呢？纯粹是因为有人，有人就能拥有一切，借事修人，不要急着看谁做了、怎么变化的，而是要看沉淀下来了哪些人，是否有强大的队伍能够在互联网领域里面不断前进，人是最关键的，尤其是人的思想。

借事修人，应该借哪些事呢？有七件事找准走下去，我相信总能挖到一个金矿。这七件事跟零售有关，亮剑就亮这七把剑，有可能 40% 是社会化完成的，不一定是阿里完成的。

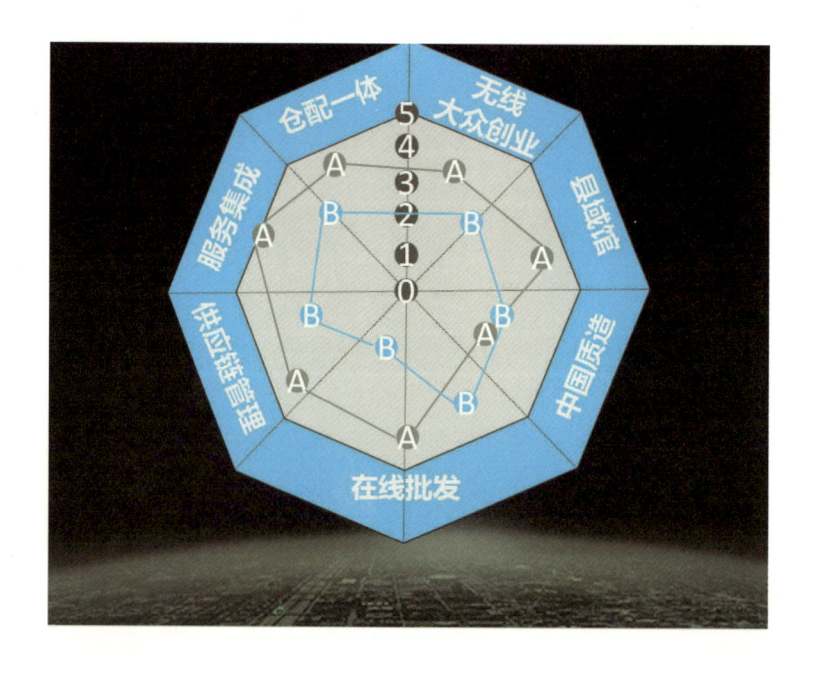

第一，无线大众创业。今天是否能在无线领域里面推动产业升级？比如说阿里小铺，这是一个很好的应用。要考虑无线产品有哪些，农村淘宝往下沉的时候也要考虑它必将有一天往上走，那么什么时候往上走呢？今天在农村领域里面，无线的普及肯定远远高于 PC 端，可以在这个上面做文章，例如无线县域、无线创业。

第二，每个县域都应该运用整合的电商平台，把当地最好的特产、最好的旅游产品、文化、工艺展现出来。每个县域在阿里集团相关平台都能够拥有一个属于自己的本地产品展现窗口，它会是卖家赖以生存的平台。

第三，如果县域没有太多的农产品，而是有很多的工艺品，那么不妨推动企业电商化。中国质造项目就是要让企业上网，这个项目是以企业为主体的，今天在淘宝全是各种创业者，但是真正拥有好品质、好品牌、好供应链的就是企业。这一波浪潮是企业的浪潮，需要扶持他们往前推，让企业跟互联网有一个连接，尤其是在出口不好做的情况下做内销。中国质造就是解决企业的问题，这也是一把剑，可以亮一亮。

第四，与产业带有关的。例如批发产业带，有很多淘宝的卖家在阿里巴巴上面批发进货，一些小商品市场也在阿里巴巴上面。

上面这四点基本上给了很多线下传统业态一个联网平台、一个入口，发展县域电商，总要跟平台对接，总要有一些对接内容的端口。这四点基本上可以让你找到大致方向，去研究怎么做无线创业跟小铺，研究县域怎么组织企业来提高产品品质与口碑，让人相信你的东西是好的。接下来去看企业怎么上网，最后看批发怎么做。下面三点是与上面四点配套的。

首先是仓配一体化。网货集散，很多人说远，实际上就是因为仓和配是分开的，在成本方面面临着很多问题，所以在基础设施的投入上面，考虑为当地的网商节约成本的时候，这个布局少不了。仓配一体化，对于很多电商卖家来说，大卖家有仓库，但是小卖家的货就在家里，他们也想做大，要投入很多东西，政府是否可以考虑帮他们投入一些？一些大物流并不适合中小型卖家，这是一项很大的成本支出，要去帮他们节约，希望在各个地方能建设一个仓配一体的网货集散中心。这也是一把剑，可以亮一亮。十几年来，很多淘宝的卖家都是靠自己自购服务，作为电商需要很多配套的服务，能不能把电商所需要的服务集成起来建成一个公共的服务平台，对外统一，这是我们要考虑的。就像发展产业园一样，要了解产业园今天服务的点是不是卖家所需要的，产业园绝对不是一栋大楼，它是一些服务的集成，卖家希望有一些好的公共服务平台能够节省成本，需要有专业的人提供公共服务。政府进产业园是为了服务这些网商，网商知道政府需要在哪些领域里面帮助他们，信息要对称，不仅仅是为了搞一个产业。在中国房产不太景气的时候，房产商纷纷想转入产业园，这是一个契机，但关键还是要知道卖家想要什么。

其次是供应链管理。今天购物已经没有门槛了，非常便利，但是挑选是有成本和门槛的，打开一个网站时，商品琳琅满目，该从何下手呢？尤其是农产品的品质问题，这是一个蛮大的门槛要去跨越，如果大家从事县域电商，建议考虑一下溯源。

> 溯源不仅仅是可视化的，至少要让消费者了解这个商品背后的信息，它的数据、产地、等级等。就像枸杞一样，消费者没法识别卖家的宁夏枸杞是不是宁夏的，消费者不是专家，只跟他说根据颗粒大小、饱满度来判断是不够的。今天销售商品背后的数据是不透明的，数据对相应的地标产业保护是有价值的。对于原产地的概念，地标产品不管是绿色的还是有机的，总要把产品背后的数据告诉消费者。

在供应链管理里面，可以考虑产品的溯源。阿里有"满天星计划"。

最后是线下商品、线上标准的转化。不是说把线下的产品搬上来就行了，如果要发展当地的产业带，就要挑选好品类的东西，要把线下的产品转到线上，这有一个转化的过程，用消费者熟悉的方式来展现。比如商品的定价、卖点、产地、品质、等级，要用消费者听得懂的话告诉他们，这个工作应该尽可能让第三方一次性完成。商品转化工作是非常重要的，它的成本不低，一次性转换完成之后，就可以把商品的数据开放给所有的创业者，创业者就可以直接用数据，跟无线创业挂钩起来。

这七把剑就是目前县域电商要尝试的七个领域，无论去哪个领域尝试都没关系。服务怎么做，仓配怎么做。无论是前端、后台还是终端，都是系统工程，要一步一步去做。

这七件事谁来做呢？当县域电商说缺人的时候，其实更多的是缺网商的基础人才，做县域电商非常缺的是系统人才，大概有五大角色。其中一个角色称之为多角色运营商。比如说要搞产业带，产业带是需要运营商运营的。商品怎么发布、怎么营销、由谁来运营？线下产业带往线上转化的时候谁来运营？这里需要一个角色，这个角色就是运营商。很多人申请特色中国，为什么迟迟未过？不是东西有问题，是人有问题，是团队有问题，你的思路应当符合这个平台运营的规则。还有供应链管理问题，现在很多卖家做生意都是靠自己管理供应链，那么有没有统一的供应链管理？县域是好平台，一个省做不了，一个市也很难做，一个县域不大不小正好做，品类也好集中。产业园怎么应用？物流、仓配一体化怎么应用？要培养很多当地的网商人才，人才服务商在哪儿？每个地方都有电商协会，协会的价值、作用在哪里？这些属于运营商体系。可以算一算，在这七大块中运营商在本地区有几家呢？其实是存在运营商的，只是没有挖掘出来。

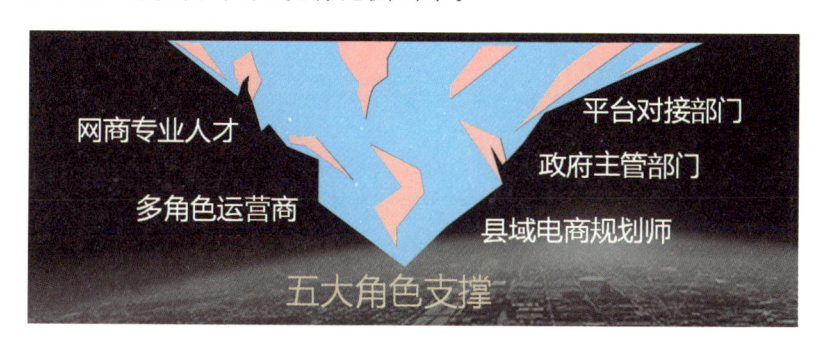

网商的岗位专长培养，如美工、数据分析、仓管、客服、售后、运营、物流都是需要专业的人去做的，企业有钱有货，唯独缺少这方面的专业人才。像这些岗位都需要有运营商专门去做，要考虑有没有本地人才服务商？有没有专门的人才服务商跟平台去对接？这也体现了以人为本。在各个地方，政府应该大力关注运营商体系、服务商体系，这些人会在不同的领域里面帮助撑起一片天。

政府主管部门也是一个角色，无论是商务的、经信的还是农业部，有一个值得深思的现象：不同部门同时来做，有可能这个地方既有工业又有农业，还有经信，对于平台来说就不知道怎么对接了，今天接农业还是后天接工业？政府要做一个大数据管理，阿里有一个数据中心在贵州，这就是一项创新。政府角色也是需要去接受新知识的。

还有一个与发展县域电商有关的角色就是平台。但是怎么形成对接呢？服务商、平台商、政府、网商这四种角色是县域电商的四大主力队伍，但是他们有时候很难合在一起，彼此并不知道对方的需求是什么，所以会不会有一种角色，如县域电商规划师。这个角色是做什么的呢？其可以为整个县域电商做蓝图设计，为政府提供设计、服务，找出切入点，就是类似于我们讲的顶层设计，提供一张行军路线图，告诉大家这一场仗怎么打，需要哪些人配合，怎么衡量这些指标和变化。这能够为政府在这个领域里面提供工作方向，让市场机制去解决市场的问题，政府为其造势，就不用那么辛苦了。总之，县域电商以人为本，大家要关注这五大角色。

七件事、五大角色，将产生什么样的模式呢？影响哪些指标的变化呢？这也是大家做事的时候要考虑的。模式似乎有很多种，产业集群、淘宝村之类的提法有很多，发展淘宝村挺好，淘宝村的形成有很多因素，有领头人，有产业支撑，有协会组织，有政府推动，也有服务推动，应该多级剖析来利用好很热门的移动互联网。还有农产品上行时跟城市社区怎么对接，社区O2O的做法也是五花八门的，还有C2B定制模式，社区对接CSA也是一种模式，不要刻意用哪种模式，适合就行。

所有的模式最终来源都是 C2B 思想，这是一种模式，更是一种思想，所有的模式背后是大数据思维。消费数据怎么沉淀？怎么玩转？这是理念模式，也欢迎大家继续探索更新的模式。

此外，如何衡量地方县域电商发生的变化呢？这就是维度指标的问题。有两大指标要关注：第一个是网商指数，可以了解到有多少人在从事电商，如果一个产业都没有从业人员了，或者这个比例很低，这个产业也起不来，要去关注网商指数；第二个是网购指数，有两个内容，一是线下商品线上化占比是多少，二是线上商品零售占比是多少。我们要关注这些数据。

事、人、模式、关注指标，这就是一张版图，清楚地展现出县域电商的切入口，我们需要一边探索、一边研究，且行且调整。路对了就不用怕，希望大家能够探索出一条属于自己的光明道路，这就是县域电商的魅力。

4

中国"电商百佳县"分析

盛振中　阿里研究院高级专家

4 中国"电商百佳县"分析

根据"阿里巴巴电子商务发展指数(aEDI)"排名,阿里研究院形成了2014年中国"电商百佳县"排行榜。基于该排行榜及数据,对中国县域电商的发展格局作简要剖析。

1、分析方法简介

阿里巴巴电子商务发展指数(aEDI)[1]基于阿里巴巴平台的海量数据和全国人口普查数据,反映了各地电子商务应用的发展情况,包括网商指数、网购指数两个一级指标以及四个二级指标(详见表1)。阿里巴巴电子商务发展指数(aEDI)的取值范围介于0~100之间,数值越大,反映当地电子商务发展水平越高。

表1 阿里巴巴电子商务发展指数指标构成

一级指标(权重)	二级指标(权重)	计算方法
网商指数(0.5)	网商密度指数(0.6)	B2B网商密度=B2B网商数量/人口数量 零售网商密度=零售网商数量/人口数量
	网商交易水平指数(0.4)	规模以上网商占比=全年成交额超过24万元的零售网商数量/零售网商数量
网购指数(0.5)	网购密度指数(0.6)	网购密度=网购消费者数量/人口数量
	网购消费水平指数(0.4)	规模以上网购消费者占比=全年网购额超过1万元的消费者数量/网购消费者数量

来源:阿里研究院,2015年4月

2、"电商百佳县"排行榜

在2014年中国"电商百佳县"排行榜中,义乌名列榜首,石狮和永康分列第2位和第3位,第4~10位依次为桐乡、海宁、天台、德化、昆山、清河和常熟(详见表2)。

---

1 阿里巴巴电子商务发展指数——aEDI,Alibaba e-Commerece Development Index。

表2 2014年中国"电商百佳县"排行榜

排名	县	电商发展指数	排名	县	电商发展指数	排名	县	电商发展指数
1	义乌	34.516	35	张家港	9.380	69	松阳	7.502
2	石狮	18.752	36	恩平	9.317	70	南安	7.502
3	永康	18.483	37	云和	9.294	71	象山	7.491
4	桐乡	17.049	38	江阴	9.174	72	磐安	7.465
5	海宁	15.920	39	嘉善	9.111	73	建德	7.450
6	天台	15.436	40	新郑	9.035	74	靖江	7.357
7	德化	15.164	41	桐庐	8.994	75	安溪	7.340
8	昆山	14.925	42	安平	8.955	76	福清	7.242
9	清河	14.638	43	玉环	8.928	77	凭祥	7.207
10	常熟	14.419	44	诸暨	8.911	78	龙泉	7.204
11	平湖	14.214	45	奉化	8.851	79	长乐	7.181
12	苍南	13.268	46	临安	8.786	80	静海	7.138
13	海门	13.188	47	宁海	8.715	81	四会	7.118
14	余姚	12.287	48	福安	8.543	82	冷水江	7.096
15	慈溪	12.187	49	惠东	8.541	83	柘荣	7.077
16	太仓	12.153	50	南宫	8.442	84	五家渠	7.036
17	闽侯	11.834	51	瑞丽	8.396	85	建湖	7.030
18	郫县	11.650	52	嵊州	8.379	86	霸州	6.984
19	乐清	11.459	53	德清	8.288	87	东海	6.932
20	东阳	11.182	54	缙云	8.249	88	即墨	6.900
21	平阳	11.029	55	庆元	8.245	89	扬中	6.880
22	武义	10.849	56	仙居	8.240	90	兴化	6.831
23	安吉	10.629	57	三门	8.224	91	龙口	6.802
24	永嘉	10.390	58	宜兴	8.140	92	睢宁	6.789
25	浦江	10.372	59	林芝	8.083	93	胶州	6.773
26	仙游	10.096	60	绥芬河	8.006	94	惠安	6.771
27	东兴	10.078	61	丹阳	7.990	95	鹤山	6.664
28	双流	10.016	62	洞头	7.988	96	博兴	6.627
29	瑞安	10.016	63	政和	7.942	97	侯马	6.603
30	晋江	9.939	64	长沙	7.847	98	吉首	6.585
31	高碑店	9.882	65	新昌	7.833	99	永春	6.579
32	海盐	9.658	66	香河	7.784	100	沙县	6.577
33	武夷山	9.548	67	临海	7.672			
34	温岭	9.518	68	延吉	7.565			

3、发展状况分类

2014 年,"电商百佳县"网商指数中位数为 6.477,网购指数中位数为 10.700。若一个县的网商或网购指数超过中位数,则表明该县网商或网购发展相对领先。由此,"电商百佳县"可以分为四类:网商网购领先型(29 个,见表 3)、网商领先型(21 个,见表 4)、网购领先型(21 个,见表 5)、网商网购待提升型(29 个,见表 6)。

表 3 网商网购领先型

县	网商指数	网购指数	县	网商指数	网购指数
义乌	43.825	25.207	太仓	7.214	17.092
石狮	15.309	22.195	乐清	9.849	13.068
永康	21.543	15.424	东阳	9.878	12.485
桐乡	13.710	20.389	平阳	9.068	12.989
海宁	15.482	16.358	武义	10.181	11.518
天台	14.988	15.883	安吉	9.901	11.357
德化	12.727	17.600	永嘉	9.387	11.392
昆山	8.062	21.789	仙游	6.689	13.504
清河	13.901	15.374	东兴	7.763	12.392
常熟	13.419	15.419	瑞安	8.668	11.364
平湖	11.735	16.693	晋江	7.506	12.373
苍南	14.434	12.102	海盐	8.233	11.084
海门	11.800	14.576	恩平	7.254	11.380
余姚	11.358	13.217	奉化	6.700	11.002
慈溪	10.574	13.801			

表 4 网商领先型

县	网商指数	网购指数	县	网商指数	网购指数
安平	12.014	5.897	宁海	6.804	10.626
高碑店	11.747	8.017	睢宁	6.743	6.835
浦江	10.870	9.874	安溪	6.691	7.988
南宫	8.549	8.335	缙云	6.673	9.826
云和	8.382	10.207	即墨	6.578	7.221
温岭	8.339	10.696	三门	6.566	9.882
嵊州	7.813	8.944	惠东	6.558	10.525

续表

县	网商指数	网购指数	县	网商指数	网购指数
桐庐	7.345	10.644	仙居	6.537	9.942
庆元	7.227	9.263	香河	6.501	9.068
诸暨	7.202	10.620	瑞丽	6.489	10.303
磐安	7.175	7.754			

表 5 网购领先型

县	网商指数	网购指数	县	网商指数	网购指数
郫县	3.078	20.222	长沙	3.843	11.850
闽侯	6.239	17.429	洞头	4.133	11.844
双流	4.861	15.172	临安	6.094	11.479
新郑	3.206	14.865	玉环	6.465	11.390
武夷山	5.062	14.034	象山	3.873	11.109
五家渠	0.856	13.216	侯马	2.112	11.095
张家港	5.554	13.207	吉首	2.186	10.984
江阴	5.408	12.939	福安	6.290	10.796
绥芬河	3.662	12.350	冷水江	3.466	10.727
林芝	4.157	12.009	凭祥	3.710	10.705
嘉善	6.362	11.861			

表 6 网商网购待提升型

县	网商指数	网购指数	县	网商指数	网购指数
德清	6.129	10.446	四会	5.146	9.090
宜兴	5.635	10.645	柘荣	4.410	9.744
丹阳	6.297	9.683	建湖	5.058	9.003
政和	5.347	10.538	霸州	5.970	7.998
新昌	6.058	9.608	东海	5.883	7.981
临海	5.752	9.591	扬中	3.881	9.879
延吉	4.893	10.236	兴化	5.065	8.597
松阳	5.495	9.509	龙口	3.555	10.049
南安	4.785	10.218	胶州	5.556	7.989
建德	5.855	9.044	惠安	4.506	9.035
靖江	5.061	9.653	鹤山	4.809	8.518
福清	4.268	10.217	博兴	5.985	7.270
龙泉	5.436	8.971	永春	3.152	10.006
长乐	4.043	10.319	沙县	3.216	9.939
静海	4.996	9.279			

4、研究发现

(1)"电商百佳县"广泛分布,浙闽苏全国领先

从省级层面来看,"电商百佳县"广泛分布在 17 个省市区,主要集中在浙江、福建和江苏三省,合计占 71%。其中,浙江的"电商百佳县"数量最多,有 41 个,福建有 16 个,江苏有 14 个,河北有 6 个,其他 13 个省市区入围的县数量都不超过 5 个(见表 7)。

表 7 2014 年各省"电商百佳县"数量

省 区	数 量	省 区	数 量
浙江	41	河南	1
福建	16	黑龙江	1
江苏	14	吉林	1
河北	6	山西	1
广东	4	天津	1
山东	4	西藏	1
湖南	3	新疆	1
广西	2	云南	1
四川	2		

从城市层面来看,"电商百佳县"广泛分布在 47 个地级城市,其中泉州有 7 个,金华、台州和温州各有 6 个,嘉兴、丽水和宁波各有 5 个(见表 8)。这些城市电子商务的发展与其县域经济繁荣程度紧密相连。

表 8 2014 年"电商百佳县"数量前十位城市

城 市	数 量	城 市	数 量
泉州	7	宁波	5
金华	6	苏州	4
台州	6	福州	3
温州	6	杭州	3
嘉兴	5	绍兴	3
丽水	5		

值得关注的是,浙江县域电子商务发展呈现"百花齐放"的繁荣景象。从数量来看,在全国的"电商百佳县"中,来自浙江的县市多达 41 个,数

量之多，远远超过其他省市。从地理分布来看，浙江的"电商百佳县"广泛分布在全省10个城市（仅衢州没有）。浙江县域电子商务蓬勃发展，与其县域经济繁荣发展密切相关。2012年，浙江县域经济占全省GDP约三分之二。浙江县域经济为电子商务发展提供了良好的经济环境和坚实的产业基础。

在县域电子商务发展上，浙江和广东这两个电子商务强省有明显差异。在"电商百佳县"名单里，来自广东的只有4个。通过分析可以发现，这与广东的产业分布和行政区划有关。广东的优势产业集群主要集中在珠三角地区；另外，部分城市的行政区划是市、镇两级建制，不设县（区、县级市）级编制，比如东莞市、中山市。综合来看，广东电子商务的发展主要集中在广州、深圳、佛山、东莞等城市，县域电子商务所占的比重较小，比如县域网购消费者占全省比例约10%，县域零售网商占全省比例不到10%。

（2）产业集群为县域电子商务奠定坚实基础

近年，实践和研究都显示，产业集群对于县域经济发展具有重要贡献。阿里研究中心分析发现，产业集群为县域电子商务奠定了坚实基础。产业集群在供应链协同、人才集聚、知识联盟、关系网络等方面形成的优势，通过电子商务进一步扩散和增强。

各地产业集群积极通过电子商务升级转型，在2008年金融危机时开始涌现。近年，产业集群"集体上网"呈现加速发展态势。一方面，产业集群企业面临着经济增长趋缓、成本上升、竞争激烈等一系列新的挑战；另一方面，产业集群企业逐步认识到互联网连接的国内外市场的巨大潜力，其中先行企业的成功树立了良好榜样。据不完全统计，2014年，在阿里巴巴等电子商务平台上基于各地产业集群形成的"线上产业集群"、"线上产业带"等超过200个。

表9 "电子商务百佳县"特色产业集群举例

县	特色产业集群	县	特色产业集群
太仓	自行车	乐清	低压电器
苍南	印刷	武义	五金

续表

县	特色产业集群	县	特色产业集群
清河	羊绒	余姚	塑料
桐乡	羊毛衫	海宁	皮革
晋江	鞋、服装	石狮	服装
义乌	小商品	永康	五金、电动工具
慈溪	小家电	常熟	服装

(3) 电商繁荣发展源自大众普遍参与

近两年,"大众创业"成为最火热的关键词之一。

具体到电子商务,阿里研究院研究发现,一个地区电子商务繁荣与否,与当地小企业、创业者和消费者应用电子商务的活跃程度紧密相关。比如位居"电商百佳县"之首的义乌,2014年电子商务交易额达1153亿元,当地网商在各大电子商务平台开通的账户总数超过24万个,远远超过实体商铺的数量。

另外,在部分电子商务蓬勃发展的县,农村电子商务是近年的发展亮点,有一大批村民通过电子商务创业,集中体现为当地涌现出多个"淘宝村",比如河北清河有8个,山东博兴有6个,浙江温岭有7个,福建安溪有5个,等等。

5

县域电商服务业和生态系统的整体构建

陈亮　阿里研究院资深专家

2015年11月11日,阿里"双十一"购物狂欢节再次刷新纪录,912亿元的单日成交额,让人们在感慨网络购物热潮势不可当的同时,也深刻体会到了以电子商务为代表的新经济的力量。

在中国,一场史无前例的商业奇迹正在发生——以互联网为代表的新经济模式,正在深刻改变中国的零售业,并蔓延到物流、金融、生活服务、培训等行业,未来商业社会的形态雏形显现,一个战略性的新兴产业——电子商务服务业开始进入越来越多人的视野,也成为发展县域电子商务绕不开的必修课。

1、电子商务服务业崛起

200多年前,亚当斯密在《国富论》中提到,将构成大头针制造过程的一个个步骤转化为极其简单的作业,体现了工业革命之初专业化和劳动分工可以使劳动生产率得到惊人的提高。

电子商务服务业的诞生,同样也是专业化分工的结果。为满足海量买家的个性化需求,众多卖家聚集于电子商务交易服务平台,渐次催生出专业化分工并蕴涵网络效应的电子商务支撑服务业和电子商务衍生服务业,下面是电子商务服务业按照服务特征划分的三个分类。

- 电子商务交易服务,主要指的是经济网络服务中的交易平台服务,它连接了整个企业、个人电子商务应用和服务,是电子商务整体生态的核心层,它对于降低交易成本、提高交易效率具有不可替代的协调和规制作用。
- 电子商务支撑服务,主要指的是经济网络服务中的物资网络服务、资本网络服务、基础数据服务及社会服务等,它支撑了整个企业、个人电子商务应用的基础性服务体系,可以降低电子商务应用的成本。
- 电子商务衍生服务,主要包括生产者服务和消费者服务,它提供了从企业、个人电子商务应用内部所衍生出来的各种服务,实现了电子商务应用效率的提升。

电子商务服务业进入扩张期的主要动力源自电子商务平台的开放。继2009年以来淘宝、天猫进一步开放平台之后，京东商城、苏宁易购、当当网和1号店等也纷纷推出开放平台业务，并出现自营与平台合作发展的局面，如2012年当当网官方旗舰店入驻天猫。

根据阿里研究院测算，电子商务服务业所支撑的电子商务应用规模逐年扩大，在网络零售领域，电子商务服务业支撑的网络零售交易额约占网络零售总交易额的90%，预计未来10年将维持高位。在B2B领域，绝大部分中小企业电子商务应用通过电子商务服务业支撑完成。2012年电子商务服务业支撑完成了约65%的B2B电子商务应用，预计到2020年该比例会上升到70%~80%。

作为信息经济的基础，电子商务服务业正在成为全球领先的战略性新兴产业，而中国将拥有世界上规模最大、最领先的电子商务服务产业。

2、县域电子商务呼唤服务业

中国电子商务的发展重心正在下沉。根据国家商务部发布的数据，2014

年，中国电子商务零售总额达到 2.78 万亿元，其体量已经达到万亿级别，未来将向十万亿级跃进。随着大城市网购消费者数量增速放缓，各大电商平台均将重心移向县域和农村市场。

从消费角度看，电子商务已经成为县域消费的新增长点。2014 年，县域网购消费额增速比城市高出 18 个百分点，而同期县域移动网购消费同比增速甚至超过了 250%。究其原因，主要是电子商务有效地弥补了三、四线城市和乡镇实体零售相对落后的不足，显著提升了消费品流通效率，并最终惠及广大消费者。

从销售角度看，县域地区的网商数量和销售额也在快速提升。根据阿里研究院统计，2014 年全年网店销售额超过 1 亿元的"亿元淘宝县"已经超过 300 个，遍及 25 个省市区，其中超过 100 个位于中西部，如：四川郫县、陕西武功、湖南桂阳、河南兰考、贵州凯里、云南瑞丽、广西东兴、新疆库尔勒等。这些"亿元淘宝县"的出现，充分表明中西部电子商务未来潜力无限。

这正是县域电子商务服务业崛起的源泉。从地理角度来看，中国电子商务服务业的发展和电子商务发展的步伐基本同步，即从大中城市率先发展，然后逐渐向中小城市扩散。因此，从发展阶段来看，我国县域电子商务服务业还处于初级阶段，野蛮生长成为其重要特征。

当前，县域电子商务服务业发展还面临着多重困难。和大城市相比，我国县域电子商务服务业发展水平明显滞后，包括服务商的种类和数量偏少、运营能力和服务水平相对不够、政府和企业对电子商务服务业的重要性认识不足等。电子商务服务业发展水平低，会导致网商难以实现专业化分工，其竞争力受到束缚，客观上制约了县域电子商务的升级发展。

但是，在县域发展电子商务服务业也不乏独特优势。其一，部分先知先觉的政府，一旦意识到电子商务服务业蕴藏的巨大价值，往往能够提供比大城市力度还要大的优惠政策；其二，县域地区较低的人力成本优势，以及现阶段相对较低的竞争激烈程度，都对大城市的服务商具有巨大的诱惑力。所以，自 2013 年开始，县域电子商务服务商开始规模化涌现，并在各地的县域电商模式打造中发挥了至关重要的作用。

以下列举一些主要的县域电子商务服务业的类型。

(1) 地方馆运营商：农产品电商先行者

淘宝网没有想到，从 2012 年年末开始推的一个项目"特色中国"，会如此受到地方政府的欢迎。特色中国是淘宝网打造的地域特色优质商品导购平台，即在淘宝网上开设一个区域特色产品频道，通过地理维度聚合产品（尤其是农产品）。它是一个"1+1+1"的操作模式，集合了淘宝网、当地农民、当地政府三方的努力，通过加强品质监督和管理，主打地方特色食品和手工艺品，为全世界消费者提供地道的地方特色、美食和工艺品。

对于地方政府来说，在全球最大的第三方电子商务平台上拥有一块专属领地，向全网消费者销售本地特色农产品，无疑是一件美妙的事情。因此，大量地方政府希望在淘宝上开通地方馆，最多的时候甚至有超过 100 个地方馆在排队，其热度可见一斑。

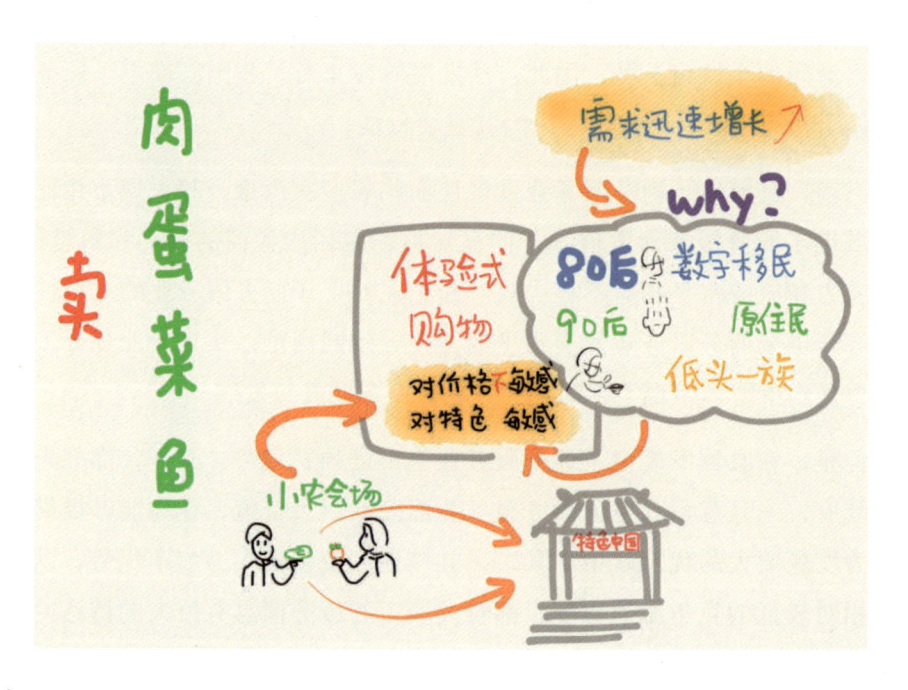

开通特色中国地方馆，主要有三个条件限制：地方农产品丰富度、政府支持力度和运营商能力。对于大多数地方政府来说，农产品资源和政府支持力度都不成问题，最大的挑战还是来自运营商。尤其是对于县级政府来说，优质运营商的短缺更是普遍现象。

为了能够加快本地地方馆的上线，推动农产品销售，各地政府纷纷采取措施，包括本地组建培育服务商、从外地引进智力，甚至直接引进服务商等。截至2015年10月底，淘宝网共开通了近200个地方馆，大多数地方馆背后，都有一个本地化的电子商务运营商。

这些运营商一方面进行地方农产品的摸底调研，对适合网销的农产品进行重新包装、设计；另一方面结合农产品特色、时令节日、淘宝网的促销活动，展开丰富多样的促销。通过这个平台，大量的新疆大枣、四川辣椒、山西陈醋等特产从原产地销售到全国各大城市消费者的手里。应该说，尽管特色中国在模式上依然存在一些不足，但在地方农产品的网络知名度打造和产品转型打造上，发挥了不可忽视的积极作用，一批具备一定运营能力的服务商也得到了成长，这是县域电子商务的一笔重要财富。

(2) 培训服务商：县域人才的播种机

电子商务，以人为本，发展县域电子商务尤其要解决人才短缺的问题。阿里研究院在对浙江、广东、福建、江苏、山东、河北、辽宁等地调研发现：县域发展电子商务，普遍面临缺人才的挑战。无论刚刚起步的县域，还是已有领先优势的县域，在营销、运营、设计等各个岗位，在高中低各个层次，都有不同程度的人才缺口。

一方面，大多数县域尚未建立电子商务人才培训体系；另一方面，县域对于目前集中于大城市的电子商务人才缺乏吸引力。另外，人才培养具有一定的周期，县域电商人才供需矛盾在短期内难以显著改变。因此，预计未来3~5年，县域发展电子商务都将面临人才短缺的挑战。

根据实地调研和数据分析，阿里研究院认为，未来两年，县域网商对电商人才的需求量超过 200 万。其中，初具规模的电商创业企业和转型开展电子商务的传统企业，对电商人才的需求尤为旺盛。

总体来看，县域网商最缺三类人才：运营推广、美工设计、数据分析。缺运营推广和美工设计人才，是最近几年一直存在的问题。与城市网商相比，县域网商对这两类人才的需求更加旺盛。有 79.1% 的县域网商表示缺乏运营推广人才，60.4% 缺乏美工设计人才，分别比城市网商高 1.5 和 6.4 个百分点。

缺数据分析人才，是调研的最新发现。有 50.3% 的县域网商表示缺乏数据分析人才，这从另一个侧面反映出：数据在电子商务中的应用日益广泛，数据分析的重要价值日益明显。

随着销售额的上升，县域网商对客服、物流仓储人才的需求也迅速增加。其中，在年销售额超过百万元的网商中，25.3% 表示特别缺客服人才。

调研发现，绝大部分县普遍缺乏电子商务学习资源，相当一部分县没有培养电子商务人才的学校和讲师，个别县有职业学校或培训中心，但普遍面临师资紧缺、教材老旧等难题。在这样的背景下，人际分享、网络自学成为员工最常见的学习途径。部分受访网商表示，愿意支持员工参加付费培训，其中，一年内平均为每位员工的培训预算超过 1000 元的网商有 39.9%。

这个数据揭示了县域培训服务商的巨大空间。电商人才培养是个重大工程，需要系统性保障和持续性投入。要从根本上解决电商人才问题，政府、企业、学校、协会等必须群策群力，建立起本地化的电子商务人才培训体系。

3、电商园区：县域电商孵化器

近年，随着电子商务持续高速发展，各地网商和电子商务服务商集聚和互动，催生了众多电子商务园区。电子商务园区是"互联网＋园区"融合发展的典型成果。

电子商务园区为网商提供集成化服务，已经成为主流的发展方向。在发展早期，电子商务园区主要吸引网商入驻，伴随网商对配套服务的需求多样化和规模化，各类服务商纷纷入驻园区。电子商务园区聚集了快递、运营、培训、IT等服务商，为网商提供一站式便捷服务，成为吸引网商的最重要因素之一。调研显示，入驻电子商务园区最常见的电子商务服务有物流快递、代运营、电商培训、网络营销、网店摄影、网店装修等，此外还有会展、法律、财务、人力资源等商业服务。

随着县域电子商务成为发展热点，县域电子商务园区增长迅速。据阿里研究院不完全统计，截至2015年3月底，全国县域电子商务园区超过100个。在县域电子商务较发达的城市，比如金华、泉州、台州、苏州等，所辖县或县级市的电子商务园区在本市占比超过50%。

例如在浙江义乌，当地电子商务园区集群近年来快速涌现。截至2014年年底，义乌电子商务园区超过20个，建筑面积超过60万平方米。其中，义乌商城创业园、网商服务区、网商创业园、真爱网商创意园、E电园、圣穗电子商务产业园、天天电子商务园、淘哥电子商务园、江东淘源电子商务科技园、聚合云电商等10家园区入选浙江省电子商务产业基地名录。

电子商务园区是县域发展电子商务的有效抓手和政策载体。近年，各地政府高度重视电子商务，在资金、人才、税收等方面出台了一系列政策。电子商务园区成为各地承接电子商务政策落地的有效载体。在国家商务部以及浙江、江苏、福建等省的电子商务示范基地中，电子商务园区都是重要的组成部分。

在某些县市，政府推动电子商务发展的重要抓手之一，是主导当地电子商务园区的规划和建设。比如浙江省武义县为促进电子商务发展，专门建立了电子商务孵化园，并规划了物流中心等电子商务集聚区的发展。

在某些县市，政府促进电子商务发展的政策在落地时，往往与电子商务园区紧密结合。比如河南网商园所在的郑州市二七区设立专项资金，每年安排2000万元支持电子商务发展，其中包括对入驻园区的网商实行三年房租补贴，对符合要求的服务商进行资金奖励等。

4、农村淘宝：县域电商生态的新入口

阿里巴巴集团在2014年10月启动的"千县万村"计划，即农村淘宝模式，为县域电子商务的发展提供了一条新的思路。"千县万村"计划的目标是在5年之内，投资100亿元，建立一个覆盖1000个县、10万个行政村的农村电子商务服务体系。

农村淘宝是"千县万村"的具体模式，其主要思路是：通过O2O的方式，在县城建立县级电子商务运营中心，在农村建立村级服务站，构筑"县-村"两级农村电子商务服务体系，一方面打通"消费品下乡"的信息流和物流通道，另一方面探索"农产品上行"的渠道。

农村淘宝的终极目标是要实现智慧农村，把每个村级站点升级为生态服务中心、民生服务中心。依托阿里集团的生态圈——阿里旅行、阿里健康、阿里通讯、特色中国、1688、蚂蚁金服等17个事业部，只要能够在农村为农民服务的，都将拉到农村淘宝这一大平台落地。阿里将农村淘宝比作面向农村市场的"航空母舰"，而其他涉农业务则是航母上的"舰载机"。

对于县域来说，这是打造县域电子商务生态的一个绝佳切入口。背靠阿里巴巴集团旗下丰富多元的业务布局，农村淘宝项目的引入，意味着一个区域可以得到包括培训、金融、物流、农产品等业务在内的一体化县域电商解决方案。

农村淘宝模式建立之初，在村点服务站的选择上，采取的是小卖部兼营的方式，即：选择村里地理位置好、店主学习能力强的小卖部作为合作伙伴，店主通过淘宝客的分佣体系获得提成。这种模式的优势在于充分利用了农村的已有商业设施，在一定程度上加快了服务站的落地速度；不足之处则是小卖部的专业化程度不够，只能采取坐商兼营的办法，制约了村点的服务效率。

从2015年5月起，阿里巴巴集团启动了农村淘宝的"2.0"模式，合作伙伴从非专业化的小卖部，转变成为专业化的"农村淘宝合伙人"，阿里巴巴计划在未来发展10万名合伙人。农村淘宝合伙人瞄准那些思维灵活、有较强服务和宣传意识、熟悉互联网和网购的本地人，尤其是返乡青年。

和培养好买手的1.0相比，2.0的重点是培养好卖手，此举对于提升农村淘宝的运营效率、推动农村创业就业具有积极意义。据统计，截至2015年10月，全国农村淘宝合伙人的平均月收入已经逼近3000元，部分合伙人月收入甚至突破了万元。随着农产品上行的逐渐加入，农村淘宝合伙人的收入还将继续攀升。

截至2015年12月31日，农村淘宝落地24个省，开业200多个县级服务中心、13000多个村级服务站，日均订单突破150000单，村日均订单超过13单。

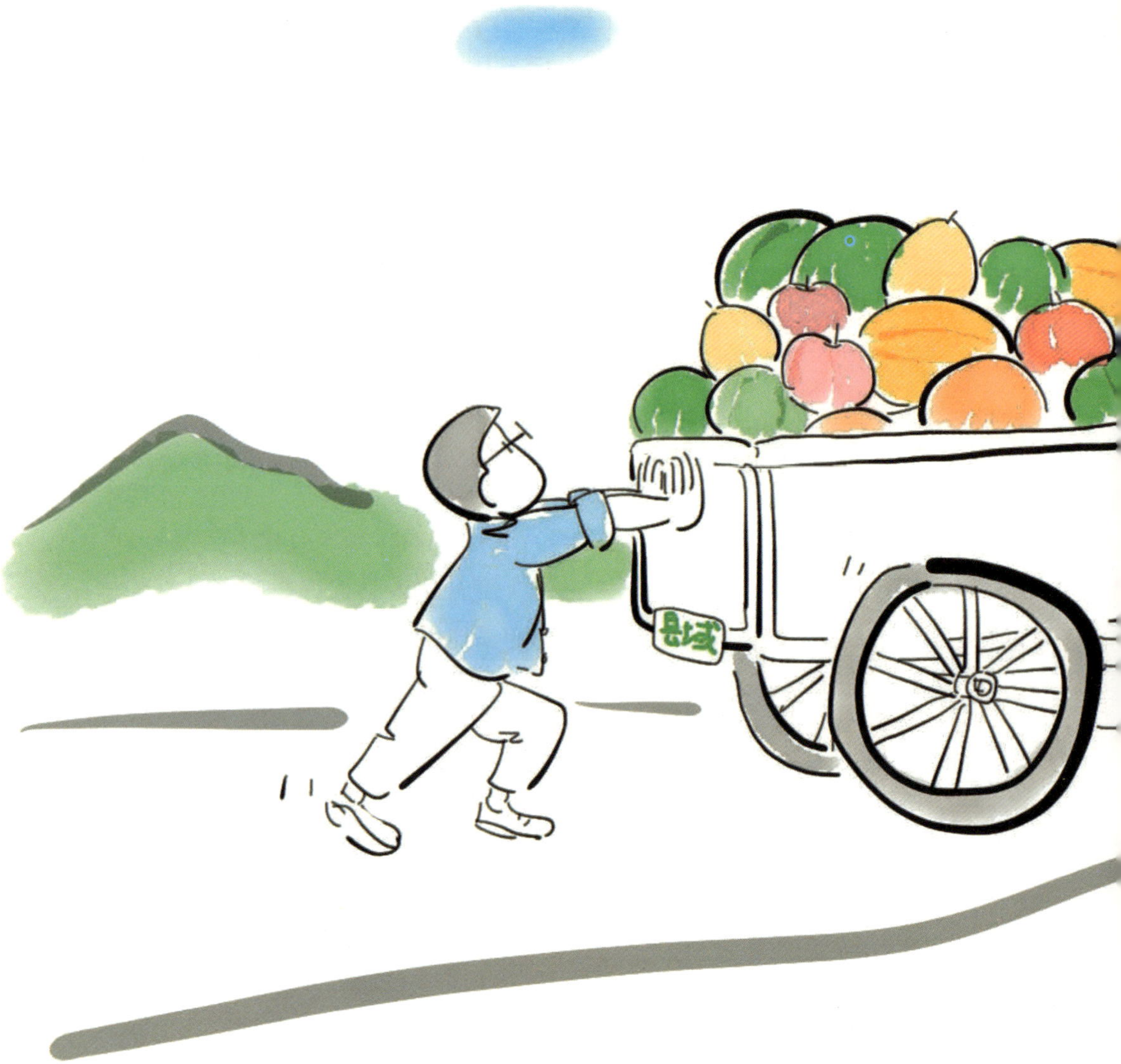
县域

第二篇
案 例 篇

1 县域电商——政府驱动型

桐庐　成县　武功　德化

1.1 浙江桐庐：无中生有的县域电商

方毅　浙江省桐庐县委副书记、县长

【案例背景】被誉为"中国最美县"的桐庐，是中国百强县，但与之形成反差的是，2012年前，桐庐民间自发形成的电商发展基础十分薄弱，发展氛围几乎没有。桐庐县委县政府坚持"政府主导，企业主体；立足生态，无中生有；全面谋划，系统推进"的原则，三年实施三大计划，逐步走出了一条具有桐庐特色的县域电商发展之路。具体来说，目前，桐庐有3个县级核心电商产业园，入驻专业电商公司99家；建成6个乡镇孵化园，培育电商企业165家；建成8个本地电商支撑平台，县内应用企业（商家）达4600余家；建成9个电商仓储物流平台，日均发货量突破50000单；设立6个电商人才公共培训基地，2014年度组织各个层面的电商培训上万人次；还有183个农村淘宝村级服务站投入运营，成为全国第一个实现农村淘宝村级服务站行政村全覆盖的县。2015年1～11月，桐庐全县网上活跃卖家数已突破10000家，实现网上销售额45亿元，1家电商企业在新三板挂牌，另外至少有6家电商企业正在进行上市培育。桐庐电商发展在全国具有广泛的影响力：位列"2014年中国电子商务发展百佳县"排行榜第41位，排在杭州市的第一位；创建成功"浙江省电子商务示范县"；被评为"2014感动浙江十大电商团队"和获得阿里巴巴"最具活力奖"；横村村、东溪村、方埠村成为"淘宝村"；阿里巴巴在桐庐建立了"农村电商全国培训中心"并举办了县长电商研修班；2015年7月8～9日，第二届中国县域电子商务峰会在桐庐召开，有1500多名政府官员、专家、学者、新闻媒体参会。

大概是1999年的时候，曾经有媒体发起"72小时网络生存测试"。12名选手不带任何饮食，72小时内只允许通过房间里的一台上网电脑从外界获取食物和水以维持生存。结果是选手们屡屡碰壁。网络生存被有的人认为是童话,有的人认为是笑话。而在今天,它既不是童话,也不是笑话,因为互联网已无处不在,它成了一种趋势、一种思维、一种生活。有人形象地说,"可以三月无肉,不可一日无网"。

互联网真真切切地给这个世界带来了深刻的变化。互联网的创新技术、思维方式和组织原则已经渗透到政府管理、经济转型和社会发展的各个方面。世界变小了、变快了、变透明了,而且这种变化是在"加速度"的状态中进行的。面对这种变化,我们怎么办?2015年7月4日国务院发布了《关于积极推进"互联网+"行动的指导意见》,锁定了十一大重点领域,这意味着"互联网+"正式从概念上升为国家行动。那么,在这个国家行动中,作为县域党委和政府,又能有什么作为呢?

我站在地方党委政府的角度跟大家分享桐庐在"互联网+电子商务"实践中的一些基本做法和体会。

1、形势所迫下的思维转变

本届桐庐县委县政府是从2012年下半年开始着力推动电子商务发展的。为什么会选择电子商务呢?可以说当初完全是被形势所迫。

桐庐的传统产业,工业是主导,它有两个鲜明的特点:第一个特点是集聚度高、产业链全。比如分水镇,拥有制笔及配套企业700多家,年产量超过"世界人均一支笔",是名副其实的"中国制笔之乡";又比如横村镇,拥有针织服装企业及配套加工点2000余家,是"中国针织名镇"。第二个特点是外向度高、依赖性强。桐庐的外向型经济曾经是一个发展方向,产品出口比例较高,特别是针织服装产品几乎全部出口,制笔业也有一半以上是出口的。但在2012年前后,受人民币升值、国际市场萎缩和代工市场向东南亚转移等各种因素影响,企业的市场空间、利润空间受到前所未有的挤压,生存很被动。

面对这些困境,怎么办?政府和企业都在思考。思考的结果是,大家都认为不能在"外贸"这一棵树上吊死,必须转换生存空间,拓展内销市场,多找一条活路。但要打开内销市场,首先得有自主品牌;其次得具备适销对路的设计能力;第三得建立营销网络。而这三个方面,恰恰是我们外向型企业的"软肋"。我总结了一下,我们的外贸企业是"三无"企业。哪"三无"?一是外贸接单,没有自己的市场;二是贴牌代工,没有自己的品牌;三是按样生产,没有自己的设计。如果按照传统商业模式拓展内销市场的话,既要有大量的资金投入,更要有很长的培育周期,竞争也空前惨烈。

在艰难的摸索中,浙江省委省政府"电商换市"的战略为我们指明了方向。我们坚定不移地把电子商务作为推动传统块状经济转型升级的"突破口"、发展县域经济的"加速器",全力以赴加以推进。所以说,一开始,我们是着眼于工业块状经济转型升级而选择了电子商务,但后来的发展表明,电子商务给桐庐的农业、旅游业、现代服务业、本地生活等都带来了全面而深刻的影响。

方向是找到了,但怎么做呢?2012年下半年,我们立足于学习借鉴,把国内电商发展有名气的县域几乎跑了个遍,受到了震撼,长了见识,学到了很多有用的东西。但同时也发现,这些典型样本有一个共同点,就是首先是草根创新、群众效仿,自然形成的,主要形态是"淘宝村"。这些"淘宝村"一开始并不是由政府引导培育起来的,甚至当时地方政府还没有真正地介入推动。这些典型样本的出现具有偶然性,概率很低,而且发育周期也很长。而桐庐当时面临的是什么情况呢?草根创新的种子曾经也吹落到桐庐大地,但大部分种子没有生根发芽,更没有自然成林,民间自发形成的电商发展基础是十分薄弱的,电商氛围也几乎没有。面对这种状况,怎么办?我们想,既然没有现成的模式和经验可以套用,那么我们就另辟蹊径,努力探索出一条具有桐庐特色的电商发展之路。我们要通过政府强大的推动力来催发草根无限的创新力,把偶然性生成的县域电商变成必然性发展!

根据桐庐实际,我们确立的发展原则是:"政府主导,企业主体;立足生态,从无到有;全面谋划,系统推进"。在这一原则的指导下,我们在建立机制、转变理念、营造氛围、编制规划、出台政策、寻找资源、设计载体、搭建平台等方面采取了一系列举措,一步一步推动电商发展。

2、三个阶段的艰辛探索

桐庐的电商发展经历了三个阶段：

第一个阶段是 2012 年 8 月至 2013 年年底，这是一个启动阶段，我们实施了"启蒙计划"，主要是给理念、给氛围、给信心。"启蒙计划"有四个重点：一是提高认知，提升理念；二是借梯登高，借力发展；三是政府主导，政策支撑；四是以巢引凤，以点带面。之所以制订"启蒙计划"，主要是考虑到，电子商务是一种虚拟化的产品和服务创新、是一种逆向思维的商业模式创新，正因为是创新，很多人对它没有概念、缺乏认识、不开窍。基于这样的情况，首先，我们从推动思想解放入手，让大家认识到，电子商务不仅是一个无比庞大的既有市场，也是一个无法阻挡的趋势市场，更是一个无限广阔的机会市场，你若不去研究它、熟悉它、利用它，你就一定会被历史潮流所淘汰。我们制造了强烈的危机感。其次，我们积极整合各种资源，如组织资源、宣传资源、政策资源、平台资源、产品资源、人才资源，特别是依托阿里巴巴的专业资源，为企业创造无风险触网的机会。

第二个阶段是 2014 年，这是一个初步发展阶段，我们实施了"支撑计划"，也叫"1234 计划"，主要是给支撑、给配套、给服务。随着电商的起步，各类发展需求摆在政府面前，比如人才、平台、政策等。我们在谋划 2014 年工作时，决定把重点放在构建长远发展的支撑体系上，包括规划体系、政策体系、人才培育体系、公共服务体系等。为此,我们拟定并较好地实施了"1234 计划"。所谓"1"，就是编制一套规划。通过规划编制，明确桐庐电商发展的方向、模式和近远期目标，同时研究确定实现目标的路径选择、时序安排、节点设计、支撑项目和实现手段等。所谓"2"，是指推进"两大中心"建设。一个是电商公共服务中心，一个是电子商务仓储物流中心。所谓"3"，是指加快三大核心园区建设。所谓"4"，是指突出"四大平台"建设。为什么要突出四大平台建设呢？我们有一个基本考虑：对于一个电商发展基础薄弱的县域，在电商发展的初始阶段，一定要想办法让那些不懂电商、有兴趣尝试但又很犹豫的企业有一个无风险触网的平台。这一点非常重要。

第三个阶段是 2015 年,这是一个提升发展阶段,我们拟定了"燎原计划",主要是抓扩面、抓提质、抓突破。我们清醒地认识到,这几年桐庐电商虽然走得很热闹,但走得并不远。我们比较了桐庐与外地先进县域的一些情况后发现,别人有的各种电商业态、专业模式或公共平台,我们基本上也都有了,有的还具备一定的比较优势。但差距究竟在哪里呢?分析后得出的结论是,差距主要在于电商发展的基础面还不够广、扎得还不够深。体育界有句话叫"冠军的产生在于天才,而天才的发现在于普及",我们觉得这句话同样适用于电商。有了这番思考之后,我们决定 2015 年实施"燎原计划"。"燎原计划"的核心是"扩面提质",主要包括"两个突破",即向下突破发展农村电商和向外突破发展跨境电商,还包括"四力并举",即加强推动力、巩固支撑力、提升引领力和扩大影响力,其中明确了 50 项具体工作任务纳入考核。

通过三年三个阶段的努力,桐庐在电子商务这门课程中,小学毕业了,交出了一份可喜的成绩单。

3、桐庐电商从无到有的四点体会

回顾桐庐电子商务发展所走过的历程,我们对政府如何推动县域电子商务发展有很多体会。主要是四个方面:

第一点体会,转变理念是发展县域电商的首要任务。

前段时间,有一段话在网络上疯传,大致意思是:"抢钱的时代,哪有功夫跟那些思想还在原始社会的人磨叨。只要是思想不对的人直接下一个,看不到商机的人也直接下一个……鸡叫了天会亮,鸡不叫天还是会亮的。天亮不亮鸡说了不算。问题是天亮了,谁还没醒?"我觉得这段话说得很有道理,对地方政府来说,振聋发聩!"互联网 +"时代的天已经亮了,但我们醒了吗?我们的干部和企业醒了吗?太阳可以不管我们醒没醒,照样按自己的轨迹升起,但及时叫醒我们的干部和企业,却是政府义不容辞的责任。刚开始的时候,我们发展电商的最大问题是干部和企业普遍不懂电子商务。干部心中没底气,无所适从;企业是"不见兔子不撒鹰",不肯轻易实践。特别是各界的质疑声很多，有的说电商是虚无缥缈的东西，是假大空；有的说电商企业不交税，扶持没绩效；有的说电商卖的不是本地产品，对县域经济没贡献；有的说电商企业都是亏本赚吆喝，发展电商害死人，等等。面对这种状况，我们一定要让大家在认识上"脱盲"、思想上"触网"、行动上支持和参与电子商务发展。

要转变理念，角度很多、方法很多，但有一点十分关键，就是这个理念不能只是在口头上转变，而一定要真正从思想认识上转变到位。现在"互联网+"这个概念，热得不得了，被炒滥了！很多领导干部，张口闭口都是"互联网+"，但实际上并没有真正理解"互联网+"的内涵。4月11日金建杭总裁在中央党校有一个演讲，他说，今天是"互联网+"最好的时代,同时也是"互联网+"最危险的时刻！"互联网+"什么都可以，但"互联网+"绝对不能加"传统思维"，绝对不能加"既得利益"。我觉得这句话一针见血、醍醐灌顶！地方政府的领导，面对天下共热的"互联网+"浪潮，千万不能"新瓶装老酒"，千万不能为了赶时髦而空喊口号，千万不能为了出形象而去做政绩；否则，真的就会陷入最危险的境地！

要把理念真正转变到位，还是一个不段深化和提升的过程。一开始，我们把电子商务当作工具，当作传统企业转型升级的手段。后来发现，这个认识是初级的。现在的"互联网+"，按照李克强总理的说法，这是"一场区域全覆盖的创造性实验"、"深刻的生活方式变革"、"一次重新发现新生产要素、释放生产力动能的集体实践"。所以，面对这样的新时代，政府在建设、管理、服务、政策等各个方面不得不随之而改变；企业在流程优化、组织调整和商业模式等方面不得不随之而改变；人民群众在就业方式、生活方式、消费方式等方面不得不随之而改变。我们必须主动迎接和热情拥抱这种变化；我们必须放下身段、放下架子，打破经验主义和传统思维束缚，接受新事物、适应新思维、运用新逻辑、实施新手段，只有这样，一切才有可能！

第二点体会，打造电商生态是谋划顶层设计的基本考虑。

发展县域电商为了什么？不同地方的出发点和着眼点是有所区别的。我们觉得，政府在推动县域电商发展上眼光应该更宏观一些、更长远一些，格局要更大一些，不能急功近利，不能急于求成。以农村电商为例，最初我们曾从培育淘宝村、电子商务示范村这个角度去考虑问题，希望能打造几个盆景、树起几个典型。但后来意识到，这样做必须要有较好的电商发展基础，成功的概率也很小。

> 所以，我们立足于打造生态，紧紧抓住制约农村发展电商的"物流"、"人才"和"资金"这三个主要瓶颈去考虑顶层设计问题，着眼于整体改变农村的消费方式、生产方式、销售方式甚至生活方式去推进农村电商发展，努力实现城乡的融合互动、统筹发展，努力使农村电商发展带动大众创业、万众创新。

"农村淘宝"项目是打造农村电商生态很好的依托，利用这个项目，我们播撒了农村电商的种子，打通了上下行物流的通道；但又不局限于农村淘宝项目，我们还以农产品电商产业园为核心，以专业电商平台为龙头，运用组织化的方式，整合提升农村产品资源，解决"无标"等关键问题，拓展网上销售市场。这就是我们的"两条主线融合并举"的思路。与此同时，我们还创新推出"电商助力贷"系列金融服务产品，基本解决了发展电商的"融资难"问题。所以，现在的桐庐，虽然没有名声显赫的"淘宝镇"或"淘宝村"，但随着农村电商生态的打造，农村青年回乡创业了，农村最后一公里物流打通了，农村电商不缺钱了，那么，在蓬勃发展的农村电商大潮中涌现出一批"淘宝村"和"淘宝镇"，必将是指日可待的！

第三点体会，草根创新仍然是电商发展的内生动力。

在县域电商发展之初，在实体经济普遍对电子商务认识不到位的情况下，政府主导作用的发挥至关重要。我们认为这是必要的，也是可行的。但是，这并不意味着政府要包揽一切。政府无论怎么主导，企业终究是主体。政府该做什么，企业该做什么，边界一定要廓清。政府没有能力也不应该取代市场主体去作一个很具体的谋划，政府只能根据企业的需求去给力。如果政府手把手地去教企业选择什么模式、运用什么技术去做电商，那么，你怎么教，它怎么死！

事实上，电子商务与传统企业之间只隔了一层窗户纸，政府的任务就是把这层窗户纸捅破，引导企业去看，企业一旦看到窗户外面的明媚春光，他们就会破窗而出，你拉都拉不住。这个时候，企业就如鱼入水，面对日新月异的电商专业技术和专业模式，他们会表现出极强的适应性和无限的创造力。当前，电子商务已融入桐庐县一、二、三产业各个领域，电子商务产业链不断延伸，各类主流电商模式全面应用，各种创新电商模式层出不穷。这一切，既是政府主导谋划的，但更是企业创新推动的。所以，我们的出发点是："要以政府强大的推动力激发企业无限的创新力"。我们也正在根据发展的阶段和实际，不断调整政府的职能定位，逐步向市场主导、企业主体、政府推动的方向过渡。

第四点体会，"一切皆有可能"无时无刻不被实践所证明。

2014年年底，有人告诉我，阿里后台的数据反映，桐庐仅在天猫和淘宝上的活跃卖家就有5000多家了，我的第一反应是："500还是5000？"这个数据远超我的心理预期；全县网上销售额2013年增长201%，2014年增长142%，2015年保守估计也能增长150%以上，这样连续的高速增长率是我们当初所不敢想象的；2014年年初我们在谋划"1234计划"的时候，下决心要扶持1个电商仓储物流中心，可到了年底，大大小小冒出了9个；我们以前觉得最难的是农村电商，但自从有了农村淘宝项目，加上我们的"两条主线融合并举"，仅半年时间，农村电商就已经实现了"破冰之旅"，让我们看到了春天气象；我在调研中不断了解到有电商企业在谋划上市培育，目前至少有7家，这一方面说明电商企业在快速成长；另一方面也说明它正趋于规范，它要上市，就要规范财务，补税就是几百万，今后也不存在偷税漏税的可能性，这对"电商企业没有税收"的质疑是最有力的回答……所以说，电子商务真的是一个创造奇迹的领域,它会不时地给我们带来惊喜。借用马云的一句话,那就是:"梦想还是要有的,万一实现了呢?"电子商务的蓬勃发展势头是我们用常规发展思路所想象不到的,不论电子商务发展的现有基础如何,只要找准了突破点,踏准了发展节奏,借助信息经济发展的大势,就可以收获超越想象的发展速度和发展成就,借助电子商务发展推动传统产业转型升级,促进县域经济创新发展,是完全有可能实现的!

最后总结一句话:"世界在变,我们也要变。唯一不变的是拥抱变化!"

1.2 甘肃成县：一颗核桃引发的电商扶贫大戏

李祥　甘肃省陇南市成县县委书记
张乐群　甘肃省陇南市成县县委副书记

【案例背景】成县隶属于甘肃省陇南市，是一个传统的农业县，也是"国家集中连片特殊困难地区秦巴山片区扶贫县"，实现脱贫的压力大、任务重。良好的气候条件和生长环境，使成县绿色无污染的农特产品种类多样、品质优良。但是长期以来，丰富的农特产品受制于山大沟深、交通不便、信息不畅、销路单一等因素，卖不上好价钱，甚至卖不出去，农民增产不增收。2013年6月以来，成县县委、政府把破解"农民收入哪里来"这一难题作为主攻方向，尝试以微媒体营销为主要手段，以核桃网络销售为突破口，探索发展农村电子商务，帮助群众增收致富。成立了西北首个县级电商协会；实施了"一馆两园一中心"产业和服务平台建设。成县探索发展农村电子商务，受到陇南市委、市政府的肯定，陇南市把"实现电子商务集中突破"列入了全市"433"发展战略；继陇南市被国务院扶贫办确定为全国"电商扶贫试点市"之后，建在成县的陇南电子商务产业孵化园被列为"国家电子商务示范基地"；成县被列为"全国电子商务进农村综合示范县"，被农业部列为2015年度全国农业农村信息化示范基地，被阿里巴巴集团列为农村淘宝千县万村计划西北首个试点县；甘肃首家电商职业学院落户成县；2015年9月14日，在国务院副总理汪洋主持召开的"互联网＋现代农业"座谈会上，县委书记李祥就成县县域农村电商发展情况作了汇报。目前，全县共发展网店676家、物流快递企业40家、电商企业20家，全县电子商务销售额达3.16亿元。

1、微媒体引发成县农村电商逆袭

成县农村电商发端于县委书记李祥借助微博助农增收。2012年3月，李祥开通了实名微博,最初的想法只是想通过网络多了解一些民情。后来为了给品质优良的核桃找"婆家",2013年6月,成县鲜核桃上市之际,作为网络大V的李祥发了一条微博:"今年的核桃长势很好,欢迎大家来成县吃核桃,我也用微博卖核桃,北京、上海等大城市的人都已开始预订……"。可以说"一石激起千层浪",凭借微媒体自身的裂变传播效应,短短十几个小时,这条微博访问量竟超过了50万次,当时形成了一个宣传的热点和高点,在近一个月的时间里成县鲜核桃的网销预定量超过了2000吨,通过微博还真能把核桃直接卖到"北、上、广"等大城市,真能帮助群众增收,收到了意想不到的效果,随即引起了新闻媒体和社会各界的持续关注,成县发展电商也开始全面起步。毫不夸张地说,他的这条微博改变了成县的发展轨迹和未来走向。李祥也因通过微媒体推销成县核桃被大家亲切地称为"核桃书记"。

"今年的核桃长势很好,欢迎大家来成县吃核桃,我也用微博卖核桃,北京、上海等大城市的人都已开始预订……"

　　成县初尝"触电"、"触网"甜头之后,坚持把"微媒体营销"作为宣传特色资源和推介农特产品的主要手段,着力开展"微媒体营销成县"活动。先从号召机关单位和干部职工开通微博、微信,引导带动社会各界和城乡群众开通并运用微媒体,形成联动互推的"微媒体宣传矩阵",使人人都成为成县农村电商的宣传员、推销员,推介特色资源,开展"农产品微媒体预定预售",通过"微营销"帮助群众树立"电商思维",激发群众利用电商增收的热情,让农村专业合作组织尽快变成网货供应仓、特色农产品尽快变作网货。

2、"六位一体"助推成县农村电商起航

　　成县在农村电子商务发展的过程中,初步探索出了一条"3617"的工作

思路。"6"是指以政府推动、社会参与、协会引领、市场推进、金融支撑、媒体助力为手段的"六位一体"农村电商发展路径，这是成县发展农村电商顶层设计中的关键环节和核心架构。下面着重论述"六位一体"农村电商发展路径。

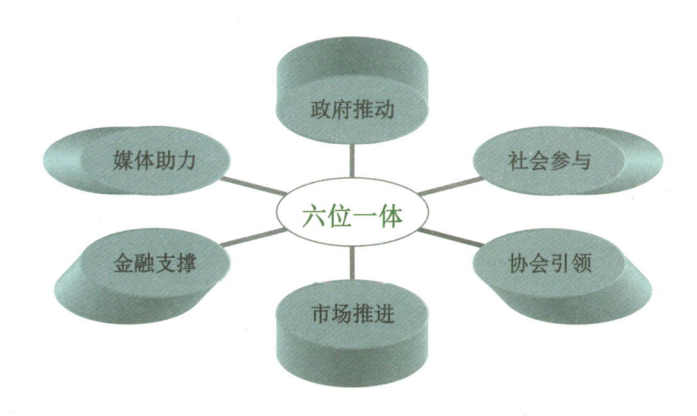

（1）政府推动

在目前基层干部群众对电子商务等新兴商业业态接受较为缓慢的情况下，政府通过加强产业发展顶层设计、加大行政推动力度、制定产业扶持政策及考核奖励办法，启动和助推电子商务产业发展。在多方把脉问诊、充分调研论证和研判发展形势的基础上，针对发展农村电商和电商扶贫工作，制定出台了《关于进一步加快电子商务发展集中突破的实施意见》《成县电子商务奖励扶持办法》《成县电子商务工作督查考核办法》《成县2015年电商扶贫试点工作实施方案》和《成县电子商务进农村综合示范工作实施细则》等系列文件和扶持政策，在财政状况不太宽裕的情况下，累计投入县本级财政资金1100多万元，用于产业构建、配套服务、奖励扶持等，有效助推了全县农村电商发展。

（2）社会参与

在农村电商发展的初级阶段，成县鼓励乡村干部、双联干部、大学生村官、返乡创业青年、电商协会给群众普及电商知识，帮助开办网店，扶持开发网货，对外推介销售农产品，进而带动全民参与电子商务创业。其中双联干部除了结对帮助群众发展特色产业外，还通过开办网店，拓宽农特产品的销售渠道，帮助贫困户脱贫致富。现在乡村干部、大学生村官、返乡创业青年大多都是80后和90后，在帮助群众增收的同时，也拓宽了视野、丰富了阅历、增长了才干，为融入农村环境、带动农村发展筑牢了基础。

成县在电商扶贫工作中，涌现出了一批创业扶贫的先进典型。段国强是成县回乡创业的代表之一，80后小伙子，从小在成县偏远闭塞的农村长大，但是成长环境并没有阻塞他的创业灵感和激情。初中毕业后，他只身一人先后在深圳、上海、北京闯荡，当过保安，也搞过销售。在国家和省市县推动电商发展的大环境下，他决定回乡创业，现在开办了电商公司，在销售家乡农特产品、帮助乡里乡亲增收的同时，与之前在外打工相比自己也有不错的收入，一年总销售额达60万元。张璇是成县大学生村官中的创业典型之一，80后小姑娘。她2013年开办网店，帮助村民销售土鸡、土鸡蛋、土蜂蜜等农特产品，让土特产搭上了电商快车，一年多的时间，实现销售180多万元，为带动全村产业发展起到了积极作用。

（3）协会引领

行业协会组织在承接政府职能转移和政府购买服务上的优势和作用越来越突出。成县在发展农村电商中，充分发挥电商协会观念新颖、运转灵活的优势，通过示范引领、人员培训、营销服务、技术支持等方式，逐步催生孵化各类电商业态，培育电商火种。成县电子商务协会在发挥自身职能和优势的同时，自建了以农特产品销售为主的"农村市集"、"陇南美商城"和以乡村旅游为特色的"村玩儿"等第三方运营平台，拓宽了成县农产品上行渠道，也优化了农村发展环境。

（4）市场推进

成县在鼓励支持农民开办网店、发展"草根电商"的同时，围绕打造农村电子商务全产业链，按照市场运作规律，通过招商引资引入有实力的企业投资打造以"一馆两园一中心"为主体的产业和服务平台。"一馆"即淘宝网"特色中国·陇南馆"，是网络营销平台，2014年8月8日上线运营，8月21日正式开馆，该馆由成县申报、市场运作、企业承办，是陇南市依托淘宝网建立的陇南农特产品、文化旅游产品等优质网货的网络营销专区和统一窗口，是全国第17家、西北首家地级馆。"两园"，一是指陇南电子商务产业孵化园，是产业集聚平台，也是"国家电子商务示范基地"，占地245.8亩，总投资9亿元，建成后将全面整合包括网商、供货商及培训、网店装修设计、营销、金融等服务提供商在内的产业链各个环节，发挥产业集聚效应，培育和孵化电商企业，有效降低行业成本，实现产业规模化发展；二是指顺通电子商务物流园，是物流集散平台，占地200亩，总投资5亿元，是集农产品分拣、仓储、配送、分拨、加工、检测、信息服务等功能为一体的物流综合体，建成后将成为陇南区域电商物流集散中心，有力支撑电商发展。"一中心"即正在筹建中的陇南农产品（核桃）交易中心，是大宗交易平台，占地200亩，总投资3.6亿元，建成后将为电子商务提供产品质量检测、大宗农产品交易等服务，实现陇南农产品资源全面整合，打造陇南电子商务网货供应平台和大宗农产品交易中心、定价中心、信息中心、结算中心。

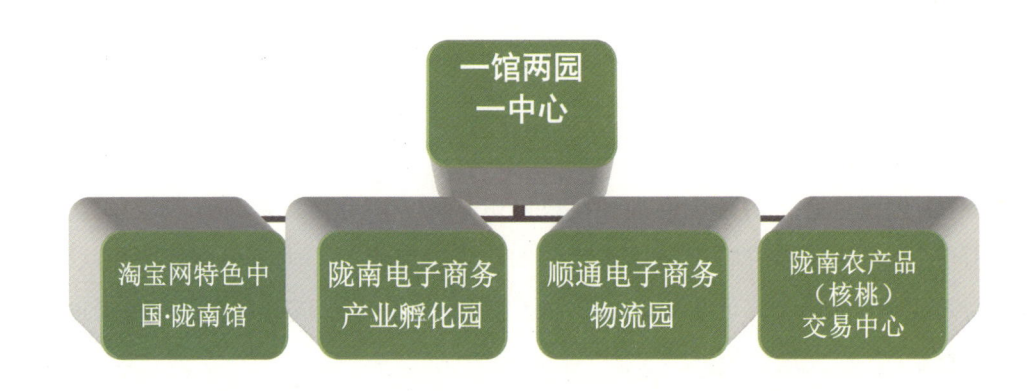

```
                    ┌──────────┐
                    │ 一馆两园 │
                    │  一中心  │
                    └────┬─────┘
         ┌───────┬───────┼───────┬───────┐
    ┌────┴────┐┌─┴────┐┌─┴────┐┌─┴────────┐
    │淘宝网特色││陇南电子││顺通电子││陇南农产品│
    │中国·陇南││商务产业││商务物流││（核桃）  │
    │馆       ││孵化园 ││园     ││交易中心  │
    └─────────┘└──────┘└──────┘└──────────┘
```

（5）金融支撑

鼓励和引导各类金融机构以授信、贷款等各种方式参与、支持电子商务发展，通过发放精准扶贫专项贷款、双联惠农贷款、妇女小额担保贷款、未就业大学生创业贷款和设立青年电商发展引导资金等多种形式支持电商发展。

（6）媒体助力

通过专业团队打造微博矩阵和微信公众平台，宣传推介成县的生态环境、红色文化、历史积淀、民俗文化、特色产品，讲述电商创业故事，推介本地网店，开展网络预售，助力电子商务发展。目前，全县共有4100多个政务微博、100多个政务微信公众平台，形成了多层级联动互推的新媒体应用格局；在互联网上输入"陇南成县"词条，可搜索到近400万条相关信息，输入"成县核桃"词条，可搜索到近100万条相关信息。2015年6月，成县被亚洲旅游文化联合会、中国互联网新闻中心等机构评为"亚洲金旅奖·首批最富文化魅力、最美生态旅游目的地"；7月，被国际休闲经济促进会、中国休闲旅游文化研究中心、中国旅游媒体联盟评为"中国最美生态宜居旅游名县"称号；8月，被新华网"最美中国榜"评为"最美中国·绿色生态、民俗（民族）旅游最佳目的地城市"。

3、"五条带贫"渠道助力电商扶贫

电商扶贫是贫困地区推动精准扶贫、精准脱贫的"滴灌器"，自探索发展农村电子商务以来，成县坚持把帮助群众持续增收作为重点，依托电商"五条带贫"渠道，为更多的农村贫困群众提供服务。

（1）网店带贫

鼓励网店与贫困村、贫困户结对帮扶，签订带贫承诺书、联系卡，形成了"一店带多户、带一村"的脱贫模式。目前，在全县676个网店中，贫困户开办85个，350个网店与3862个贫困户、13255名贫困人口结对带贫。

（2）平台带贫。

引入农村淘宝和扶持协会、电商企业自建蚂蚁市集、农村市集等第三方运营平台，帮助群众代销代售"挣钱"、为群众代缴代购"省钱"，一挣一省，让群众双重增收。

（3）信息带贫

坚持将农村信息化和精准扶贫融合推进，创办电子政务、商务、村务、农务等农村信息化综合服务窗口，实现了电子商务富民、电子政务便民、电子农务惠民。

（4）就业带贫

在打造农村电子商务生产、加工、包装、物流、营销等全产业链的过程中，提供更多的岗位，让更多的群众参与其中，获得收入。

(5) 工程带贫

结合成县确定的17项精准扶贫重点工程，实施了农村的道路硬化、宽带网络覆盖、快递网点布设、网店提质增效、农村电网改造、特色产业提质增效、金融网点建设、网货供应平台、农村智力扶贫等"九项基础工程"，助推了富民产业规模化、公共服务配套化进程，使农民生活条件、农业生产条件、农村发展条件得到更快改善，贫困乡村的发展活力进一步增强。

通过两年多的摸索实践，电子商务带贫增收的作用逐渐显现。一些农村专业合作组织、农户变身网商，正在利用农村电子商务走上增收的道路。农产品品牌效应不断提升，使成县农特产品"深藏闺中人未识"的困境得到打破，成县核桃等一批"成县牌"农产品品牌逐渐形成。农民的观念、角色和身份开始悄悄变化，原来"面向黄土背朝天"的劳作方式、"日出而作，日落而息"的生活方式、"靠天吃饭和靠体力劳动"的收入方式，正在通过电子商务逐渐改变。

1.3 陕西武功：中华农都如何转身电商新城

张小平　陕西省咸阳市副市长、武功县县长

【案例背景】武功县地处陕西省关中平原腹地，是典型的传统农业大县，总面积397.8平方公里，总人口43.9万。武功是一个历史文化名城，交通发达，区位独特，物产丰富。2013年12月，武功县抢抓"互联网+"实施机遇，开始探索发展农村电子商务，先后引进了陕西美农、西北商贸、陕西新丝路等78家知名电商企业，培育个体网店600余家、快递公司20余家，成功争取淘宝大学陕西分校落户武功，全县电商日发货3万余单，交易额达300多万元，被确定为"陕西省电子商务示范县"、"中华全国供销合作社电子商务示范县"，先后接待省内外近万人次考察学习，走出了一条具有武功特色的电商发展新模式。

1、武功做电商，为什么

做电商，一定要弄清楚为什么要做电商？做电商到底是为了什么？这一点，作为地方政府领导一定要想清楚。

武功做电商，主要原因是：电商有经济、有就业、有民生、有增收、有动力。经济发展进入新常态，农村蕴藏着巨大的消费潜力。大众、传统企业通过应用电商，改变了思想观念和经营理念，积极研发电商产品，变被动"触网"为主动"上线"，增加了企业与大众利用电子商务的动力和积极性。

2、武功做电商，做什么

每个县、每个区域都不一样，但是要定位好，到底做什么？拿武功来讲，与东部地区相比，无论是经济发展，还是互联网应用，差距都太大。为此，武功县结合实际，着眼长远，确立了"立足武功，联动陕西，辐射西北，面向丝绸之路经济带"的思路，提出了"中华农都·电商新城"的口号，全力打造"西北电子商务强县"。

具体是要实现如下三个目标。

第一个目标：做成西北农村电子商务人才培训基地。这个武功已经迈出了第一步，淘宝大学陕西培训基地落户武功，已经先后培训各类电商人才3000多人。

第二个目标：建成西北农产品电商企业聚集地。要做农产品电商，在城里很难做，成本也很高，而且还不接地气。所以，武功提出要建成一个西北农产品电商企业聚集地。

第三个目标：打造西部农副特产品物流集散地。

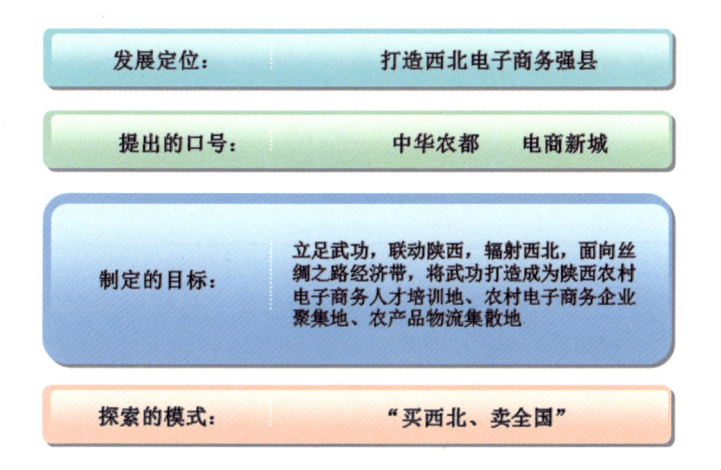

发展定位：	打造西北电子商务强县
提出的口号：	中华农都　电商新城
制定的目标：	立足武功，联动陕西，辐射西北，面向丝绸之路经济带，将武功打造成为陕西农村电子商务人才培训地、农村电子商务企业聚集地、农产品物流集散地
探索的模式：	"买西北、卖全国"

3、武功做电商，凭什么

作为西部县域，凭什么要做电商？其实要实现这些目标，就要分析每一个区域、每一个县域的优势特点在哪里。武功县是传统农业大县，境内无大中型工矿企业、污染企业，顺利通过了农业部农产品无公害产地整县环评，被确定为省级猕猴桃标准化示范区，正在申报创建全国有机产品认证示范县。发展农村电子商务，潜力巨大，优势明显。

主要有4点优势：具有独特的区位交通优势、具有独有的产业基础优势、具有独厚的文化底蕴优势和独到的电商基础优势。由于篇幅有限，这里不展开讲解，重点讲武功怎么做。

4、武功做电商，怎么做

发展目标有了，下一步就是要怎么做的问题。武功县抢抓国家"一带一路"和"互联网+"实施机遇，大力发展电子商务，走出了自己的特色，开创了武功电商发展新模式。

(1) 首创西部县域电商运营新模式

武功首创"买西北、卖全国"电商运营模式。一般电商立足点是"卖"，即怎么把本地产品卖出去，但武功同时提出了"买"。"一买一卖"才是完整的电商经济，也有更大的发展空间。目前，武功除销售本地特色农产品外，还辐射带动陕北红枣、杂粮、陕南茶叶、菌类、渭北苹果、核桃、关中肉奶类、新疆干果类产品30多类400多种特色农产品在淘宝、天猫、阿里巴巴等网络平台上交易销售。

(2) 建立电子商务服务保障新机制

武功县坚持政府牵头抓总，提升服务，优化环境，形成了"一二三四五"服务保障机制，即：**组建一套机构**——成立由县委、县政府主要领导牵头抓总，分管领导具体负责的电子商务工作领导小组。**建立两个协会**——成立武功县特色农产品生产经营者协会和电子商务协会，负责特色农产品的普查、征集、展示、实体销售及组织电商企业和个体网店交流信息、配发产品。**把握三个关键**——建立了武功县域电商运营中心，指导全县农村电商发展；建立了覆盖城乡的物流体系，实现物流配送"村村通"；建立了农村电商政策、资金、培训等扶持机制，促使农村电商规范发展。**搭建四大平台**——建设了农产品电子商务孵化中心、检测中心、数据保障中心、健康指导实验室"四大服务平台"；**落实五免政策**——为入驻电商企业免费提供办公场所、注册、传递货源信息及上传产品、培训人员、无线上网等五个免费服务。

(3) 打造西部县域电商发展新亮点

武功县紧扣三大重点，打造电商"硅谷"。**做好农产品电商**——武功县采取"基地+公司+电商"形式，选择新疆干果、甘肃白兰瓜、宁夏枸杞等优质农产品为货源,通过武功电商平台销往全国各地。**做大农村电商**——为实现群众购物、销售、生活、金融、创业"五个不出村",武功县创新实施了"智慧乡村"项目,推动"智慧乡村小店"和邮政驿站全覆盖,打通了农村物流配送"最后一公里"。**做强县域电商**——武功坚持用互联网思维推动传统企业转型升级,探索一、二、三产业融合发展新模式,实施"十百千万"工程,即:引进和培养数十家知名电商企业;在190多个行政村建立电子商务服务点;培养上千家个体网店;建立近万个知名淘宝店、淘宝小城,形成商品琳琅满目、商户遍地开花之势。

(4)构建电商人才培训培养新常态

武功县坚持从培训入手,培育全民电商意识。**举办讲座培训**——普及电商知识。**强化技能培训**——与省电商协会组建了"陕西省电子商务武功培训基地",引进和培养电商专业技术人才。**举行高端培训**——借力淘宝大学武功培训基地,广泛开展电商创业精英培训,培育电商创业带头人。**组织沙龙培训**——定期组织生产企业、电商企业、专家学者等举办电商沙龙,交流信息,解决问题。先后组织各类电商培训60场次,培训5100多人次,间接宣传培训2万多人次。

可以说,武功电子商务从无到有、从小到大,初步实现了"九个最"。即:县域电商企业聚集最多,县域电商销售额省内最大,电商物流成本全省最低,县域电商人才培训最广,智慧乡村覆盖面最全,为电商企业服务最好,电商产品通过检测质量最优,带动农业转型升级最快,老百姓对电子商务最欢迎。

1.4 福建德化：世界瓷都如何玩转互联网

刘惠煌　福建省德化县副县长

【案例背景】目前，德化全县电商应用企业6500多家，2014年实现电商零售额12亿元，增长50%。先后荣获福建省电商示范县、福建省电商示范园区、电子商务进农村省级示范县、国家电子商务示范基地等称号，阿里"电商百佳县"位居全国第7位，京东"电商百强县"位居全国第19位，是中国目前唯一同时荣获"电商百佳县"、"电商百强县"、国家电子商务示范基地称号的陶瓷产区。

1、一把手推动，形成"政府+协会+企业"新合力

德化县委、县政府把电子商务发展作为"一把手"工程，科学把握政府与市场的关系，努力形成"政府+企业+协会"新合力。

(1) 发挥政府引领作用

主要体现在三个方面：一是领导重视。主要领导亲自抓、分管领导具体抓、政企银协共同抓，电子商务氛围十分浓厚。二是营造氛围。把政策宣传、典型推动、淘宝村培育等结合起来，形成示范效应。三是政策扶持，在用好用活上级相关政策的基础上，从县情出发及时修订扶持政策，降低电商成本，提高企业效益。

(2) 强化企业主体地位

对于传统企业，重在引导。即引导传统企业树立互联网思维，引导其依托自身品牌开设电子商务旗舰店，收购、并购知名网络品牌，积极拓展网络销售渠道。对于电商企业，重在扶持。把扶持电子商务企业快速发展、规范发展作为工作的落脚点和出发点，县政府主要领导带头召开电子商务企业座谈会、带头深入电子商务企业调研、带头协调解决电子商务发展难题，出台政策、投入资金、建设基础设施等工作都紧密围绕产业的现状和企业的现实需求，为电子商务企业发展营造良好的环境。对于服务商企业，重在培育。

围绕产业发展需求，积极发展信息服务业，支持德化县范围内的软件、信息服务商的发展，支持工业设计、3D打印、培训服务、物流配送等领域企业发展，培育一批电子商务配套服务企业，支撑电子商务产业发展。对于平台企业，重在合作。在鼓励德化县企业投资建设独立电子商务交易平台的同时，加强与大型知名电商平台及企业的合作，利用他们在电商领域的行业优势与实力，加速向网络市场化市场转型。

(3) 突出协会桥梁作用

依托协会管理、沟通、自律三个层面的作用，让协会成为政府和企业的桥梁和纽带，为构建和谐的党政企关系牵线搭桥。管理层面，通过将天猫商城首年服务费补助、互助贷申请、电商项目审查推荐等部分政府职能下放给协会，让协会协助政府实现宏观调控、间接管理的目标。沟通层面，通过协会建立政策宣传和信息交流渠道，把政策及时传递给企业的同时，也把行业的热点、企业的想法建议及时传递给政府，让协会成为政府、企业相互沟通、共谋发展的媒介。自律层面，通过引导协会制定和有效实施会员行规行约，建立会员企业自我约束机制，让协会成为企业间竞争与合作的有效协调者、市场秩序和企业利益的长期维护者、行业规划和产业政策的专业建言者。

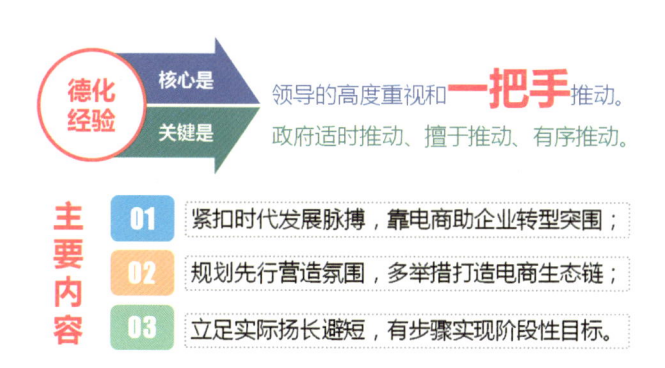

德化经验
- 核心是：领导的高度重视和**一把手**推动。
- 关键是：政府适时推动、擅于推动、有序推动。

主要内容
- 01 紧扣时代发展脉搏，靠电商助企业转型突围；
- 02 规划先行营造氛围，多举措打造电商生态链；
- 03 立足实际扬长避短，有步骤实现阶段性目标。

2、多平台运作，形成"互联网+电商+特色产业"新模式

坚持多平台运作，电子商务发展与特色优势产业发展相结合，优势互补、相互带动，形成"互联网+电商+特色产业"新模式。

（1）充分利用阿里等第三方平台

开通特色中国福建馆德化频道、淘宝德化茶具馆，引导冠福、佳美、龙鹏、真泰尔、威尔、富贵红等一批传统制造企业"上线"开设天猫、淘宝等网络旗舰店，鼓励中小电商企业在淘宝、天猫、京东、当当、唯品会、苏宁易购等多平台布局全网营销，借助淘宝网、东南购物、海都商城、世纪之村、泉州晚报96339、供销农副产品网等电子商务平台销售"三黑"、"三黄"、"三白"、"三红"等特色农产品，充分利用阿里巴巴出口通、敦煌网、速卖通、兰亭集序等跨境电子商务平台开展跨境电商。

（2）大力鼓励企业自建平台

德化商城、憨鼠分销、中华陶瓷网、博缘陶瓷商城、三班瓷网等一批德化本地企业自建的优秀独立的电子商务平台先后顺利上线。

（3）积极探索建设"社区电商"平台

立足德化县陶瓷、农业、旅游三大特色产业，整合社区电商、农业电商、旅游电商、生活电商、"O2O"模式、"O2P"模式，打造立足德化、辐射全国的"憨鼠购"社区O2O平台。

（4）倾力打造中国陶瓷在线交易平台

依托德化县陶瓷产业集群，发挥特色优势，打造跳出德化、立足中国、面向世界的中国陶瓷在线交易平台，同时依托该平台建设陶瓷全球购平台，该平台除汇集德化白瓷外，将整合全国各大陶瓷产区的各类陶瓷制品，强化与阿里巴巴等优势平台合作互通，打造一个集网上信息发布、交易支付、商品体验展示、物流售后服务、品牌推广及行情监测等功能于一体的综合性陶瓷在线垂直交易平台。

01 权威门户网站
02 陶瓷交易商城
03 永不落幕广交会
04 陶瓷企业信用平台
05 陶瓷P2P融资平台

3、全生态打造，形成"小县域＋大电商＋大生态"新格局

以健全县域电子商务支撑体系为重点，以营造环境、促进应用、服务监督为中心，全面铺开电子商务工作，初步形成了县域电子商务发展特色。具体包括10个方面：

（1）强化园区承载

建成城东电子商务创业园，总建筑面积20000平方米，目前已吸引150多家电商企业、20多家第三方服务机构、30多家供应商自发向园区周边聚集，形成70000多平方米的电子商务综合聚集区，成为全省最大的陶瓷电子商务聚集区。加快建设完善中国瓷都·德化电子商务创业园和宝美（建窑）青年电商孵化园，实现创业园和孵化园"双擎引领"。

（2）强化品牌打造

先后涌现出唐丰、甲馨、言艺、辉跃经典等一批年销售额超5000万元的网络品牌，在中陶协和阿里研究院联合第一次评选发布"中国日用陶瓷十佳网货品牌"、"中国工艺陶瓷十佳网货品牌"中，有5家德化电商企业入选"双十佳"品牌；特色中国·福建馆德化频道引导40家电商企业入驻，加快开通淘宝德化茶具馆、京东德化陶瓷馆、淘宝网"极有家"德化频道、淘宝拍卖频道德化大师专区等。

(3) 强化物流配套

推动省邮政速递物流有限公司德化营业部投资建设 9000 多平方米的电子商务标准化仓储配送中心，年可周转包裹量 100 多万件。筹划建设县综合物流中心，积极整合分散在城关区域内的 67 家物流速递企业。推行电商包装标准化，探索统一仓储、统一管理、统一包装、统一发货机制。

(4) 强化金融支持

县政府出资 200 万元与县信用社合作，建立电商"互助贷"担保池，建立政府、企业、银行三方共担风险机制，首批可授信额度为 4000 万元，目前已为 56 家电商企业解决 1880 万元资金问题。电商在"互助贷"的基础上，引导全县所有的金融机构开发专门面向电商的融资品种，并召开专题银企对接会。

(5) 强化协会建设

将天猫商城首年服务费补助、互助贷申请、电商项目审查推荐等部分政府职能下放给电商协会，提升协会对电商企业的凝聚力和服务能力。成立县电商分销协会，实现分销协会与电商协会资源互补和共享。成立县电商物流协会，整合物流资源。

(6) 强化集聚效应

把培育淘宝村作为增强电商集聚效应、辐射效应和示范效应的重要载体来抓，从规划、政策、硬件和人才支持等方面引导推动培育"电商镇"、"电商村"、"淘宝村"等电商聚集区，德化龙浔镇宝美村、浔中镇浔中村入选第二批"中国淘宝村"。

1 县域电商——政府驱动型

（7）强化公共服务

出台"十二条措施",支持电商发展,主要从"设立专项资金、鼓励制造企业发展电子商务、加强电子商务人才队伍建设等方面给予优惠政策支持。进一步整合工商、质监、司法、人事、知识产权等政府资源,开通与电子商务相关的一站式政务服务平台。完善商业服务,每年下发50万元专项经费用于支持城东电商创业园内第三方服务机构发展,新引进聚集10多家服务机构。加强人才服务,建成德化县电子商务人才培训基地和淘宝大学德化分支机构两个固定培训机构,对接华侨大学等大中专院校,设立基地教学实践基地。

（8）强化领域拓展

以农业电商和跨境为突破口,着力拓展电子商务应用领域。鼓励和引导有条件的农业合作社开设农产品网店,对开设天猫旗舰店的农产品网店给予每户2~3万元的资金扶持；利用特色中国·福建馆德化频道,推动特色农林产品上线。积极引导有自营进出口权的龙头企业设立跨境电商部,目前全县拥有跨境电子商务企业100多家,年销售额5000多万元；全县超过70%的外贸企业均利用阿里巴巴出口通、敦煌网等跨境电子商务平台进行业务对接。发展社区电商,启动"憨鼠购"社区O2O电商项目,探索"基地生态种植+平台运营推广+社区O2O仓储配送"全新经营模式。

（9）强化规范发展

以保护创新、强化统计、加强维权、产品检测为突破口，创造电商发展公平环境。保护创新，一方面，依托县版权登记服务中心和省级知识产权工作服务站，鼓励和引导电子商务企业申请专利和版权，保护创新成果，2014年以来，全县电子商务企业新增授权专利712件、版权8100多件；另一方面，依托福建省第一个版权咨询服务和版权纠纷调解中心、泉州市第一个知识产权法庭（福建省第三个），严厉查处打击知识产权侵权行为，2014年共立案59起。强化统计，出台《中国瓷都·德化电子商务产业园统计管理办法（试行）》，对县内龙头电商企业的日常经营情况进行监管，委托第三方机构对全县电子商务发展情况进行数据分析和统计。加强维权，依托县工商局12315平台，对与电子商务产业相关的消费者投诉进行单独记录、统计和及时处理，已接到投诉35起，解决33起，处理率达94.2%。产品检测，依托福建省日用陶瓷产品质量监督检验中心，对每家电子商务企业提供每年2次的产品免费检验检测服务，并出具权威检测报告。

（10）强化氛围营造

优化政策环境，县政府制定出台了电商三年发展规划、电商人才队伍建设等扶持政策，完善电子商务发展生态体系；每年争取上级电商补助经费近千万元。举办全省首届青年电商创业大赛，在城东电商园和宝美青年电商孵化园搭建青年创业平台，激发青年创业热情。完善县电子商务协会网站，开通协会微博、微信、短信平台等新媒体宣传渠道，积极通过各类新闻媒体途径宣传德化电子商务发展最新情况。树立模范典型，通过组织评选出县电子商务先进工作者和县电子商务先进企业，举办全县电商大会，以及推荐参评市级电子商务示范企业等，加大典型带路，推动全县电商发展。

2

县域电商——服务商驱动型

通榆　新疆

2.1 吉林通榆：八万里路云和月

牟文建（莫问剑） 吉林云飞鹤舞农牧业科技有限公司创始人

【案例背景】2013年10月初，通榆县启动农产品电子商务项目，引进杭州常春藤实业有限公司，在通榆注册成立了吉林云飞鹤舞农牧业科技有限公司，注册了"三千禾"和"大有年"品牌，主营通榆特色农畜产品。项目启动以来，线上线下推广了杂粮、杂豆、大米、葵花等近10个品类的30余款商品，累计实现100余万份订单，产品销售覆盖全国28个省份，辐射带动了本土多家企业、专业合作社、种养殖大户与云飞鹤舞公司达成供货合作。同时，该项目还促进了通榆县传统农产品加工企业向电子商务的转型，生成了网店装修、产品摄影、小包装供货等30户小微电商服务业企业。为解决上游供应链整合的问题，云飞鹤舞公司整合县内专业合作社资源，策划组建了农民专业合作社联合社。通过一年多的发展，以原产地直供为核心理念、以政府背书＋基地化种植＋科技支撑＋营销创新为主要特征的"通榆模式"，得到了电商业界的高度认可。

1、通榆模式的四大核心

第一，政府背书。 农产品是非标品，这里面各个环节都有可能发生各种问题。对于相对偏远、落后的地区，公众对当地产品的认知度不高，政府背书不是一纸公文，而是给市场、运营商、农民、电商平台、消费者注入了信心。同时，尤其是平台电商包括淘宝在内，商家是海量的，但县域也就2800多个，政府再小也是一个县，一个县长就是一个官，平台电商就得认真对待。所以说，政府背书对于县域电商是非常重要的。

如何做政府背书？首先是一把手工程，一把手抓，抓一把手。算起来，通榆可能是国内最早成立电子商务发展领导小组的；其次是把最优秀的年轻干部派到电商一线，组成政府的电商推进工作干部队伍；第三是成立专项资金，支持电商发展。还有，就是要用行政力量为电商发展建立"绿色通道"。县域一级涉农企业的QS（质量标准，"Quality Standard"的英文缩写）还真是个事。现在各地的情况可能好一点，但两年前我们做通榆的时候，一开始满怀信心，觉得一望无际的黑土地，盛产20多亿斤优质的农产品，不会有这方面的问题。一经调查，懵了，当时QS证照齐全的深加工企业不到四五家，有些还不愿意合作。通榆为了让我们顺利做电子商务，主管副县长跑省上职能部门，帮助我们尽可能快地办妥相关的法律手续。说实在话，所涉及的各个环节，如果没有政府这样推的话，难度太大了，根本玩不动。

第二，**基地支撑**。一开始接触通榆时，团队都很兴奋，觉得通榆优质农副产品很多，它是杂粮杂豆之乡、绿豆之乡、葵花之乡。但是真的开始卖的时候才发现，杂粮杂豆并不是最好的网货，差在哪里？客单价低，复购率低。我们都说杂粮养生，但大多数人到吃的时候，却都选择了精粮细面，真正吃杂粮的很少。我们为通榆杂粮杂豆做定位，最后确定为"北纬45度上的弱碱粮仓"，北纬45度是联合国粮食署公认的全球玉米粮食黄金产业带。遗憾的是，北纬45度这个商标被黑龙江一个企业拿走了。讲好故事，传递价值。今天做电商，别真的摆个货在网上卖，这个货没有故事没人买，淘宝早就过了纯粹堆货上去就能卖的时代，你不会讲故事不可能做好淘宝。所以，北纬45度上的弱碱粮仓，是讲了通榆作为一个优质原产地的故事。

第三，**统一品牌**。这是我们在通榆的一个做法。这对品牌基础差、电商发展滞后的县域，都有借鉴的价值。"三千禾"品牌是我们自己企业的，但是地方政府很厚待我们，一直把三千禾作为官方认可的公共品牌来打造。在落后地区产品本身知名度都不高的时候，政府的的确确可以用公共品牌方式去经营，这样做比较好，可以经营品牌授权给相对符合资质的农民或者企业，这有利于打响一个地方的总体知名度。先营地域，后卖产品，我们在通榆就是这么做的。

第四，营销创新。先建立地域品牌，再建立产品品牌。我们跟通榆政府谈判时就讲了，必须先通过大量努力把"通榆"两个字叫响，然后再去经营企业或者我们自己的产品品牌；如果"通榆"两个字不叫响，不可能会有我们的地位。推地域品牌在电子商务启动阶段不是坏事，有利于集中力量打响知名度。然后，"让书记、县长做代言人"。再通过大量的事件营销，低成本、高关注。同时，高度重视"微传播"，重视客户体验，注重积累通榆粉丝。

通榆是如何引爆的？我们是从一个葵花盘开始的。2015年6月，吉林省委书记巴音朝鲁率领吉林省委、省政府对重大项目进行巡检，通榆的电子商务项目是其中一站。当我说到葵花盘时，巴音朝鲁说，这个不用介绍，我知道，38元一个对不对？一个电商的营销案例，连省委书记都关注了，就是一种成功。一个葵花盘打下瓜子卖，农民的收入在1.5~1.8元之间。但大部分南方人没见过这么大的葵花盘。我们整个卖，卖38元，并且鼓励别人生吃，就成为了一个事件。其实也是生鲜电商的一个案例，互联网史上第一次新鲜葵花盘直送。2015年很遗憾，实在太忙了，顾不上做葵花盘。之所以没做，是考虑到南北气温差异比较大，9月底运到南方，因为是湿的，很容易发霉，客户体验特别差。虽然产品体验不好，但是传播效果很好，2014年卖的时候搞了一个比赛，在葵花盘上看你能吃出什么不同的形状，就是在上面挖出一个造型来，鼓励别人生吃。这是一个案例，如何把销售变成一个传播的事件。

所以下一步在整个电子商务的进程中，尽可能要制造事件，这个事件当然是正能量，不能乱来，确实有这么一个事，并且适合传播。

通榆还有一条经验，就是高度重视微传播，包括微博、微信等。在通榆，我们建议常委建立微信群，政府班子建立微信群，乡镇干部建立微信群，当地企业建立微信群。这些微信群用来干什么？用这些人开淘小铺，做微商。通榆在发动通榆人的资源来支持电商方面的做法，也堪称教科书。每次大的活动，通榆都是动员了全中国与通榆有关的任何人，这个做得很到位。通榆是人口小县，人口大县更应该注重这一块。固始是河南第一人口大县，173万人口，农民工70多万。我上次就对固始的县长说，固始这么庞大的人口基数，东西卖不动，是自己的资源没有用好。相比较起来，通榆人太少了，36万人中农民有24万，城市人口就10来万，没人这是最大的问题，人口下滑，把这些资源都尽可能挖掘出来，也是下一步要做好的关键。

2、通榆电商成功决策的14个关键点

有时候决策没有对错，但有优劣，最优的方案不是A，不是B，而是C，是第三种选择。我们和通榆的合作能走到这一步，恰恰是基于我们做了第三种选择，A选择是政府的，B选择是我们推荐的，但通过谈判妥协，我们折中选择第三条道路。通榆是怎么做出第三种选择的？

（1）人和＞区位＋资源

1）要做电子商务，没有区位优势没有关系，没有资源优势也没有关系，通榆是典型的案例。通榆的资源优势是杂粮杂豆，但杂粮杂豆不是好的网货资源，吉林省的敦化、蛟河、吉林市盛产长白山养生品，都是好网货。但凭什么是通榆引领了吉林省的县域电商？原因在什么地方？人和！

人和差异大是什么意思呢？三层意思：当地政府班子对电子商务发展形成高度重视，如果班子里有异样声音，书记不同意，县市长干不成这个事，县市长同意了，但是下面的副县市长积极性不高也肯定会打折扣，下面的局长不在状态没有人干活，都是问题。所以，我觉得没有资源可以制造资源。越是偏远的地方越是需要做电子商务，贫困的地区越要借此后发赶超。

从这一轮县域电商的发展来看，电子商务发展好的，大部分是国家级贫困县，或者是偏远地区。所以，区位优势有多少不重要，资源优势强不强也不重要，通榆优势不明显，但是照样走了出来。杂粮杂豆不是好网货，我们就找对策，变卖单品为卖套餐，变卖产品为卖服务。这个时代只有想不到的事情，没有做不到的，就是大农业区域也有大农业区域的做法，至少大部分农产品的品质稳定、产量多，要多少有多少。

2）政府与服务商之间形成良好的协作关系，彼此之间要高度信任。这一点我非常感激通榆政府。我们现在为十几个县域政府服务，这里面彻头彻尾对我们给予信任的是通榆，任何事情交代给我们政府就放心，而我们也是竭尽全力。很多政府拿着有色眼镜考量服务商。我个人的观点是，既然县域政府选择了一个服务商，那么就一定要相信它。尤其是如果这个服务商来自外地，那么一开始肯定不会做得那么顺，很多活也不会做得那么如意，没有人能完全如意。政府一定多给予谅解，多点宽容，多点帮扶。

3）一定要把本地最有情怀的草根创业者挖出来，尤其是本地那些对家乡有情怀又有办法的人，不管是农民工创业，还是大学生创业，都要大胆地把这些草根创业者典型树立起来，给荣誉、给政策。这也是人和的一部分。这是一个草根时代，这个时代只有草根才更有说服力。

（2）速度比稳妥与完善更重要

一定要快，做电子商务快比慢好，唯快不破。如果不快，一定会失去这一轮机会。我个人的观点是，县域电商的红利期就到 2015 年年底。以后就不要搞了，因为上台也分不到红利，平台电商的红利是有限的，政策红利也是要见顶的，商业模式的红利永远就只有那几家。我们做通榆用了一年半，而黑龙江明水只用半年时间就干了我们一年半的活，取得的效益自然比我们好。电子商务的模式和技术一日千里，天天在发生变化。电子商务没有稳妥的事、没有完善的事，边干边完善。

(3) 模式选择，立足本地，走自己的路

遂昌也好，丽水也好，通榆也好，所有的模式都不足以让其成为你们所要学的对象，要做就是自己的模式，千县千面，一定要走自己的路。

(4) 在利益和责任的冲突中，选择信任

通榆确实给了我们很多的信任，信任非常重要，人与人之间特别是政企之间本来很难形成信任，所以信任能够成为动力。

(5) 在销售额与利润率的追求中，优先选择了"影响力"

在电子商务启动点，尤其是前一年，影响力更重要，如果能形成影响力没有销售额不重要，亏一点也不重要。这就印证了刚才所说的先营地域，再卖产品。

(6) 在财政支持和政策配套的讨论中，选择了组织保障

最大程度地发挥干部的积极性，突破部门局限和制约。早在2013年10月，通榆就成立了具有9个编制的电子商务发展中心，这是全国"首创"。通榆当时在发展电商时，在组织保障环节给了我们很大的支持，如果没有这9个人支持我们，根本玩不动，今天做电子商务，如果找的服务商是外地的，没有组织上保障，则不可能成功。最终我们之所以能在通榆存活下来，其实并不是因为我们水平高，而是当时政府领导预判到各种可能发生的问题，帮我们扫清了所有的障碍。我有一段时间去通榆，县领导分别安排相关的局长，还有几个重要的乡镇书记同我结识，这些人是我"活"下来很重要的群众基础。

(7) 在"网店"和"渠道"的发展过程中，转型做"服务商"

现在形势已经变了，当时做通榆的时候，很多的人都是开网店。到2013

年年底，我们意识到，综合服务比产品更重要，综合服务优先于产品销售。包括行动计划、培训、文创等，都是发展电子商务的基础，这个基础要夯实，卖多少货不重要，因为货今天卖得好，不等于明天也卖得好。而基础综合服务很重要，涉及电子商务服务业的方方面面，要把它夯实。

（8）全网发展才能更好地做好淘宝

网店要开，必须形成规模集群效益，必须要有一定的影响力，只有更多的人开网店、更多的人卖货，才能卖出影响、卖出规模，决不是一两家龙头企业就能解决的，要坚持全网发展。在农产品领域里面，有些渠道很有价值，要单独去研究，比如餐饮的B2B，像海底捞投资的B2B，一个海底捞做进去肯定一个单品就给解决了；再比如幸福9号，国内最大的老年人O2O机构。我们在其800家社区店，仅仅42天就卖了741吨大米，如果是4000家店面同时卖，全年在幸福9号一个渠道就可以卖50000吨大米，相当于一家上规模的深加工企业。渠道不一样，要研究渠道，根据产品规划不同的渠道，全网发展。但是淘宝一定要用好，淘宝做规模、做影响、做品牌，在面上是一个非常重要的通路。

（9）在"轻资产"和"重资产"的争论中，选择了"建立形象"

电子商务企业一定是轻资产。从传统观念上讲，过去招商引资，政府看重的是投入力度、有多少税收、能解决多少人就业，这是过去考量的数据。但从通榆来讲，连像样的地方都没有，所以我投资造了一栋楼，要把它建成吉林省西部的电子商务服务中心，成了重资产。

（10）在"适度"与"急进"的十字路口，选择了"主旋律"

政府总是怕宣传过了头，眼前互联网+怎么宣传都不为过，赶紧趁现在这个时机能宣传就宣传，做规划马上推出来某市某县互联网+行动计划。做培训也可以包装出一个概念来，农产品要有配套的故事。尤其是要讲好人的故事，特别是本地草根创业者，要利用一切可以宣传的手段。

（11）在"好名字"和"好产品"的取舍中，选择了"好故事"，要通过宣传故事讲产品

比如贵州，一定要把少数民族的故事讲好，这是其得天独厚的条件，我国是多民族国家，少数民族一定优待。对平台电商也一样，所以一定要把故事讲好，一定要把草根讲好，一定要把头版头条书记、县长版面让位给草根，一个县打造100个草根，出名一个，这个县的创业氛围就够了，这个时代就是草根时代。要关注弱小者，关注贫困户，关注残疾人，关注失业下岗工人，关注找不到工作的大学生，把这些人作为典型塑造出来，越来越有利，让这些典型成为不断在互联网上传播的故事。

（12）在"成本控制"和"政府推荐"的考量中，选择了"市场化"

往往政府一背书，就有一个很大的毛病，别人以为是政府采购，向供应商买的东西就是贵。过去东北大米不愁卖，现在每个地方卖大米到处找我们，原因是什么？过去政府采购生意最好，价格又贵，不用担心销售，现在没有了。在政府背书后，一定要公平公正，让它尽可能市场化。通榆在这一点上做得还好。一开始，我们也吃了好多哑巴亏，紧接着慢慢地变好，到现在已经完

全市场化。

(13) 在"本地化"和"空降兵"的物色中，选择了"双中心运营"。

电子商务缺人才，我们的做法是在通榆、杭州两地双中心运作。在通榆主要是供应链管理、包装人员、发货人员，但是运营团队主要在杭州，当然地方政府希望我们本地化，但是把运营人才放到本地，过了半年就会与时代脱节，因为网上玩法太多了。淘宝有一句话是，永远不变的是变化。实际上，现阶段一定要双中心运营，否则很困难。

(14) 政企关系，在"同居"和"结婚"的抉择中，选择了"保持距离"

保持距离才是美，政府、企业各司其职，要互相帮扶。一定不要"结婚"或"同居"，我认为电子商务一定是民营企业干的事。

2.2 新疆：丝绸之路的网络重筑

田建刚　新疆果业大唐丝路电子商务公司副总经理

【案例背景】新疆现有14个地、州、市，89个县（市），其中33个为边境县（市）。独具的三山夹两盆的地势，形成了高山、草原、沙漠、河谷、绿洲、湖泊等特殊的地理环境和气质条件，以及新疆特有的独立水系绿洲生态资源，造就了新疆不同县域截然不同、特点风味各异的优质特色农产品。新疆的干果近年来已然成为年轻消费者尤其是吃货一族的必备：和田大枣、葡萄干、杏干、核桃、巴达木、鹰嘴豆、开心果、腰果……品种繁多，口味多样。点击进入新疆特色馆，更是琳琅满目，甚至还有新疆特色手工艺品展售。再加上新疆是一个多民族聚居区。可以说，每个新疆县域都是一个新的发现，因为每个民族不同的风俗和生活习惯，造就了新疆县与县之间不能一概而论，都是独树一帜的。大唐丝路——植根于新疆、成长在新疆、具有典型区域特色的服务商企业。在大唐丝路的深度参与下，新疆以特色农产品电商为依托的县域电商全面起步。本文由大唐丝路田建刚写就。

1、跨过新疆电商发展的几道门槛

新疆有着丰富的资源优势，如大农业基地、优质的农产品、大美的自然风光、独特的民族文化、东联西出的区位优势等。但是，在发展电子商务的进程中，电商从业人员少，人才难找；不稳定的网络、语言障碍、多元文化；最远的运距，配送要求最高的农产品；农产品精深加工缺失，产品同质化严重；落后与贫乏的流通设施等问题，也阻碍了电子商务在新疆的发展。

物流是新疆在发展电子商务过程中最大的问题。新疆距离中国最近一个省份甘肃首府兰州是2000公里，距离杭州是4375公里，距离北京是将近 4000 公里，长物理运距导致新疆的很多优质资源不能够出去，有了互联网后能够把物理距离做到最大程度的缩减，让信息进行有效的匹配，这是新疆的现状。新疆号称是中国的瓜果之乡，通过整个中国最长的物流距离，怎么样配送要求最高的产品，这是我们一直在思考的问题。

2012 年新疆馆建立，成为中国第二家淘宝网商的省级馆，因为特色馆这一营销平台的牵头和影响，促进了新疆网商"各自为战"转为"抱团营销"的意识转变。大唐丝路作为电商带头企业，充分利用了大农业背景下已有的供应链优势，并尝试多方资源整合，为最终能够实现提供"农产品流通体系一站式解决方案"的服务目标积累了宝贵经验。

大唐丝路依靠大农业优势，既做单品销售，也尝试实现大宗农产品做 B2B 的概念。其中的一个典型案例是 2013 年的"棉胎售卖"活动。以前新疆棉企基本上只面对矿产、学校单位等做集体生产采购。大唐丝路却另辟蹊径，和一家大型棉企商讨合作，如何满足内地的消费者需求。同时，参照市场上主流的家纺品牌，设计并精细化了床被尺寸和纱线走向等。最后，大唐丝路和厂商一起协商，一改过往的塑料封袋的"土"包装，改用环保的无纺布袋，并统一制作外箱。在理顺了生产和流通链路后，大唐丝路的营销团队才开始思考棉胎的营销方案。结合新疆特有的充足日射的地域优势，最终打出"太阳的味道"这一营销概念，并落实具体的销售详情页等细节。在售货环节，根据预估的 5 万销量，设计了运输物流体系。最终实际销量达到了 11 万套，而这仅仅用了三天时间。后续团队持续营销和带来的跟风效应，促使棉胎这一爆款逐渐演变为互联网上的常态化产品。

这样实实在在的营销案例，帮助新疆的传统生产企业开启了电子商务模式。

针对丰厚的资源优势与落后的流通体系之间的矛盾，大唐丝路拟通过搭建"产业园区"寻求进一步的突破性发展。2013 年按照

"企业投资、政府推动、第三方运营、开放服务"的模式,自治区供销社和新疆果业集团公司投资建立了新疆电子商务科技园区,园区由企业独资,运营主体即是大唐丝路。园区总计投资6亿元,于2013年12月20日正式开园。园区占地面积560亩,其中包括农产品精深加工区240亩、电子商务创业孵化园区120亩和物流园区40亩。目前园区入驻企业近50家,涉及网商、服务商和金额小贷业务。2014年园区交易额约为9亿元。园区的服务配套也基本成型。

2014年,国家主席习近平、副总理汪洋、阿里巴巴集团董事局主席马云都曾来到园区指导工作,对园区的发展促进新疆特色农产品流通体系的搭建和完善给予了肯定和表扬。

2、新疆模式的核心:政府搭台,企业唱戏

2010年,我们的自治区书记来到新疆做的第一件事就是带着新疆厅局级的领导来到阿里巴巴,在阿里巴巴考察完以后,接下来在党委很多会议上都说过这样一句话,新疆路途遥远,需要通过电子商务这种手段来实现新疆经济跨越式的发展,这是政府对电子商务的第一次公开表态。2012年3月自治区的一个副主席带队来到淘宝,跟淘宝高层进行会晤,关于新疆如何发展电子商务,请淘宝来给新疆支招。通过那一次会面,促成了淘宝大学新疆机构在新疆落地,因为电子商务发展人才要先行。接下来落地第二个项目,淘宝网新疆馆,这是新疆政府对电子商务的最大支持。

在整个新疆操作的过程中,核心点是特色产品全产业链流通体系的搭建。依托新疆的大农业、大种植的产业经济带特点,用多元化的维度细分农产品品类,建立电子商务流通的支撑体系,聚合新疆区域单品,通过基地直供的方式进行产品溯源,降低流通成本,打通最难的产销衔接。

同时,借助阿里云大数据的支持,利用新疆边境口岸多以及土地的特点,通过电子商务赋能流通体系,变地域资源优势为流通优势,东连西出,在跨

境上做到桥头堡。

新疆的模式源自两点：丰厚的资源和落后的流通体系。

通过政府引导搭建整个新疆电子商务生态圈系统，这个系统必须要有一些服务体系来支撑。

第一，产品支撑体系。通过新疆馆，通过新疆电子商务科技园区来做中间的载体，将原产地的产品进行溯源，找到对应农产品加工企业或者基层合作社，将产品进行电子化，并由政府进行产品背书，再放入产品云库；另一头是将卖家聚合，选择相对应的产品，这时中间的体系就变得顺畅了。

第二，销售支撑体系。搭建电子商务销售支撑平台集群，最终通过线上线下结合的方式，对特色林果产品和特色农产品做到在整个销售布局上无死角。

第三，服务支撑体系。通过电子商务科技园区进行有效的聚集，最终将服务提供给当地的企业、网商，包括政府也可以去采购有关的一些服务，这样市场和政府能够有效地进行衔接。

第四，电子商务人才培训支撑体系。通过淘宝大学新疆机构的中间衔接，对应电子商务园区服务群和服务机构这一块形成三角关系，把三角关系打牢以后，接下来会延展到其他部门。

第五，物流支撑体系。利用政府已有的全国分仓，通过软件集成系统，对信息进行抓取，以新疆为总仓，六大分仓覆盖全国大多数区域。

通过产品支撑、销售支撑、服务支撑、人才支撑、物流支撑以及平台支撑，打造特色产品整个流通体系，包括产品生产、加工、品类规划、传播、渠道、运营、物流人才孵化和服务，形成一个全产业链的闭环系统，整个区域内的电子商务都会按照计划节奏有序地往前发展。

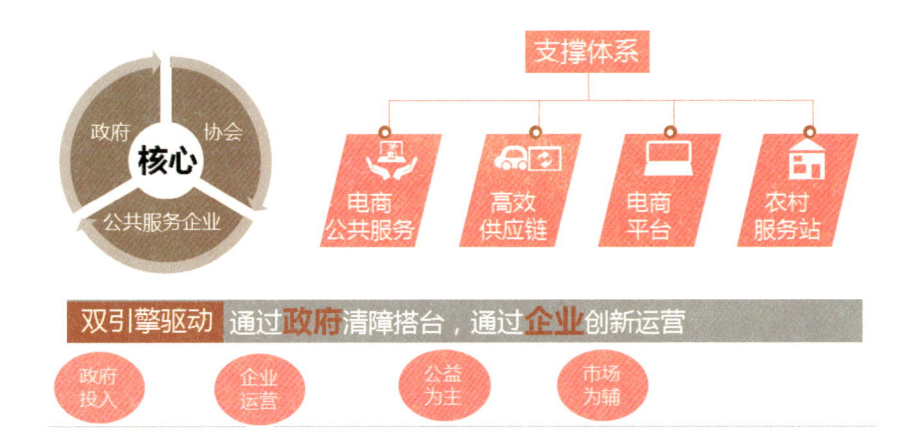

3、县域+互联网的积极探索

大唐丝路长期坚持推进新疆电子商务的发展，并在2015年年初，随着一股"互联网+"的旋风刮来，新疆县域开始将电子商务作为当地经济发展的重要工作。大唐丝路紧急调整公司战略和方向，将县域电子商务服务作为2015年的工作重心。但是，新疆县域电商存在人才缺乏、电子商务服务滞后等瓶颈，并且每个新疆县域的县情差异大，县域电商必须要结合新疆的实际情况确定电子商务发展的模式。目前在新疆果业大唐丝路电子商务有限公司的业务线中重点的领域就是协助新疆各县域解决电子商务存在的问题。

其中重点解决的问题是，如何能够让新疆县域内的特色产品走出县域卖出去，让合作社及农户通过电子商务（如新疆林果网）增收；如何能够让工业品（如消费品）通过电子商务（如新疆巴扎网）走进县域内的农村，让农民多省点钱，享受互联网带来的红利；如何能够通过电子商务反向带动县域内的产业链条升级改造，助推县域经济的发展。

第一，解决新疆县域发展早期所遇到的瓶颈中"人"的问题，需要架构出一支专业专注的县域电商"雇佣军"；解决"事"的问题，需要梳理实施系列推进县域电商发展的项目、活动，落到实处；解决"场"的问题，具有实体场地为县域电商各参与方进行服务工作。

第二，目前，大唐丝路已经和新疆七个区域（县域）签订了电子商务战略合作协议，并在实施过程中发现，新疆农特产品外销通路中存在物流运距过长、缺乏县域公共品牌体系、消费者认知程度低、电商平台资源对接难、本地商铺承接缺乏等问题的存在，制约了县域农特产品的宣传推广，造成了部分产品难卖和卖不出应有价值的实际状况。

针对上述问题，公司提出了县域"一地一品"、"一品一带一生态"的构想，借助互联网信息化的手段和工具，有些产品可卖向全国，有些产品可卖向疆内，有些产品在地区内流通连接城乡，也有些产品可做大宗农产品的批发，还有些商品是针对个人的零售流通，借助第三方平台连接城乡的生产和生活资料。

在2015年9月13日至15日的"发现新疆"活动中，精选了代表新疆南北疆区域特色的七个区域（县域）的优质特色农产品呈现给消费者，并对品质进行严格把控，做到产品符合当地的地标及标准化品质。其中，具有锡伯族文化主题的察布查尔县2015年头茬大米10万份全部售罄，创造了全网大米单品销售的吉尼斯纪录。

第三，针对阶梯式销售通路的搭建，大唐丝路将新疆各县域内的地标类产品向全国范围销售并扩大影响力。比如吐鲁番的葡萄、哈密的哈密瓜等，通过1688、淘宝、聚划算、京东、1号店等国内优质的第三方平台进行销售。

同时，疆内循环产品连接南北疆，连接城乡实现新疆特色产品的内循环。比如县域内的农家土鸡蛋、牧民家里的奶疙瘩、农户家的晾晒干菜等通过第三方平台、微营销平台、县域自建平台、疆内电商平台等平台集群进行销售，

为农户增收创造了网络销售机会。

第四,通过区域及农村电子商务的发展,首先是改变农村传统思维方式和观念,与时代接轨,与时俱进。同时,让区域民众能获得物美价廉的工业品、生产资料、日用品直供及个性化服务;带动当地特色农产品的产业发展及精深加工、民族传统工艺品的挖掘并形成产业、旅游文化的推广宣传,以及物流、金融等现代服务业的快速发展,是调整农村地区产业结构的最佳选择;带动和实现传统产业的升级和优化,并提高供应链管理水平,增加区域实体经济的竞争能力;增加和带动区域就业和农村富裕劳动力转移就业,并吸引农村青年回乡创业,促进区域经济的快速发展,实现农民增收。

3

县域电商——网商驱动型

睢宁　揭阳　博兴

3.1 江苏睢宁：从淘宝村到淘宝县的跨越

陈良　江苏省睢宁县委常委、宣传部长

【案例背景】睢宁地处江苏省北部，是徐州市的南大门，面积1769平方公里，人口143万，下辖16个镇、6个专业园区。睢宁曾经是落后的代名词，经济发展一度跌到江苏省的最低谷。就是这样一个经济欠发达地区，抢占了信息化、互联网经济的先机，在短短几年时间里，产生了享誉全国的"沙集模式"。从销售做起，由销售推动加工生产，成功实现了信息化带动产业化，探索出一条"两化"融合的发展之路。

1、"主角登台，众人相助"——草根奏响电商"交响乐"

群众是创造历史的英雄，在这场农村电商的发展大潮中，农民无疑是创业创新的主体。睢宁电商的快速发展，是农民、政府、协会、服务商、运营商等各类主体联合推动的结果，不是"独奏曲"，而是"交响乐"。

一是农民率先"登场唱戏"。在网络时代，"小岗村"的变革大幕启幕者，是"面朝黄土背朝天"的农民。睢宁电商发展源于农民自发，2006年，沙集东风村孙寒等"三剑客"尝试互联网创业，催生了电子商务萌芽，无意中开启了睢宁电商腾飞的按钮。"领头羊"的成功，很快引来周围乡亲们纷纷效仿，淘宝店裂变式地增长。看2条标语就知道了，"标语1：出门打工东奔西跑，不如在家上网淘宝"、"标语2：离土不离乡，网络致富奔小康"。于是，大学生、打工的回来了，东风村从最初几个人、年收入几千元，成长为如今2000余名网商集聚、年销售额突破10亿元的全国淘宝"第一村"。2014年"双十一"，全村销售额突破6000万元，是上年的2.3倍。目前，全县有网商19000余家、网店23000多家，直接从业、带动就业近10万人，2014年，全县网销额达43亿元，5年增长43倍。

"三剑客"故事：2006年，沙集镇东风村三个青年农民（孙寒、夏凯、陈雷）在淘宝网上注册网店，他们从经营小电子产品开始，逐渐发展到生产、销售拼装家具，生意越做越好，一传十、十传百，带动了东风村及周边农民开办网店的热潮。

"一指禅"故事：沙集农民王道军开网店后，由于不会熟练操作电脑，用一根手指敲键盘，和买家聊天谈生意，当地越来越多的农民学会了"一指禅"功夫，后来发展到很多农民一边抱着小孩，一边上网谈生意。

邱雨的故事：邱雨，80后，高中毕业后，曾经三下新疆打工，后回家网上创业，目前拥有两处家具生产场地，近百名员工，家人分工明确，母亲负责生活，父亲负责生产场地，弟弟负责发货，妻子负责客服，两个叔叔负责组织两个场地的生产管理，自己总负责。2014年，网销收入超4000万元，2015年达6000万元，拥有固定资产投资2000万元。

刘兴利的故事：刘兴利是当地一位成绩骄人的省优秀大学生，毕业后选择了一家大企业，当上了总经理助理，月工资6000多元，并在城里买下了房产。但是，淘宝把他重新召回了故乡，因淘宝成了县里的政协委员，他是大学生通过淘宝创业的典型代表。

二是政府及时"出手相助"。在睢宁电商萌芽之初，县委、县政府就意识到其发展潜力，主动超前谋划，建机构、强硬件、帮融资、抓配套扶持电商发展，成立领导小组，由县主要领导任组长，出台加快电子商务发展、推广实施等系列政策文件，财政每年拿出1000万元专项扶持资金，把发展电子商务纳入县对镇的考核，邀请淘宝大学专家讲课，组织网商外出学习，开展"诚信网商"、"十佳网商"等评选活动，启动规划建设电子商务创业园，从基础设施建设、生产要素供给、农民知识培训等方面，全方位扶持电商发展。省市对睢宁电商发展给予了更多的支持，2011年5月，江苏省推进农村信息化现场会在睢宁召开,沙集镇被授予全省第一个"省农村信息化应用示范基地"称号;2014年8月,全省农村电子商务推进会在睢宁召开。

以网商培训为例:"走出去",组织全县镇园负责人、部分优秀网商代表,赴浙江义乌江东淘源电子商务科技园、青岩刘"淘宝第一村"、福建南安兰田"世纪之村"、泉州安溪中闽宏泰茶业有限公司等不同电子商务模式的先进地区,学习电商发展模式、网商协会运作等。"请进来",邀请淘宝大学知名讲师、网商来睢宁传经送宝;2012年,开展9期电子商务培训,组织培训网络创业人员906人;2013年,开展11期培训,组织培训1100余人;2014年,开展"电子商务万人培训"活动。

以电子商务创业园建设为例:2011年年底,启动沙集电子商务创业园建设,总占地面积1800亩,其中启动区630亩、拓展区670亩、远景规划区500亩,基础设施总投资超10亿元,包括生产加工区、物流仓储区、电子商务区、商务服务区、生活区"五大功能区"。2012年,被江苏省发改委列入省现代服务业"十百千"行动计划(2012—2015年)。目前,启动区基本建成运行,正在申报省现代服务业集聚区。

三是服务商"擂鼓助威"。随着沙集网销业的快速扩张,家具生产、产品包装、零配件、物流配送、运营设计、宣传推广、电脑销售维修等产业元素快速跟进,带动了产业链上下游的发展。电力、银行、电信等服务单位也积极介入,从电网改造、电信基础设施建设、降低贷款利率等方面,服务电商发展。目前，全县网商企业有2800余家，其中家具生产企业约2000家，物流快递企业60余家，网店专业服务商12类52家，实现设计、生产、包装、仓储等"不出村"。

以沙集为例：原先只有EMS一家物流公司，目前拥有德邦、邮政EMS、申通、圆通、中通、天天、汇丰等物流快递企业59家，每天交易3.3万票，年营业额达4.5亿元。木工机械及配件供应商18家，木材供应商15家，专业家具包装公司8家，网店专业服务商16家。

四是协会加强"指导服务"。2009年，在政府引导下，由网商自发组织的沙集电商协会成立。2012年，睢宁成立了苏北首家覆盖县镇重点村、全方位的电子商务协会，协会实行自律自治，主要是延长政府帮助之手，解网商之困，传网商之忧，搭起了政府与网商之间的桥梁。睢宁还建立了网商培训中心、数据中心、服务中心、创业中心、呼叫中心，为网商提供全面的指导、扶持。

五是运营商"优质服务"。淘宝网等电商平台成立之初，为了扩大影响、吸引卖家，平台进入门槛较低，还建立了支付宝等服务平台，为收入偏低、抗风险能力弱、零散时间宽裕的广大电商创业者，提供了低成本进入市场的良好发展机遇，成为了创业的"优质土壤"，像沙集镇东风村，拥有一大批有商业头脑的农民，很容易就能进入平台操作。电商创业平台的优质服务，加速了网商扩张。

2、"不缺位、不越位"——政府顺势而为做推动

在推动电商的发展中，作为政府，既要发挥市场在资源配置中的决定性作用，又要更好地发挥自身作用，做到"不缺位、不越位"，通过引导建立电商协会、物流快递协会、家具协会等，在政府和网商、服务商、供货商之间架起桥梁，将一个个网商、服务商、供货商这些"点"连成"线"，由协会了解他们的发展要求、困难，然后反馈给政府，再从"面"上整体解决，实现了"点线面"相结合处理。在具体操作实践中：

一是提供服务。近年来，先后投入近 3 亿元，完善沙集镇东风村等供电、道路、管网、宽带、通讯设施，规划建设占地 600 亩的电子商务创业园。

二是加强监管。依托省"信用体系建设试点县"，开展"诚信网商"创建，促进电商企业诚信经营，仅沙集镇双皇冠网店就有 28 个、皇冠网店 86 个。例如，县政府与阿里巴巴、质检总局联合举办了以"品质与责任"为主题的沙集"淘宝村"板材家具质量提升行动，推动线下生产企业和网商提升质量意识、产品质量水平。强化从业人员消防、安全培训，进一步提升安全生产意识。

三是激发活力。积极发挥市场主导作用，坚持"引导不主导、扶持不干预、服务不包揽"的原则，把企业（供货商）、网商、服务商等市场主体推到前台，以市场充分竞争来实现优胜劣汰，充分激发市场主体的积极性、创造力，实现电子商务生态体系的健康循环发展。

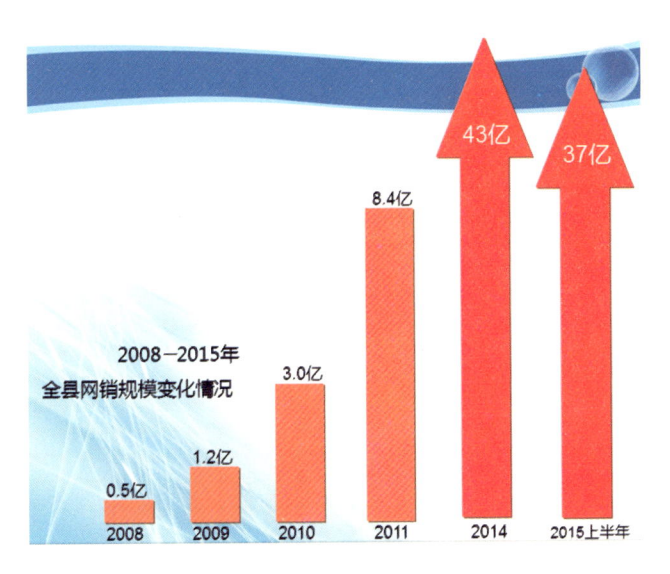

2008—2015年全县网销规模变化情况

2008	0.5亿
2009	1.2亿
2010	3.0亿
2011	8.4亿
2014	43亿
2015上半年	37亿

3、突破"四大问题"——实现"从无到有"到"从弱到强"

"沙集模式"对我们的价值不仅是发展的启示，更重要的是我们经历和面对的问题，以及我们对这些问题的思考。沙集电商从起步到繁荣，已经走过了原始积累，实现了"从无到有"，目前正面临一个重要的突破期，遇到了"四大问题"，归结起来为电子商务的可持续发展问题，只有直面和解决这些问题，才能实现"从弱到强"，从沙集模式1.0加快跃升到沙集模式2.0，成功打破目前的僵局，继续在农村电子商务发展中领跑。

一是电商群体的企业化。电子商务区域化发展有三个阶段：本土化—规模化—企业化。企业化：多数电商是从无到有的个体，发展到今天面临着专业化运作的严峻考验，电子商务的普惠性，解决了企业孵化的起步问题，却解决不了内在商业的诉求——企业化问题。睢宁电商走过了本土化、规模化两个阶段，目前遇到很多瓶颈制约，如人才、土地、资金、品牌、管理等，归结起来就是三个字"企业化"，沙集电商目前正处于这个阶段，这需要我们以商业的高度去探索解决。

二是电商发展的多维化。电商作为一个新事物让很多地方爱恨交加，有一种不知如何下手的感觉，在制定区域发展策略时缺乏"点、线、面、立体"维度的概念。首先是点，要抓个体，睢宁是"三剑客"树标杆；其次是线（一维），抓产业链，睢宁是沙集东风村电商一条街；再次是面（二维），抓产业生态，包括生产、销售、物流、服务，建设服务区、产业园等，目前这些睢宁基本完备；最后是立体（三维），基于"互联网+"的多产业融合，如何形成区域大电商生态圈，这是目前睢宁遇到的难题之一，也正在做探索，如基于睢宁本土的农产品交易O2O、县内传统企业的触网、城市便民生活信息化等。

三是电商问题的实体化。电商产品、实体产品只是销售渠道和销售方式的不同，没有其他功能不同。电商问题的实体化是电商发展进入成熟期后的显著特征，也是目前睢宁电商发展遇到的难题之一。第一，电商竞争进入白热化，凸显商品问题：品牌、品质、售后服务等；第二，电商平台进入规范期，凸显诚信经营：刷单封、运营难、淘宝店铺企业化（目前最重要的转变）；第三，电商营销活动化，网店可能死于库存，如双11、双12、6.18活动、爆款、快速发货意味着库存，大规模库存背离了电商灵活应变的初衷，让不少网店"一夜回到解放前"，2014年至今这种震荡越来越明显，网货产品滞销、生产过剩等实体企业话题成为部分电商死因；第四，在政府发展电商过程中，有的用传统方式发展电商，招商引资建园区，背离了互联网思维。以上若干电商问题的实体化值得大家警醒，发展电商绕不过实体，但不能新瓶装老酒，照搬园区概念。

四是电商新局面带来的新变化。电商在中国十几年的发展，是一个与关联要素互动的过程，新局面带来了新变化。第一，旧平台的求变与新平台的衍生。淘宝网12年的发展，网商从前十年的蜂拥依附，到近两年的部分剥离出走，是一个平台成熟的过程，也是网商群体成熟的过程。网商群体的发展产生诸多新的需求，单一的平台和渠道已经不能满足多样化的个体，这给了很多新平台机会，也让很多地方对自建平台有了大量想法。那么，自建平台到底是否适宜？我们不做论断，一切由市场决定。但有一个角度是可以把握的，是"主动的市场化"（企业主导的市场化，建设平台），还是"被动的行政化"（政府主导的行政化，政府主导规划建设平台）。第二，网店数量与网销产品的供求变化。以前网店较少，网销产品竞争不激烈，做网店较容易，爆款也不难，今天大量网店的出现、传统企业的触网，让电子商务逐渐形成一个充分竞争的业态，以往的商业策略逐渐失效，电商面临新的拐点，不知目前介入的人是否明白。2003—2011年，机会主义电商；2012—2014年，技术流电商；2015以来，电商回归传统，较量线下实力（生产、品控、品牌）。第三，政策环境与社会环境的变化。由不重视到重视，由冷淡到热捧，目前电商似乎面临大好机遇。但是，传统行政手段在电商发展中的作用如何，传统实体经济发展成功经验对电商的实用性如何，目前更多的是用引实体经济落户的政策，来引电商，不符合电商发展规律。同时，商机是"台风口"，站在新起点上，电商风口在哪里？是移动电商？是跨境？是县域？还是农村？都值得研究。第四，农民网商的"二元"身份。在田间是"农民"，在家里是"商人"，两种身份在不同环境中分离与重合。从农民到商人，不仅是机会的改变，也是心理和习惯的碰撞。重视这种"二元"身份，会让我们理解他们的需求和存在的问题。一方面，他们创业能力强、复制快、成本控制有优势；另一方面，存在家庭作坊化、管理不规范、领导能力欠缺、品牌化不力等现实问题。

3.2 广东揭阳：大众创业的淘宝村试验田

李博　广东省揭阳市军浦村第一书记

【案例背景】在 2013 年评出的首批 14 个淘宝村里面，揭阳军埔是广东唯一的一个。广东揭阳从 2012 年开始推动电商，特别是 2013 年以来市政府推出的"8610"计划，其中一项是打造推广一个电商样板村，确定的就是军埔村，使其从原来一个根本跟电商无所相关的中国普通农村，用两年的时间摇身变成了全国前十的淘宝村。2012 年下半年，一个偶然的机会，这个村有 12 个年轻人把他们的电商生意从广州带到了军埔，从此开始了带领亲戚朋友共同创业，开启了电商发展之路。这个村原先只有 2800 多人，现在已经有超过 2000 人在做电商，开设网店超过 3000 家，实体批发店 300 家，入驻企业 100 多家，2014 年月成交额最高达到 1.68 亿元。军埔村不仅消化了全村的劳动人口，更重要的是带动周边的村镇就业达到 1 万人，间接带动 10 万人，揭阳和粤东地区的优势产品，如服装、皮具、五金、玩具、电器等能够通过电商来销售。

军埔村位于揭阳市揭东区锡场镇西北部，总面积 0.53 平方公里。军埔村在电商开始萌芽的时候没有什么特别之处，跟普通农村没什么两样，在发展过程中碰到了很多问题，这些问题也是现在县域开始推动电商时曾经碰到的，而且也是沿着问题一路走过来的。如果问电商按什么样的思路来做，我们感觉其实就像一棵树的成长，每成长一步就有一个年轮，要成长必须迈过那道年轮。一开始，县域电商往往会碰到人才、产品、通讯、物流等问题，等到电商发展到另一个程度之后，还会碰到第三方服务、场地和生活配套等问题，这就是过去两年军埔村一直在不断面对和解决的问题。

怎么样建设军埔？2013 年下半年，在军埔村电商萌芽一年之后，揭阳市委市政府开始发现军埔村并在全市全面培育和推动电商新兴业态。起初，市委市政府是定一个调子，第一件重要的事情就是一把手挂帅。电商是关系全局的工作，需要提到一把手的高度来解决；特别是在电商发展过程中涉及面实在太广，可能要拉一条光纤，找到移动、联通、电信这三家公司，找一个快递的点，找交通，找邮政，可能要去解决人才的点，去组织部，去人社局，这就是现实中碰到的问题。揭阳市成立了由市长任组长的电子商务发展领导小组，并成立了一个由市政府副秘书长来担任主任的电商办，专门来协调全市电商发展的事情。而在军埔村，我们在市委市政府的统一指导下，所在县区也成立了专门的领导小组，重点提出了要建设电商第一村，全力打造五大高地——人才、服务、产业、文化、制度。

1、打造人才高地

所有的事业首先应该是人的事业，只有先把人教会了，发动群众，才能真正打赢电商这一场仗。军埔村在发展电商的过程中，提出的第一个理念就是人才先行，建设第一个高地——人才高地。主要提出四个方面的内容：

第一，开展普惠型电商人才培训。这是对任何一个县市来讲都可以实现的事情。军埔村开展了面向全国免费的电子商务基础技能培训，这里面有两个关键点：一是面向全国；二是免费，谁来都一样。可能有的人会问，我不是揭阳人，也不是广东人，来军埔村学习电商是不是同样不用收钱呢？我们的回答是"是"，电商培训真的不收任何一分钱，只要来就可以了。

电商培训是怎么做的呢？首先，我们建设了一个专门针对电商培训的培训中心。培训中心的地方原来是村公所，为了发展电商，村里专门将两层楼拿出来建设培训课室和实操平台，方便电商到军埔村学习。有意思的是，电商培训不仅吸引了年轻人，也吸引了年纪比较大的群众。

> 这个时候可能有些人会有疑问，如果不懂电脑，能不能来学电商呢？我们可以肯定地告诉你，这个事情已经实现了很多遍。来到军埔村培训的很多人都是零基础，比如说村里面有一个姓林的中年妇女，小孩都在上小学，她天天在家里不是跟邻居打麻将，就是弄家务，现在看到别人开个网店赚点钱，她也想去试试。一开始，她的积极性很高，但是她的爱人却反对，认为一个女人连电脑都不会，还学人家玩什么电商呢。最后，她想别人都可以，为什么自己不行，于是专门去学了电商，到现在半年左右的时间，每天的网店销售都能够支撑全家人的日常开销。

其次，电商培训的课程设置要接地气。培训上午、下午、晚上都有开班，主要是面向基础为零的老百姓提供培训。培训课程的时间也不长，只需要20天，比鸡孵鸡蛋的时间还短。培训的内容都是网店实操，全部是实战型课程设置，学完之后就能基本开设一家网店。按照这样的思路，许多电商户通过在这里的基础培训能够实现尽快上手。

第二，精英型培训。 如果说普惠型培训是教大家关于网店的基础知识，学会"如何开一家网店"，那么精英班要解决的事情就是"如何开好一家网店"。为了帮助电商开好网店，我们不定期地组织运营、美工、设计等专题的电商精英培训班，2014年总共培训电商精英型人才300多人。

我们的主要思路是深化校地、企地的合作机制。一方面，揭阳市跟国内电商龙头企业签订战略合作协议，引入作为电商培训的合作方。同时，跟华南师范大学、广东工业大学等大学一起合作开展精英培训，甚至建设电商实训基地，通过校地合作的思路建设电商精英型人才。

另一方面，我们将精英培训与产业相结合，将大学的电商培训办到了军埔村，办到了电商一线的产业之中。揭阳本地的大学揭阳职业技术学院专门建立了电商创业创新学院，并把所有的电商实战培训的内容都办在了军埔村，所有的电商学生分为美工、运营、技术等不同方向，分批组织到军埔村驻点学习，深入到军埔村的电商档口和企业中，在军埔村学电商做电商，学习一线的实操知识。

第三，涉外型培训。为未来的跨境电商铺好桥架好路，2014年我们办了几件事情。首先，2014年3~4月我们承接了国家中联部的项目，举办了第一期非洲国家青年电子商务领袖培训，来自苏丹、毛里塔尼亚、突尼斯、利比亚、埃及、摩洛哥和阿尔及利亚北非七国的政府官员、企业家、专家和学生代表共23名青年电商领袖在军埔村学习一个月。我们精心安排了丰富的参观考察和交流互动活动，深入培训班学员与揭阳市服装、塑料、石材、玉器等行业企业、协会的交流对接，推动双方产业互动互补和共赢发展。在这次活动中，取得了很多意想不到的效果。比如来自非洲某个国家的学员，他要求跟揭阳市本地的企业签订商务合作协议。一开始我们感到很意外，但是经过交流才发现他是该国贸易公司的代表，希望我们能够将揭阳的鞋类引进到他的国家销售，甚至表示未来希望能够与我们开展更加深入的合作。最后，在本次培训活动的结业典礼上，揭阳市分别与苏丹共和国、毛里塔尼亚伊斯兰共和国等国家企业代表签订合作协议6份，并形成一揽子的合作意向项目。除此之外，我们还承办了由中联部中国和平发展基金会主办、对外经济贸易大学承办的双边项目蒙古国电子商务及物流发展高级研修班，这是我们承接的第一个丝绸之路沿线国家的培训项目，我们也与他们交流了军埔村发展电子商务的经验和做法。

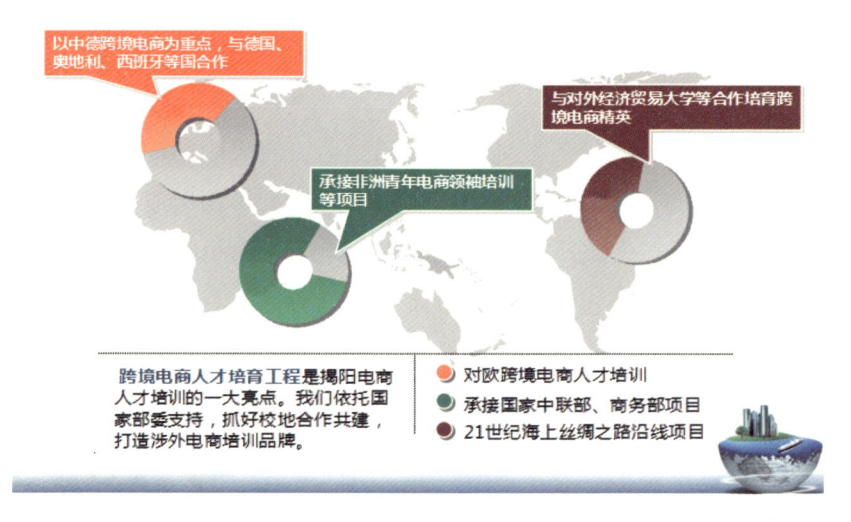

第四，**实战型电商人才培训**。可能不是每个地方都有优势特色鲜明的产业，但是每一个县或者每一个市肯定会有自己的龙头企业，那么龙头企业可以成为电商培训的机构。这是所有县域都可以考虑实施的培训。2014年在揭阳市出台的10万电商人才培训实施方案中，鼓励龙头企业作为电商人才培训的承办单位，鼓励企业组织电商人才培训，鼓励企业变成培训学校。

2、打造服务高地

电商服务要打造三个载体。

第一，**建设电商服务中心**。电商服务中心是政府部门为了电商发展专门建立的一个综合性电商服务机构。中心按照按需上门零费的服务宗旨，提供工商登记、网络报装、人才培训、协会服务、招商入驻和金融贷款六项专门服务。从政府服务市场发展的角度看，建立电商服务中心，人员编制要怎么解决。在实践中，这个服务中心不增加人员编制，也不增加人员的费用。因为工作人员是从各部门抽调来的，比如通讯服务是由三大运营商的工作人员每周轮流到服务中心驻点，金融部门是由本地的金融企业到站服务，工商登记服务是由本地的工商所派员，人才培训服务由培训学校驻点提供报名。所以，建立电商服务中心可以做到既不增加人员也不增加额外费用。

第二，**建立电子商务协会**。电子商务协会有一个好处，让大家抱团发展，达到一定规模之后协会会发挥很大的作用。举个例子，军埔的快递费用就是通过协会降下来的，两年前每单到全国均价在 7 元左右，到了 2014 年年底降到 3.5 元，降到原来费用的 50%。这跟协会发挥的作用离不开，协会以会员整体为单位去跟快递公司沟通，最终在快递公司中找到突破口，逐步减低了军埔村的快递成本。军埔村的快递业务主要是遵循了市场规律，协会在其中起到整合和推动的作用。这是协会对外的作用。

对内，协会的作用也很明显。电商经营者在网上卖东西，往往出现一个区域同质化问题，这是所有电商市场常见的问题。针对这一问题，我们通过协会形成自我约束，协调解决同质化问题。大家通过协议形成产品互通跟保底保价的共识。"产品互通"，是指电商之间的产品尽量减少重复生产，产品之间错位生产之后实现相互交流。在军埔村的不同店面可能出售相同的产品，这些产品往往是同一家批发店生产之后通过互通形式实现的。比如我做 T 恤，你做衬衫，你不要做 T 恤，我拿 T 恤给你，你拿衬衫给我，我帮你卖，你帮我卖。但是，这不是无条件的"互通"，生产者必须规定保底价和市场的最低价，代售者可以享受高于保底价但低于市场价的价格，从而实现利润空间分成，达到"有钱大家赚"的效果。要实现这样的目的，就需要协会从中自律和规范引导。通过协会的模式，让大家自觉减少同质化和低价竞争的情况。这是协会发挥的第二个作用。

第三，建设普惠金融服务点。对于电商来说，金融往往可能是压死电商的最后一根稻草。个体电商户往往具有很强的草根性，在低门槛、低成本进驻电商的同时也面临着无房产、无抵押物等情况，这些都直接导致了很多电商在做强做大的过程中会遇到融资难的问题。但是，军埔村的电商能够在需要金融支持时到民营金融协会开设的普惠金融服务网点进行咨询，能够享受到电商协会和金融协会联合支持推荐的融资贷款服务。另外，符合条件的电商还能够享受到政府给予的政策性贷款贴息。这其中要解决三个关键问题。第一是"谁来办"的问题。普惠金融中心是在政府的引导下，由揭阳市民营金融产业建设而成的。简而言之，中心由政府引导，协会主导。第二是"提供什么服务"的问题。普惠金融中心集合了民营金融协会下属的小贷公司、担保公司等金融机构，并联合各大商业银行共同开展面向电商的服务。其中，中心作为实体网点为电商提供免费的金融咨询，并将合适的产品推荐给电商，推动电商户和金融机构的对接。第三是"谁能获得扶持"的问题。我们通过电商协会推荐，并经过普惠金融中心审核之后，推动电商户与金融机构发生金融服务，优先解决优质电商企业和电商户的融资问题。同时，经过电商协会推荐并经审核通过的单位还能有资格享受政府的贴息，最高能够达到90%的贴息比例。所以，"政府引导，协会主导，市场化运行"，就是军埔村开展普惠金融的思路。

除了三个载体之外，最主要的是打造软制服务。

第一，快递物流。 对于电商来说，快递物流就是时间，就是生命线。由于军埔电商的集聚发展，现在军埔村已经成为周边地区的物流快递中心。目前，军埔村有15家快递公司在这里进驻设点，费用也是周边比较低的。而且，在军埔村的带动下，已经有7家快递公司将粤东地区的分拨中心设在了军埔村及其周边，直接加速了军埔村的快递物流速度。分拨中心的重要作用就是能够节约时间，在军埔村包装派发的快递能够直接送到区域分拨中心，减少了中转的路程和时间，确保了当日的快递当晚就能够优先发送。这也是军埔村在历年双十一等大型电商节庆时能够保持快速畅通的原因，也直接提升了军埔电商网店的服务质量和综合评分。

第二，网络通讯。 通讯基础设施是发展电子商务的最基本保障。原来的军埔村在发展初期也面临着网络端口不足、网速太慢等问题，直接影响了电商户在双十一等网络流量高峰期的经营速度。针对这一问题，在政府的引导推动下，移动、联通、电信三大运营商都进驻军埔村里面，实现了光纤到户，无线网络全覆盖。现在的军埔村，普通一个农户家里能够拉到3~4条10兆左右的光纤，直接保障了军埔村电商在周边的网络竞争中占据速度的优势。同时，军埔村也是广东省第一个全面覆盖4G网络信号的农村。随着移动端电商的快速增长，在未来的电商经营中，通过手机等通讯终端实现的电商交易将占据市场主流。因此，在军埔村，很多年轻人都通过相互交织的无线网络进行电商经营活动，这也是未来电商必须走的路。

第三，居住条件和配套设施。 当电商业态像树一样长到一定程度时，跨过原来的年轮就要有新的配套设施。对于军埔村来说，我们的发展在于融合了更多外来的电商从业人员，配套设施也要针对电商村更多的从业人员进行考虑。很多创业人员到军埔村进行培训学习之后，除了军埔村的货源集中、快递便捷和电商氛围，更看重的是在军埔村的生活和服务配套设施。

> 军埔村首批建设了48套公租房，引进了社会资本建设电商咖啡馆、电商小区、美容美发等生活服务机构，满足了外来进驻电商的生活需求。同时，考虑到电商户的年轻化特点，政府还提前规划筹建了电商幼儿园和电商小学，准备将全揭阳市最好的教育资源调到军埔村，帮助解决电商户对下一代的教育需求。

第四，第三方服务机构。 军埔村现在已经有10多家第三方服务机构入驻，这些第三方服务机构主要提供美工、设计、模特、代仓储和网拍等服务。第三方服务机构是电商发展过程中必备的要素，也是电商发展到一定阶段必经的过程。比如在军埔村进驻的广东一库电商供应链有限公司，这家公司就是军埔村引进的外来服务企业，它不直接从事电商销售，而是提供美工、设计、包装、模特和代仓储服务，帮助本地的电商企业实现规模化经营。从电商自身角度讲，当区域电商发展到一定规模之后，分工必将更加细化、专业，作为地区和政府就更应该引导电商企业，寻求与第三方机构合作实现供应链条流程化。

3、打造产业高地

规划引领，必不可少。一是对军埔村进行产业规划；二是将全揭阳的优势产业跟军埔电商进行深度结合。

先说说军埔村的规划。军埔村的发展规划正经历着从"一街"到"一村"再到"一圈"的发展过程。首先是"一街"。军埔村离高速口不到一公里，依托军埔自然村打造智慧村的主街——智慧大街，这条主街总长1.5公里，主要分布着电商实体店，方便日常集中的网店供货。其次是"一村"，这里主要是指军埔电商智慧村。在军埔村毗邻高速出口的地方，集中规划考虑快递物流服务和电商总部，从而形成以军埔村为中心的电商辐射园区。再者是"一圈"。目前，军埔村已经直接影响和辐射带动周边两个乡镇，辐射总人口超过20万。因此，我们正在规划建设以军埔村为中心，以临近两个镇为主要内容的大军埔电商圈，力求建立集商品贸易、物流配送、融资支持等多功能、多业态的电子商务产业园区。军埔村规划发展电商的思路得到了国家电商专家组的高度肯定，他们认为，军埔村电商发展跟其他地方不一样的就在于"跳脱传统工业园区发展模式，实现生产和生态的结合"。未来，我们还将继续按照电商的发展规律，深化军埔电商圈的内涵和范围，继续提升产业的辐射能力。

再者是全局产业的规划。我们认为，电商是一件全局的事情，它既关乎经济发展的增量问题，也关乎解决本地产业的存量问题。目前，发展电商不应当仅仅从单一的税收角度去看待问题，而是要清楚地认识到电商是一条产业链条，它的直接效用在于在促进增量的情况下大量解决产业的存量，带动上游的本地产业的生产和销售，也能够带动下游的快递物流、第三方服务等第三产业，更重要的是直接推动当地老百姓创业致富，促进社会消费发展。因此，揭阳市提出了将电商作为"产业立交"，组培电商产业高端，全市的鞋、服装、玩具、五金、塑料、小家电等传统产业都跟电商相结合，先后入驻军埔村进行销售。揭阳市是粤东制造业基地和商贸流通城市，全国80%的高档翡翠、80%的冬虫夏草、70%的田七、60%的西洋参、58%的汽车轮胎模具、30%的不锈钢在揭阳生产加工或分销集散，中国中药材价格指数在揭阳收集发布，全国两大国家级不锈钢制品质检中心之一在揭阳。世界每10件衬衫中有1件、每10件女性内衣中有6件产自揭阳；全球70亿双脚，揭阳每年生产20亿双鞋。通过发挥电商的立交功能，推动传统产业与电商相结合，能够将本地的产品更多地销售出去，实现消化产能的作用。

最后说说电商的产业形态。就目前来讲，在军埔电商发展过程中，主要有两种具体形式。第一种是以个体经营户或者个人经营为主的电商经营模式，这种模式的核心是"自主品牌+OEM生产+分销体系"。这是一种类似金字塔式的结构，顶端是实体店主，底端是成百上千的网店店主。具体来讲，在军埔电商村，实体店（批发店）往往都拥有一个自创品牌，由实体店主负责自主设计符合网络需求的产品。设计的过程并不意味着直接生产，军埔电商生产产品往往采取的方式是"OEM"模式（俗称代工生产）。在设计好网店销售产品的样板之后，实体店主会直接通过第三方工厂代工。这一模式的优势在于实现了由"生产主导"向"市场主导"的转变，军埔电商的销售不再是工厂生产多少卖多少，而是电商要卖多少生产多少。最后，当产品生产出来之后，实体店主还需要做最后一步的完善才能使产品成为电商商品，这就是要完成"数据包"（模特、图片、细节图等）的开发，因为在网上卖的其实不是产品，卖的是图片，要把图片数据包做好才能交给下线进行销售。因此，提供产品和网络数据包给下线的分销体系是实体店主的最终目的。生产出来的产品既要做好设计，也要做好美工的图片，这一做法的目的在于方便所有的普通网店店主能够直接上传开店销售，减少了普通网店店主的技术障碍。最终，以某个实体店为核心、以普通网店为基础的电商个体经营网络就形成了。需要强调的是，在军埔村，大部分实体店主既负责自己的线上网店销售，又批发提供货源产品给个体电商户，从而实现了"线上+线下"的销售；而普通网店店主可以先从事网络销售，再到实体店取货发货，这样真正做到了"零成本、零风险"的低门槛创业。这就是电商村最普遍的经营模式。

第二种是以企业为主体的经营形态，这种形态的核心是"本地企业+自营平台+分销代理"。这一模式主要适用于已经在开展电商经营的企业。一方面，企业会开发设计适合网络销售的产品，并通过天猫、京东等电商平台进行自主销售；另一方面，为了扩大电商经营，企业往往会选择招募有资质的代理帮助销售产品。需要强调的是，在招募代理过程中，企业往往会对代理的经营能力和素质进行考核和筛选,这是与个体经营的开放性有所不同的地方。

4、打造文化高地

文化应该就像空气,随时停留在我们身边,而且没有的时候确实不行。在打造军埔文化高地中,我们主要做了三方面内容。一是建立文化实体。全村实体店面实现了统一的招牌,村容村貌全面提升亮化,设置了电商文化公园、电商诗歌墙、文化廊等载体,充分显示了电商的文化主题,并先后组织了春节、双十一、双十二、端午节、年货节等节庆活动,树立全村的电商形象。二是营造电商文化氛围。军埔电商协会拥有属于自己的会徽会歌,提炼军埔电商人的"诚信、开放、创新、共享"的电商精神。举行了多次电商艺术品创作,中央电视台先后 7 次报道了军埔村。三是我们还自主创作了电商作品,2014 年阿里巴巴集团在美国上市的时候,军埔村的年轻人一起拍摄了一个名为《十万"马云"在军埔》的微电影共同致敬马云。对于在军埔村创业的年轻人来说,很多人现在还处于起步阶段,但是,当我们每次看到这个短片时总能激起心中的热情,让我们觉得大家内心充满了一种奋发向上的力量,通过这些力量凝聚成大家共同发展的动力。这就是文化给予电商的力量。未来,我们还将继续在电商作品创作、电商文化提升等方面加强建设,打造军埔电商品牌。

5、打造制度高地

在制度方面的创新主要体现为在扶持电商的过程中出台的贴息贷款等较为扎实的政策。第一是市政府为扶持军埔电商发展专门出台的贴息贷款。通过电商协会、普惠金融中心等单位，电商不仅能够更加方便地完成贷款，而且政府也积极出台扶持政策（《军埔村电子商务企业贷款风险补偿暂行办法》《军埔村电子商务企业贷款贴息暂行办法》），支持电商贴息贷款。揭阳市政府在2013年和2014年连续拿出财政资金进行贴息，2014年最高贴息比例达到了九成，基本上等于不用利息。

第二是建立军埔电商征信系统。电商发展需要诚信保障。在金融管理部门的指导下，电子商务协会跟揭阳市民营金融企业协会共同建立了军埔电商征信系统，将网店的经营信息、店主的信息等内容整合到征信系统里，以技术手段规范给予电商信用评级，作为电商贷款和申请贴息的参考。比如，一个电商户希望申请贴息贷款，首先需要通过电商协会推荐，再推荐至金融机构，由金融机构参考系统信息等内容评定电商户的贷款额度。在双方发生金融业务联系之后，电商户需要交还利息，并以利息为金额向政府申请贴息。我们将电商的信用额度分成三个档次，信誉度一般的电商给予30%的贴息，中等的给到50%，最高的给到90%的贴息。通过系统的制度化建设，我们在电商从业者中形成了自我约束和自我规范，提高了电商经营的诚信度。

从整个发展过程来讲，揭阳拥有四条比较重要的经验：

（1）政府引导，协会主导。政府规划引领，让市场发挥自己的主体作用。

（2）资源集聚，全产业链。电商需要方方面面的支持，人才、网络、快递这些东西必不可少，要全产业链思考，要资源集聚发展，要与传统产业结合。

（3）全民创业，榜样引领。通过军埔12个年轻人的带动，通过培训手段实践"大众创业、万众创新"，通过龙头企业推动产业"上网触电"。

（4）高端合作，产学研孵。未来真正电商的发展不应该局限于现在的平台之战，未来是营销技巧之战、产品开发设计之战，这些都需要高端对接，需要产学研孵，需要资源整合，需要我们做到走一步看三步。

3.3 山东博兴：当董永遇见马云

殷梅英　山东省博兴县委副书记、县长

【案例背景】博兴县隶属于山东省滨州市，地处黄河下游南岸，位于黄河三角洲高效生态经济区的核心地带，是汉孝子董永故里、吕剧之乡、中国厨都。2013年8月，阿里研究院在山东博兴县湾头村发布中国"淘宝村"现状调研报告：提到截至2012年，湾头村是国内已经发现的14个大型"淘宝村"之一。2013年12月，博兴锦秋街道湾头村、城东街道顾家村被命名为全国首批淘宝村。2014年5月，博兴县被山东省商务厅授予全省农村电子商务试点县；同年12月，锦秋街道成为全国第一批19个淘宝镇之一。2015年5月11日，博兴县跻身全国"电子商务百佳县"。截至2015年9月底，全县电商交易额达到238.9亿元，其中，农村电商交易额达4.9亿元，网商（网企）突破1万家，间接带动周边10万人就业。

1、博兴电商的三大模式

互联网+网商（网户）=新空间、新财源。博兴县从2005年起，一些回乡的大学毕业生开始尝试利用淘宝等电子商务平台从事网上交易草柳编和老粗布产品，逐步形成了以点带面、辐射带动、铺天盖地的发展形势。通过融合加工、销售、服务等环节，进一步撬动了"大市场"拉动效应集中释放，小网商对接大市场，销售空间不断拓宽，实现了产品增值、农民增收。2014年年底，在册淘宝商户达到8300多家，同比增长160%；交易额达6.9亿元，增长了2.8倍。据测算，线上销售使博兴从事传统手工业的农户平均销售净利润率达到20%左右，是原来的3~5倍。从增收贡献上看，据成为全国首批淘宝镇的锦秋街道测算，2014年全街道城镇居民可支配收入达14288元，来自电子商务的直接贡献占36%左右，农民增收渠道进一步拓宽。

【案例】草柳编是全国首批淘宝村——湾头村的传统手工技术和特色产业，拥有 2000 多名手艺精湛的从业人员，发展条件得天独厚。2007 年的金融危机导致草柳编工艺品出口交易量萎缩，产业面临生存危机。湾头村的一批年轻人看到了网上销售的商机，纷纷在淘宝网等电商平台开设店铺，销售草柳编工艺品，带动了整个产业链条的发展。据阿里统计，目前湾头村"淘宝网"注册用户达 800 余户，2014 年实现线上销售额 1.6 亿元，天猫注册商户有 30 余家，其中过百万元电商超过 30 家，电商业户人均增收 3100 余元。

互联网＋淘宝村＝新产业、新农村。在实际发展中，博兴围绕地域特色，推动网商（网户）集群发展，逐步形成了"家庭作坊＋网商"、"网商采购＋农户订单"、"工艺厂商＋订单农户＋分销网商"等多方式链接的淘宝村发展模式，催生了农村六次产业，使得农户变商户，一业链多产，产城融合互动，最终促进了城镇化。目前，山东省 13 个中国淘宝村博兴占 6 个，2 个淘宝镇占 1 个，分别占比 46.2%、50%。美国商业周刊曾刊发文章《当董永遇见马云》对博兴淘宝村现象进行报道，提出博兴淘宝村模式不仅激活了农村传统经济，催生了新一代农民企业家，还是一种网络民主化运动，成为新型的城镇化样本。国务院发展研究中心就此专门调研，针对博兴经验提出了"互联网＋"是发展农村六次产业的有效途径，淘宝村是信息化推动农村工业化和城镇化深入发展的产物，把博兴的做法推向了全国，使博兴基于"互联网＋"的电子商务区域效应、品牌效应得到扩展并突显。

【案例】在中国首批淘宝村——湾头村的带动下，以草柳编产业为依托，麻大湖周边的院庄村、孟桥村、南陈家村、安柴村 2014 年年底被命名为"中国淘宝村"。院庄村从事草柳编编织人员达 800 多人，拥有淘宝店铺 84 家，其中 5 家网店单店年销售额达到 100 万元，总量突破 1500 万元；南陈家村共有淘宝店铺 107 家，年交易额在 2000 万元左右，其中 4 家网店单店年销售额达到 100 万元。淘宝村也分别获得了山东省特色文化旅游村、山东省非物质文化遗产保护村、五个好村居优秀单位等称号。博兴县发展淘宝村的情况说明：淘宝村不仅使农业实现了"接二连三"，融合发展，而且也使"离土不离乡"就地就近城镇化成为现实，具有巨大的经济效益和良好的社会效益。

互联网＋传统产业＝新动力、新引擎。"淘宝村"的兴起不但给农村发展注入了新的活力，带动了配套产业的发展，而且推动了传统产业转型。博兴县面对传统手工艺发展的诸多制约因素，将文化设计、生产销售与电子商务对接，让农民通过互联网实现二次创业，老产业焕发了新生机。全县草柳编行业加工点及网店经营户达 1000 余家，年产值 5.2 亿元左右，先后被命名为中国草柳编之乡、山东省蒲草编织工艺品基地，带动了物流配送、设计包装等第三产业加快发展，形成了年交易量达 400 余吨的山东省最大的蒲草交易市场，柳编、草编分别入选了国家、省级非物质文化遗产名录。同时，通过电商换市，推进工业化与信息化深度融合，激发实体经济新活力。2014 年全县工业电商交易额占全县规模以上工业主营业务收入的 1/4，已建成运行 8 个电子商务平台，有效地增强了产、供、销协同运作，实现了资源的优化配置和高效利用，提升了竞争力。

【案例】老粗布产业是博兴较早发展的特色传统产业，由于老粗布自身转型升级较慢，存在质量良莠不齐、企业规模偏小、销售渠道不畅、市场萎缩等问题。为扶持引导老粗布产业借助电子商务转型升级、做大做强，2011年投资6000余万元，建成集老粗布生产经营、仓储物流、民俗文化为一体的全国最大的老粗布专业市场一期工程。同时，在市场内专门设立电子商务服务中心，扶持帮助实体店和电子商务相结合，走线上与线下混合经营之路。目前，市场拥有经营业户350余家，80%的业户设有自己的网店或网站，50%的业户在淘宝网开设网店，先后培育了星宇家纺、魁峰家纺等一批典型龙头企业，带动该产业年线上销售额近4亿元。2014年央视春晚主持人和嘉宾佩戴的红色粗布围巾，就来自该市场网店。市场先后被评为省级创业园、山东省工业旅游示范点、滨州市中小企业创业辅导基地等称号。

2、博兴电子商务模式的五大支撑

博兴县结合经济发展实际，找准结合点和着力点，突出规划引领，搞好组织、要素、资源保障，完善配套服务体系，营造了促进电子商务快速发展的良好环境。由于篇幅有限，下面做简要介绍。

规划引领。在发展思路上，博兴县一手抓知名电商企业引进培育，吸引了阿里、中国农商网、好品山东落户博兴；一手抓"互联网+"推广应用，既发展新兴产业，又提升传统产业。

组织保障。一方面，成立电商发展领导小组，设置专门机构和专职人员，加快完善管理服务机制；把电子商务发展情况纳入全县科学发展综合考核体系，定期听取工作汇报，建立联席会议协调机制，形成管理和服务的合力。另一方面，加强宣传和典型带动。比如，国丰农业公司经理孙志刚、目暖草编家居店老板贾培晓分别荣获全国科普致富、青年致富带头人称号，两人还同时获得山东省青年五四奖章，成为博兴青年人的创业榜样。

要素保障。制定加快电子商务发展的实施意见等四个配套文件，综合运用多种手段，构建配套服务支撑体系，把优势资源向电子商务产业倾斜，为电子商务发展创造适宜的环境。主要有强化技术支撑（比如移动站点和4G网络全覆盖）、丰富货源供应（比如办工艺品创新博览会）、加大资金支持（比如设立基金和发放贷款）、增强人才支撑和规范行业秩序5个方面。

【链接】农村电子商务公共服务中心具体服务项目包括：① 年培训初级创业电商人员500人；提升培训电商人数不少于200人；② 每周六上午、周日下午免费提供技术服务和点对点技术指导，向网创人员提供"零库存、低成本、无风险"分销服务；③ 建设农村电子商务公共服务网站，提供政事咨询、产品展示、培训计划等业务；④ 定期公布各级电子商务方面的政策，引导电商理性发展；⑤ 接待服务各地创业团队，推介博兴淘宝村的特色产品和电商理念。

资源对接。与各大互联网企业建立长期的咨询、帮扶、人才交流合作关系。在这方面，阿里给予博兴极大的支持和帮助，弥补了技术、人才、信息的短板，实现了友谊和事业的双丰收。博兴成为山东首个、全国第三个与阿里合作的农村淘宝试点县。村淘博兴试点启动当天，15个村级农村淘宝服务站交易突破4000单，日交易量在当时的全国试点县中排名第一。做好平台建设，规划建设更新更接地气的草柳编电商产业园，集中了会展、生产、交易、体验、创业公寓等功能，目前该项目已列入省重点。加强微博、微信等新型媒体运用，对接特色产品和文化内涵，聚集人气，扩大市场影响力。博兴县通过微信宣传推广3A级景区——打渔张森林公园，定期播发各项活动，2015年的海棠花节、帐篷节客流量分别增加165%和83%。

【链接】2015年1月25日,博兴县与阿里正式签订了"千县万村"农村淘宝服务框架,率先在山东省拉开了试点建设的序幕。建成了800多平方米的县级运营中心和500平方米的物流配送中心,在全省率先建成了镇级服务中心,村级服务站达到47个,已有1/3的站点由1.0版本过渡到了全职2.0版模式,累计完成订单近4.5万单,交易额达400余万元,订单数位居全省前列。尤为可喜的是,几家村淘服务站分别代购了凉亭、汽车、钢琴、家电等大宗、高端商品。

关系定位。一是定位和作为的关系。从经济的角度定位为:战略新兴产业、转型升级的新引擎;从民生的角度定位为:群众增收致富新渠道,大众创业新载体,扩大就业的新途径。二是政府和市场的关系。"政府引导、市场主体"推动电子商务按照经济规律发展,政府不做数量结构型的支持,只做功能、普惠型的支持,始终做到有所为,有所不为。三是数量和质量的关系。处理好"铺天盖地"与"顶天立地"的关系。通过聚集要素、汇集信息、富集人才、放大规模,延伸产业链,形成产业集群,支撑其作为战略新兴产业和富民产业的地位。四是基础产业和互联网的关系。通过信息有效配置解决信息不对称问题。做强品牌,推动草柳编、老粗布等特色产业从手工品向工艺品过渡,设置行业标准,培训手工艺者,向设计、研发延伸。五是借力和发力的关系。借力,就是突出阿里主导,对接好京东、国美等网商;发力,就是立足博兴实际,完善电商政策,丰富产品体系,膨胀电商户数,发展跨境电子商务,辐射周边,把先发优势和资源禀赋利用好。

4

县域电商——产业驱动型

义乌　莆田　清河　元阳　临安

4.1 浙江义乌：世界小商品城的电商换市

陈民利　义乌工商学院电子商务专业主任

【案例背景】2014 年 1 月 21 日，阿里研究院发布了国内首份县域电子商务研究报告《2013 年中国县域电子商务发展指数报告》，首次发布了"2013 年中国电子商务发展百佳县"（简称"电商百佳县"）榜单。其中，义乌的网商指数、网购指数及阿里巴巴电子商务发展指数均名列榜首，义乌已经成为我国县域地区电子商务的领头羊。

据义乌市电商办统计，2014 年义乌电子商务实现交易额 1153 亿元，同比增长 35%，电商发展指数继续位列全国县市首位。2014 年义乌登记在册的电商经营主体已达 22365 家，其中新增 11479 家，同比增长 63%。义乌在各类平台的电商账户高达 24 万户，增幅 15%，年销售额超千万元的电商企业有 1350 余家。义乌微商成长也十分迅速，据初步统计，2014 年义乌共开设微店 5000 余家，微商创业者约有 2 万人。2014 年义乌国内快递日均出货 75 万票，同比增长 50%；跨境快递日均出货 35 万票，同比增长 45%，足以比肩深圳、上海、广州等一线大城市。DHL、新加坡邮政、比利时邮政等一批国际商业快递巨头和邮政快递巨头纷纷进驻义乌，使包裹从这里更快地飞往世界各地。

义乌是全球最大的小商品市场，在传统流通时代，义乌"无中生有、莫名其妙"，在浙中这块贫瘠的土地上创造了一个"专业市场的神话"；在电子商务风起云涌的今天，又是义乌，创造了一个"网络创业与电子商务发展的新神话"……人们不禁要问，为什么又是义乌？这个全球小商品市场的电子商务发展走过了怎样的历程？电子商务发展的驱动力是什么？蕴涵了怎样的竞争优势？电子商务发展的未来又将如何？

1、经历三大阶段，县域电商生态基本形成

第一阶段（2000—2005 年）：萌芽阶段，电子商务由概念向实践转变，

主要形式是依托阿里巴巴的外贸B2B和义乌企业自建外贸B2B网站开展批发业务。

第二阶段（2006—2012年）：网民、网商、网店成长，电子商务快速发展，产业链逐渐形成。这一阶段的电子商务发展以2010年为界，又分为两个时期。2006—2009年，义乌专业市场外的个人新兴网商发力，"网商"概念开始深入人心，C2C市场开始成长，以C2C、B2C2C为主要业态，电子商务基础环境不断成熟；2010—2012年，义乌电子商务进入高速成长期，这一阶段的主要特点是政府顺势而为，主要是出政策，成立协会，加强人才培养，推进电子商务发展，电子商务业态呈现多元化发展，电子商务服务业开始茁壮成长。

第三阶段，2013年至今，县域电子商务生态系统开始形成。2013年3月，义乌市政府将电子商务列为战略性先导性产业，提出了"电商换市"战略。2013年6月，成立了电子商务工作领导小组办公室、电子商务人才培训领导小组办公室，启动了人才培训"230工程"；政府相继出台了发展电子商务各类政策文件9个（金融、人才、跨境、物流、园区等）；申报了跨境电商试点城市，成功创建了第二批国家电子商务示范城市；政府大力推进平台商、物流服务商等招商工程，推进园区建设……2014年4月10日至12日，义乌市成功地举办了首届义乌国际电子商务博览会、义乌世界电子商务大会。

这一阶段，多元电商主体并存，跨境电子商务已近半壁江山；电商园区呈现集群化发展态势；电子商务培训、营销推广、摄影美工、代运营、IT、物流配送、金融等一系列电商服务商集聚，县域电商生态系统初步形成。

第一，全国网商集聚中心地位凸显。2014年5月6日，阿里研究院分析内贸网商密度金华义乌全国城市排名第一，外贸网商密度金华义乌全国城市排名第二，仅次于深圳，零售网商密度义乌全国县市排名第一。

第二，企业发展集聚化、园区发展集群化。全市共建园区19个，集聚企业近600家，工作人员6000人左右。企业向园区集聚、园区向片区集聚已成为义乌电子商务物理形态的发展趋势。

第三，跨境运营模式不断创新。随着国家对跨境电子商务的重视，义乌市的跨境电子商务发展势头越来越强劲，义乌平台和企业也积极利用货源、快递、结汇等优势，不断创新跨境运营模式，拓展海外市场。

第四，电子商务服务业集聚，并与园区形成对接，为园区企业提供配套服务链条。电子商务培训、营销推广、摄影美工、代运营、IT、物流配送等电子商务服务专业化分工逐渐形成，服务商之间的专业化分工、合作以及顾客资源整合共享已成趋势。

以园区为载体，供应商、平台企业、网商、服务商以及包括政府、研究机构、大专院校、协会等多元主体相互服务，产业链条相互支撑，信息共享、相互连接的电商生态系统在义乌已初步形成。

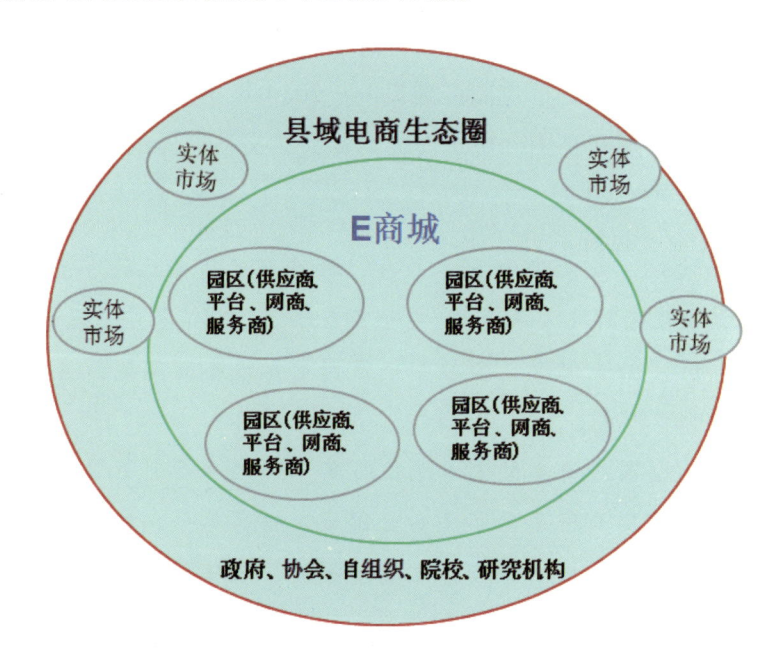

2、义乌县域电商模式的核心："市场驱动"与"政府推进"协同

在县域电子商务发展进程中，地方政府与市场的关系，主要涉及以下几方面的问题：一是地方政府如何把握电子商务发展的大局和趋势，结合本地实际，制定正确的发展战略，既一以贯之，又与时俱进？二是实现政府这只"有形的手"与市场这只"无形的手"的有机结合，在地方政府层面有什么特殊要求？地方政府在哪些方面能够有所作为？在哪些方面需要有所不为？

义乌县域电子商务发展是市场自发演进与政府之手推动相互作用的过程，其机理可用下图来表示。

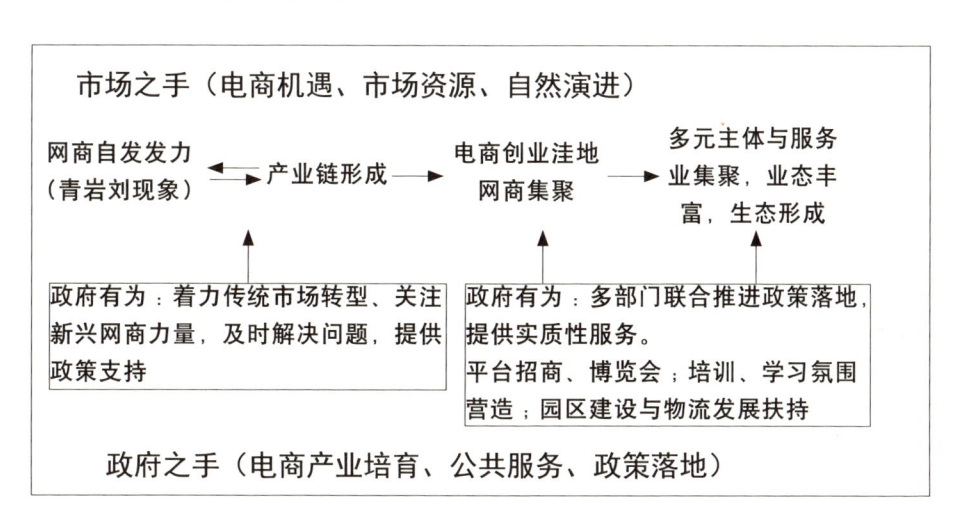

```
市场之手（电商机遇、市场资源、自然演进）

网商自发力      产业链形成 →  电商创业洼地  →  多元主体与服务
（青岩刘现象） ↔              网商集聚         业集聚，业态丰
   ↑                            ↑            富，生态形成
   │                            │                ↑
政府有为：着力传统市场转型、关注   政府有为：多部门联合推进政策落地，
新兴网商力量，及时解决问题，提供   提供实质性服务。
政策支持                         平台招商、博览会；培训、学习氛围
                                 营造；园区建设与物流发展扶持

政府之手（电商产业培育、公共服务、政策落地）
```

（1）义乌县域电子商务发展的"市场之手"

义乌电子商务的发展缘起于市场之外的新兴网商自发聚集，是市场力量的内在驱动。之所以形成聚集效应，是因为义乌实体市场 30 年的发展所积累的产业要素，使义乌成为低成本、高效率创业洼地，在电子商务发展初期便形成"青岩刘"现象，由此带动义乌电子商务发展，从而促进网货聚集、物流聚集、服务业发展，电商产业链慢慢形成。具体来说有以下几点：

1）实体市场为电子商务快速发展提供了产业基础。

2）义乌市场的发展培育了一大批商人群体，为电子商务发展提供了应用主体——"网商"。

3）城市文化——浓厚的商业文化和创业氛围是义乌电子商务发展的内在核心动力。

(2) 义乌电子商务发展的"政府之手"

政府是县域电商发展战略的制定者，是县域电商的推进者。政府需要遵循市场和行业的发展规律，发现电子商务发展中的问题和瓶颈、制约因素，顺"势"而为，顺"市"而为。

在义乌，在政府与市场关系的演进过程中，"政府有为"是传统市场发展的原因，电商发展的路径也有异曲同工之妙。专业市场是义乌的名片，"国际商贸城市"的战略定位使"发展与繁荣市场"成为历届政府的神圣使命。互联网经济的发展，使传统市场面临转型升级的困境。面对新兴网商的出现，政府顺势而为，及时把握电商发展机会，推进实体市场与虚拟市场的融合，从而使义乌电商发展从"网商自发崛起"走向政府"电商换市"的自觉。

政府在推进义乌电商发展中有所为，有所不为，主要解决市场和单个企业解决不了的问题，如2010年重点解决物流场地限制和网络混批商仓储场地问题；2012年重点推进全球网货中心战略项目；2013年重点在于全社会电商理念培训与氛围营造、园区建设、跨境电子商务培育等。一系列的政府作为引导市场向政府希望的、合乎发展规律和未来趋势的方向走。"政府之手"主要在于培育电商产业，包括做好县域电子商务战略规划，为电子商务发展提供组织保障，制定电子商务发展系列政策，提供人才培训服务等。

3、县域电商成熟的标志：电子商务服务与支撑体系日趋完善

快速发展的网商促进了义乌电子商务产业链和支撑体系的快速发展。电子商务产业链不断细分和深化，快递、第三方平台、网络分销、摄影、代运营、创意设计、营销推广、培训、物流、第三方仓储、电商库存抵押贷款融资、展会等电子商务服务业不断出现并形成规模，配套电子商务服务体系日趋完善。

第一，政府加大资源投放，形成政策优势。以国家电子商务有关政策为指导，借鉴国内其他区域的电子商务支持政策，出台一系列促进电子商务发展的政策措施，形成政策优势和促进产业聚集。

第二，开展电子商务培训教育。2013年6月，政府启动了电子商务人才培训"230工程"，即设立专项培训资金，用两年时间培训30万电子商务各类人才。截至2014年12月，全市已累计开展各类电商人才培训30.5万人次。其中，完成电子商务理念普及培训17.3万人次（包括工业企业主理念普及培训2万人次，市场商户、专业街商户理念普及培训10.1万人次），操作技能培训12.4万人次（包括工业企业电子商务具体操作人员3.9万人次、市场商户电子商务具体操作人员8.5万人次），专业技能提升培训0.8万人次。从2015年开始，结合企业人才需求，推进社会化培训机制，培训机构自主申报，政府进行资质审核，重点对培训主体进行资质把关，以保证培训质量。

第三，电子商务园区载体建设发展迅速，园区建设发展模式也呈现多样化的趋势。在国际商贸城五区开辟电子商务专区，商城创业园、北苑创业园等利用标准厂房改造建设了电子商务园区，利用真爱网商区、创佳产业园、飘娜服饰电子商务园区、义乌幸福里电子商务园区等社会力量创办电子商务园区，江东青岩刘（中国网商第一村）、后宅新后傅、北苑四季社区等小规模网商集聚地不断涌现，园区集聚电子商务企业效果明显，为电子商务企业的发展提供了良好的载体空间。

第四，打造电子商务会展中心，提升义乌电子商务环境氛围和品牌影响力。依托现有会展的发展优势，成功举办了电子商务论坛、电子商务博览会。制定有效的支持措施，吸引有关机构或自主在义乌举办全国性或区域性的电子商务高峰论坛、发布展示、交易洽商、人才招聘、培训交流等活动，积极开展国内外电子商务学术与科研交流，加强义乌电子商务品牌建设，增强义乌电子商务在业界的影响力。

4、从义乌电子商务发展看县域电子商务发展关键因素

一方面，要立足县域实际，探索电子商务发展道路。

在县域电商发展及推进过程中，政府需认真研究电子商务发展的脉络和所处的阶段，认真审视自己的优劣势，从实际出发（产业基础、资源禀赋、地方文化），探索合适的模式。产业基础比较好的县域，要充分发挥市场的内在驱动力，但各项基础设施和产业基础比较薄弱的西部及农村电商，需充分发挥政府的引导和推进作用，引进、构造或与外部对接电商产业链上的要素，培育电商产业，创造电子商务发展的基础条件。

在县域电商发展过程中，要充分挖掘县域人文资源，并把优势发挥到最大化，在"点"上形成县域电商特色与核心竞争力。

在义乌电子商务发展初期，市场自发的力量源于这座城市深厚的商业文化和创业文化。深入骨髓的商业意识造就了义乌人的商业勇气，经济背后的文化，"勤耕苦学、刚正勇为"的义乌精神造就了义乌市场的崛起，义乌人的奋发有为成就了义乌经济的繁荣和发展。

每一座城市都有自己的文化，在县域电商发展中，需要找到地域文化与经济发展的契合点，特别是挖掘传统文化内涵并赋予其互联网时代新的价值，成为激励"大众创业、万众创新"的力量。

另一方面，要把尊重市场机制与政府有所作为有机统一。

在县域电商推进过程中，政府要做好自己的定位，要在分析县域资源禀赋和电商产业环境的基础上，找到县域电商的发展路径，"有所为，有所不为"。

电子商务是信息经济、网络经济，是新生事物，在县域电商推进过程中，政府需有归零的心态和学习的心态，要研究电子商务发展现象和趋势，遵循市场和行业的发展规律，结合本地实际，发现电子商务发展中的问题、瓶颈以及制约因素，努力创建学习型政府和服务型政府，从而推进县域电子商务发展。

4.2 福建莆田：互联网如何帮助"莆田造"走向世界

吴海端　福建省莆田市商务局副局长

【案例背景】莆田地处福建沿海中部，史称"兴化"、"兴安"。莆田鞋业历史悠久，据记载唐代已有做鞋作坊，明朝时已较为发达，当时国师陈经邦以形似制鞋工具锥子和裁刀的"甲乙"两字为做鞋坊题写招牌，神形兼备，传为美谈。莆田运动鞋起步于20世纪50年代，1958年莆田县鞋革厂建厂，正式揭开了莆田运动鞋发展的序幕。从生产手纳布鞋开始，70年代开始开发生产注塑鞋和麻底鞋。80年代改革开放后，莆田承接了台湾鞋业转移，推动了莆田鞋业的外贸发展。进入90年代后，莆田制鞋产业集群逐步形成。2000年以后，随着加入WTO，莆田鞋业进入了新一轮的高速发展期，制鞋企业数增加到2000多家，产业规模进一步扩大，产业配套更加完善，产业链更加完整。面对电商的冲击，莆田积极应用电子商务促进鞋业转型，目前全市1000多家电子商务应用企业中有80%以上是鞋类企业，涌现出古奇天伦、莫蕾蔻蕾、思威琪等一批电商鞋类品牌。

1、莆田电商转型的基本思路

一方面，借助天猫、淘宝、京东等平台，拓展市场渠道，打造自主品牌。 让莆田市制鞋企业通过"互联网+"的大数据，获得消费需求数据、信息来分析指导生产，包括颜色搭配、品类、数量、出货节点等。促使企业生产方式由大批量、标准化的推动式生产向市场需求拉动式生产转变，也使得企业从以往的刚性制造转向柔性化管理、个性化定制，在把握销售机会的同时，又不至于造成库存风险。

另一方面，借助互联网、现代物流与支付技术等，开展跨境电子商务。 主要与阿里"速卖通"、亚马逊等知名跨境电商交易平台合作，为传统外贸企业提供注册开店、运营技巧、物流收款等一系列转型服务，推动莆田市制造和传统贸易企业应用跨境电子商务。降低中小企业进入国际贸易的门槛和进出口成本，帮助中小制造企业快速成长。也让"莆田制造"的商品借助电子商务以在线零售方式或小额批发方式卖向全球，实现利润回归。帮助传统外贸企业向高附加值的研发设计、销售服务以及自主品牌的建立进行转型升级，增强外贸企业自身的核心竞争力，实现可持续发展。

2015年年初与阿里巴巴集团达成战略合作，在电商监管、品牌发展、行业提升等方面进行合作，并在3月31日、4月21日和10月12日分别开展了"中国质造·莆田好鞋"、"中国质造"莆田转型升级和"中国质造 匠心·造好鞋"活动，莆田市迈入了"互联网+"时代。其中，从3月31日中国质造首次试水开始，到4月24日第二批活动结束，仅淘宝网上就销售了400多万双莆田鞋，总销售额约4.8亿元；"中国质造 匠心·造好鞋"活动还创新地在微信朋友圈传播"投降吧，东鞋君"游戏，来推广莆田运动鞋。活动极大地提升了莆田市自主品牌在消费者中的影响力，并推动了制鞋产业转型。

莆田市和阿里巴巴集团认真总结，研究提炼出"莆田模式"，就是"互联网+"政企合作模式，主要是以政府、平台、行业三方联动出台联盟标准，通过权威检测和政府背书强调产品品质，地方工厂好货直供，阿里巴巴集团倾斜平台资源促销，以此来树立特色地域品牌，带动产业链全面健康升级。

2、莆田电商转型的七大"心经"

为什么运动鞋首选莆田？"中国质造"系列活动是响应李克强总理"互联网+"行动计划和"中国制造2025"战略的一次重要实践，而阿里巴巴集团选择莆田运动鞋作为"中国质造"的首发站，并将莆田制鞋产业列为"中国质造"十大核心产业带。这是因为莆田鞋业有着优秀的制造能力和完善的产业配套，莆田企业家也有强烈的意愿和创新的精神来转型升级，主导或参与制定了大量的鞋类国家标准、行业标准和省地方标准，形成一条相对完善、竞争力强的产业带。通过"中国质造"系列活动，莆田市推动了一批高质量、高标准的自主品牌快速成长，带动莆田"制造"向莆田"质造"转型，也向莆田"治造"乃至莆田"智造"探索迈进。从活动经验来看，推动发展互联网＋产业模式需注意以下几个方面。

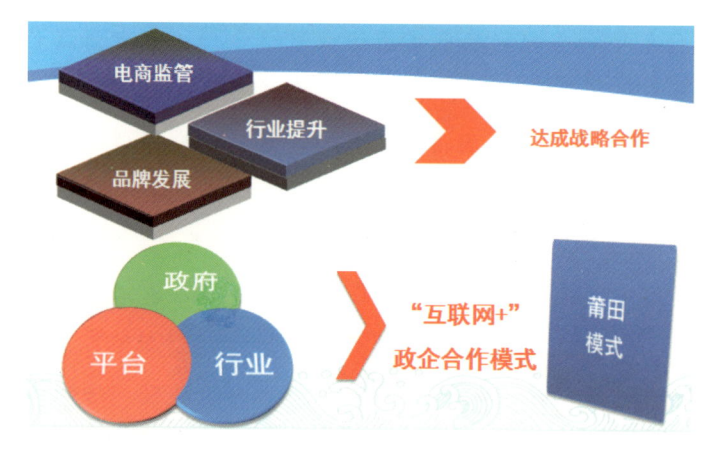

（1）领导重视推动是根本

为推动制鞋产业转型升级，莆田市市长亲自任制鞋产业转型升级领导小组组长，召开了多次鞋业转型升级政策沙龙研讨会。2015年8月，莆田市出台了《莆田市人民政府关于推进鞋业转型升级七条措施的通知》（莆政综[2015]90号），提出七大点13条措施，为制鞋产业打入了强心剂。

（2）市场主体运行是核心

"中国质造"的目的是通过创新的模式促进制造业与电子商务的融合发展，推动传统产业转型升级。运行主角是制造业企业、电商运营商等市场主体，他们对市场需求的变化、行业趋势的把握往往比政府部门更加敏锐，能准确抓住行业未来发展的重点。因此，只有充分发挥市场主体的作用，鼓励他们创新运营模式、优化制造流程，才能使互联网＋产业的模式更加深入地推动下去。

(3) 强化政府协调是关键

在这次活动中，政府处于统领全局、协调资源的位置，背书全力支持莆田产品。从市长现场上网代言开始，市政府组织设计、发布"莆田质造"产品标识logo，协调国检局对品牌鞋样进行检测，并在启动仪式上发布检测报告，整合地方媒体、物流快递等资源来支持活动等，通过政府的公信力来强调莆田产品品质，推动整体活动的深入开展。在接下来的转型升级中，政府要避免以局域网的思维做互联网经济，在政策制定、资源整合、诚信监管等方面把发展环境营造好，把各方面的资源聚拢在一起，打造充满活力的创业创新生态系统，培育壮大莆田市电子商务企业。

(4) 行业协会带动是引擎

行业的发展缺少不了行业协会，在三期的"中国质造"活动中，电商协会、鞋业协会、黄金饰品协会等都很好地充当了政府、企业和阿里巴巴集团之间的润滑剂。各协会积极促进行业内企业抱团来增加议价能力、争取资源、调度产能等，为行业发展做出贡献，如电商协会向阿里巴巴集团争取流量，鞋业协会协调空闲工厂分担生产"中国质造"商家的产品。同时，还要充分发挥龙头企业的带动作用，发展上下游配套，延伸产业链，推广先进的生产技艺和标准，推动"莆田质造"形成规模优势突出、经济效益良好的产业集群。

(5) 运营能力提升是基础

从"中国质造"活动的纵向比，参加活动的莆田市珠宝类企业大多刚刚涉及电商，不如鞋类电商运营时间久、经验丰富，营销、美工和客服等环节薄弱，导致转化率低；从"中国质造"活动的横向比，广东箱包专场效果也不如莆田市运动鞋专场，主要还是因为运营能力问题。同时，随着客户群体的扩大和消费者个性化的要求，未来更考验企业迅速反应消费者需求的能力，给企业运营能力提出了更高的要求。所以，各企业要抓紧练好"内功"，持续提升运营能力，才能为接下来的转型打好基础。

(6) 莆田完善支撑体系是保证

信用、资金、物流、人才等支撑体系是"互联网＋产业"模式进一步发展的保障。保护知识产权、进行诚信体系建设是一个市场能否健康发展的关键，不仅要坚决打击纯粹假冒和侵犯知识产权的行为，还要建立一整套的行业规则，逐步减少行业内互相抄袭的现象，促进企业自律。在融资方面，可以成立创投基金来撬动银行贷款，促进创新型企业发展；也要做好过桥转贷，解决企业的燃眉之急。在物流方面，亟须降低快递成本，鼓励企业抱团来增加议价能力，逐一找快递企业谈判。在人才培育方面，就是要经常性地举办行业论坛、沙龙和培训等，培育本地人才；也要完善莆田市人才政策，吸引外地高级人才来莆田工作。

(7) 加强质量监管是重点

不管是在网络促销活动，还是日常经营过程中，质量和诚信都是消费者首要考量的，是一条"及格线"。莆田产品能受到消费者的信任，重点是质量的"质"，就是它超过国家标准来制造产品。如莆田成鞋耐折 6 万次，外底测试磨损 < 10mm，帮底牢度强度 > 2 倍国标，等等。但要使"中国质造"活动的效果持续下去，商家就要改变"中国质造"的促销、清库存的想法，要把参加活动当作提升质量乃至树立品牌的良好契机，加强对平时生产质量的把控，形成具有莆田优势的生产标准。政府质检部门也要加强对企业的监督，督促整体提升莆田产品质量。如果没有质量这个基础，设计、营销和品牌都是空谈。

4.3 河北清河：羊绒之都的电商转身

郑春雨　河北省清河县羊绒制品市场管委会副主任

【案例背景】河北省清河县是享誉全国的"中国羊绒之都"、"中国羊绒纺织名城"。近年来，清河县依托传统产业，以清河羊绒制品市场为平台，大力发展电子商务，实现了该县经济发展的新跨越。目前，清河羊绒经营业户通过淘宝、天猫等第三方平台开设的网络店铺达到2.3万余个，年销售额超过30亿元。全县有东高庄、黄金庄等8个村被评为淘宝村，在最新的电子商务百佳县排名中，清河名列第9位，进入全国县域电子商务发展前十强。清河还被评定为河北省首批"电子商务进农村示范县"，阿里巴巴"千县万村"工程河北省第一站。

1、独树一帜的县域电商"清河模式"

2014年7月，在由阿里研究院和浙江大学管理学院共同发布的《包容性创新和增长：中国涉农电子商务发展研究》报告中，深刻剖析了中国农村电子商务的发展路径和发展模式，其中，专业市场+电子商务的"清河模式"与"遂昌模式"、"沙集模式"一起，被列为中国电子商务发展的三种典型模式。这是关于电子商务"清河模式"的最早、最权威的诠释。

清河模式是指草根农户基于已有的特色产业优势，利用网络对接市场，并借助传统专业市场所提供的丰富产品资源以及健全的产业分工，最大程度地满足不同企业的差异化经营需求，最终实现专业市场和电子商务协同发展的创新模式。

清河模式的形成，大致可以分为三个阶段。第一阶段是2006—2007年，以东高庄村为发源地，草根农民借助特色产业优势，自发进行网络零售活动；第二阶段则是2008—2010年，清河羊绒制品市场建成并投入运营，加速了电子商务的集群化和规模化，从一根网线、几台电脑的小、散、弱的经营状态，逐渐走向集中，并涌现出一部分具有专业设计、运营团队的电子商务规模企业，在网络市场角逐中名列前茅；第三阶段是 2011 年以后，清河县电子商务呈现出爆发式增长态势，传统的生产企业和实体零售企业不断涌入，政府部门的扶持力度逐渐加强，与此同时，网络市场的竞争日趋激烈，迫使电商企业从传统的一根网线连接供需双方的经营模式转变为全息化竞争，自此整合了人流、物流、资金流及全产业链资源的"清河模式"进入全新的发展时代。

> 电子商务的快速发展有力地带动了实体企业的发展，呈现出"产业催生网销，网销带动产业"的良好局面。自 2008 年以来，全县新增纺纱生产线 89 条，总量达 140 条；新增电脑横机 2500 台，总数达 3500 多台。清河羊绒产业顺利实现了从原料分梳向纺纱和制成品的转型升级，目前，羊绒制成品产值占整个产业的比重已增至 65%，2 个品牌获得中国驰名商标，10 个品牌获得河北省著名商标，15 个品牌获中国服装成长型品牌，24 家羊绒企业跻身"中国羊绒行业百强"。清河已经成为全国最大的纺纱基地、重要的羊绒制品产销基地、全国最大的羊绒纱线和制成品网络销售基地。"清河制造"这一区域品牌正在被越来越多的消费者广泛认可。

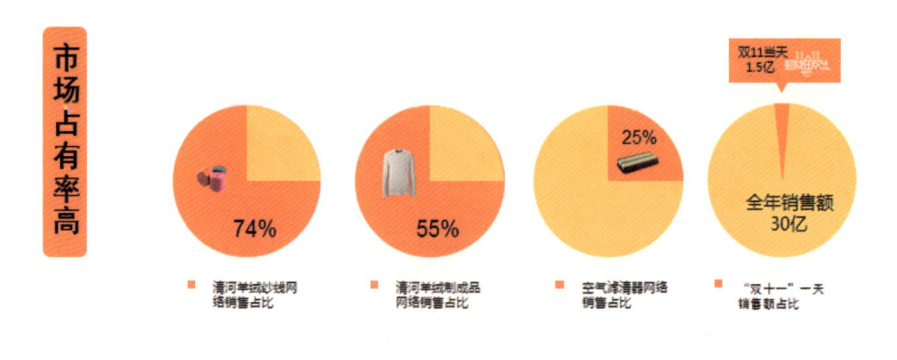

市场占有率高

- 清河羊绒纱线网络销售占比 74%
- 清河羊绒制成品网络销售占比 55%
- 空气滤清器网络销售占比 25%
- "双十一"一天销售额占比：双11当天 1.5亿，全年销售额 30亿

电子商务的蓬勃发展还为清河培育了一大批商业精英。目前清河直接从事电子商务的人数在 5 万人以上，这一群体平均年龄在 30 岁左右。电子商

务不仅给了这些人创业致富的门路，同时也历练了这批年轻创业者的胆识和气魄。他们有思想、有头脑，敢想敢干，逐步成为清河经济发展的中坚力量。

2、"清河模式"的三大特质

纵观"清河模式"的形成过程，不难看出，相比于其他模式，其独特性主要体现在三个方面：

一是特色产业驱动电子商务。"淘宝大王"刘玉国的创业故事，很多电商人都耳熟能详。2006年，清河东高庄村27岁的刘玉国用一台借来的数码相机和旧电脑，在淘宝网上注册了名为"酷美娇"的店铺，首次在网上销售清河羊绒制品和羊绒纱线。初试第一天就成功赚到了200元钱，这大大激发了他做网络销售的热情，也成为该村吃"电商螃蟹"的第一人。开店仅一年，销售额就超过了30万元。刘玉国的成功，一石激起千层浪，东高庄村民纷纷效仿，就靠着一根网线、几台电脑，电子商务在东高庄村迅速蔓延。到2008年，全村村民开设网店100多家，从业人员1600余人，占到全村人口的80%以上，其中年销售额达100万元以上的店铺超过50家，并涌现出了酷美娇、布斯特等一批知名网络店铺。

在互联网时代，农村电子商务个体的出现并不稀奇，然而，能以星火燎原之势迅速形成规模的则尤为值得关注。与网络销售拉动起新兴产业集群的"沙集模式"相反，"清河模式"的形成恰恰建立在当地羊绒产业基础之上，通过特色产业的驱动促进网络销售。这又与以土货和农产品为主的"遂昌模式"有着本质的区别。

东高庄村既是清河县最早发展羊绒分梳的专业村之一，也是第一家从事羊绒深加工企业的东高集团所在地。在东高集团尚未倒闭之前，大部分村民都在其工厂从事生产加工，精悉从分梳到纺纱乃至织衫等产业链上的各个环节，并积累了丰富的生产经验。工厂倒闭后，拥有一定实力的技术工人自行开起了小型工厂和家庭作坊，正是这些小工厂和作坊为电子商务发展提供了必备要素。

二是专业市场发挥平台作用。与网店数量的快速扩张相比,清河电商个体增长的速度却相对较慢,单个网商平均规模小,大多数店铺的年销售额在几万元到十几万元之间徘徊,超过百万元的企业少之又少,只见灌木,不见大树。这个特征一直延续到清河羊绒制品市场建成并正式运营。

2008年,规划面积989亩、总建筑面积60万平方米的羊绒制品市场建成,基于促进市场的繁荣和招商引资的考虑,市场管委会把目光瞄向了已经有一定规模的电子商务群体,他们提出了"网上网下活动,有形市场与无形市场互补"的发展战略,并因势利导、顺势而为,不断加大对电子商务的引导和扶持力度,使电子商务依托羊绒制品市场,在全县呈现出蓬勃发展态势。也成为改变当时电子商务发展小、散、弱的状况,使其从自发阶段逐步走向产业化发展道路的重要转折。

羊绒制品市场的建成首先完善了电子商务的供货功能。由于市场内聚集了大量的羊绒生产企业和供货商户，产品涵盖羊绒纱线、羊绒被、羊绒衫、羊绒大衣护腰、手套等10余个品类、千余款，相比于村里，市场的货源更集中、货品更丰富，对于以"拿货"为主的淘宝卖家来说，上午卖出去的商品，下午便可在市场发出，不但节约了成本，提高了效率，最重要的是将库存风险降低为零，这些前所未有的优势吸引了大批电子商务企业和业户向市场聚集。而作为清河电商带头人的刘玉国也于2010年把工作地搬迁至市场，并正式注册成立了酷美娇羊绒制品有限公司，增加了17台电脑，雇用了30多名工人，走上了科学化、规范化营销的轨道，公司年销售额从30万元一跃飞升至2000万元。

电子商务在羊绒制品市场的聚集，还带动了市场人流、物流、资金流的高效运转，进一步降低了交易成本，并催生出一批以北方羊绒、牵恋、雀之灵等为代表的网货供应商，市场形态更加多元化。目前市场内入驻的实体和网店商户已经超过2000家，年销售额超过40亿元，其中80%以上为电子商务经营或者网货供应企业，传统商户的电子商务利用率达到90%以上。同时市场内还聚集了各类培训、摄影、商标注册等机构，形成了功能完善、分区明确的电子商务专业市场，并被国家商务部授予"国家级电子商务示范基地"荣誉称号。

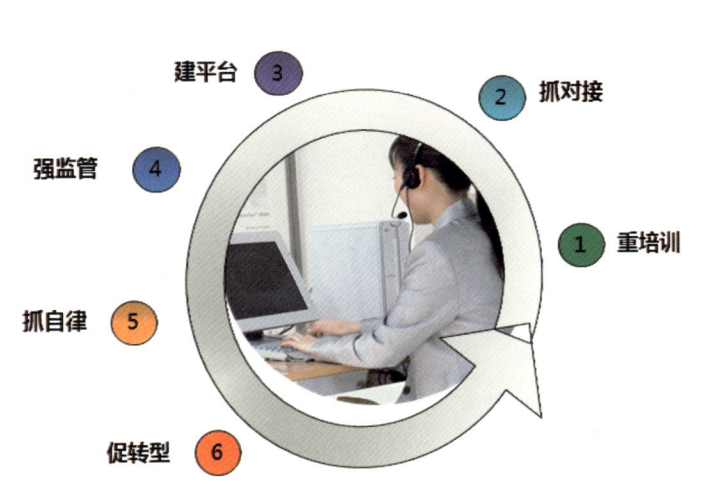

一是特色产业驱动电子商务
二是专业市场发挥平台作用
三是政府主导推进发展

三是政府主导推进产业升级。清河县电子商务规模不断壮大的同时，也引发了一系列新问题：快速增加的淘宝店铺造成了平台拥挤、流量被稀释，小卖家很难获得满意的买家访问流量和转化率；中小企业设计研发能力薄弱造成产品同质化严重，加剧了网络市场的价格战，其结果导致产品品质下降、以次充好的现象频发；而压缩的利润摊派到生产加工和设计研发环节，使加工企业的生产积极性下降。此外，高端复合型人才的缺乏，也成为清河县电子商务发展一直难以突破平台期的阻碍之一，以至于像迪瑞羊、衣尚、帕米尔、新时代等稍大规模的电商企业为了进一步发展，不得不把运营中心建在江浙地区，"孔雀东南飞"现象非常突出，造成资源流失。无论哪一种问题，对于羊绒产业来说都是一个沉重的打击。

要想使电子商务从散乱、无序、各自为政的发展方式走上规范化、秩序化、专业化的轨道，就需要专业的部门对市场生态建设进行引导、监管和调控。通过构建规范的电子商务基础信息资源体系，培育公共服务平台，进而突破发展困境，实现良性发展。

根据"网上网下互动，有形与无形互补"的发展方针，清河县政府制定出台了《清河县推进电子商务发展的扶持政策》等相关激励措施，进一步健全电子商务支撑体系和相关服务配套，为电子商务发展提供良好的环境和土壤。在拓展交易平台上，羊绒制品市场管委会一方面积极加大与"苏宁"、"京东"、"唯品会"等平台的对接合作，开展包括"羊年穿羊绒"、"淘女郎走进清河"等一系列大型促销活动，提升"清河羊绒"在各个平台的知名度和美誉度；另一方面建成专业的B2C模式的"清河羊绒网"和O2O模式的"百绒汇"网站，全县100多家商户在上面设立了网上店铺，注册会员超过2000人，实现了生产型企业与电子商务经营业户对接合作。同时引进石家庄无界、河北新农人等专业电商培训公司，建成了清河电子商务实训孵化基地、电商创业基地等机构，为全县电子商务业户提供培训服务和孵化成长。针对中小电商企业和业户专业人才缺乏、设计研发能力薄弱等情况，羊绒制品市场管委会积极引进服装设计、质量检测等方面的人才和机构，成立了河北省羊绒产业技术研究院、清河县羊绒新产品研发中心等专业研发设计机构。与中国流行色协会联合建立了中国羊绒时尚馆，开展"羊绒色彩设计与流行趋势"主题沙龙活动，有效缓解了企业研发能力不足的实际困难，提升了产品的设计内涵和附加值。

4.4 云南元阳：互联网＋扶贫的元阳实践

井然哲　上海财经大学信息管理与工程学院副教授

【案例背景】元阳是一个集边疆、民族、山区、贫困四位一体的国家级扶贫开发工作重点县。地处哀牢山脉南段，境内层峦叠嶂，沟壑纵横，山地连绵，无一平川。以世居哈尼族、彝族等少数民族为主，少数民族占全县人口的88%，农业人口占95%，全县45万人，其中贫困人口16万人，是非常典型的贫困县。我们运用互联网＋农业，助力高原农产品销向全国；运用互联网＋文化，助力千年哈尼古歌走向世界；运用互联网＋旅游，助力世界文化遗产哈尼梯田旅游转型升级。元阳的电商扶贫实践为全国的电商扶贫探索增添了鲜活的案例。本文由上海财经大学井然哲写就。

1、梳理资源禀赋，探索互联网＋农业发展之路

元阳县是世界文化遗产哈尼梯田的核心区，哈尼梯田是哈尼族人世世代代留下的杰作。哈尼族开垦的梯田随山势地形变化，因地制宜，坡缓地大则开垦大田，坡陡地小则开垦小田，甚至沟边坎下石隙也开田，因而梯田大者有数亩、小者仅有簸箕大，往往一坡就有成千上万亩，规模宏大，气势磅礴。所有梯田都修筑在坡度15度至75度的山坡上，层层叠叠，形如天梯，海拔高差2000余米，梯田最高级数达3000多级。红河哈尼梯田至今已有1300多年的开垦和耕作历史，明代农学家徐光启将哈尼梯田列为中国农耕史上的七大田制之一，称为"世外梯田"。2007年，红河哈尼梯田被国家林业局正式批准为国家湿地公园；2010年，哈尼稻作梯田系统被联合国粮农组织正式列入全球重要农业文化遗产保护试点；2013年5月，红河哈尼梯田被国务院公布为第七批全国重点文物保护单位；2013年6月22日，红河哈尼梯田文化景观正式列入联合国教科文组织世界文化遗产名录。

4 县域电商——产业驱动型

元阳梯田还有一绝,就是梯田上生长的是一种红米。与普通大米相比,红米的微量元素、氨基酸、蛋白质等营养物质的含量较高,是原生态的高品质粮食。

根据元阳的实际情况,积极牵线阿里巴巴等知名电商公司到县里实地考察,会同县里有关部门探索线上与线下互动的电商模式推广梯田农产品,通过产业发展,为扶贫探索新的模式。

首先经过资源梳理,开发一系列电商扶贫产业。

围绕梯田红米、云雾茶、中药材、梯田鸭蛋、梯田鱼、牛干巴等农产品资源,探索适合网上销售的产品形态。仅梯田红米,针对市场需求,就开发出了各种包装10余种,并对红米进行了分级管理、原产地认证和有机认证。

其次是通过请进来、走出去的方式，培训培养电商人才。

电商人才的短缺是普遍问题，尤其是边疆贫困县，更是缺少电商人才。

作为阿里巴巴活水计划研究学者，利用与阿里巴巴等知名电商合作的机会，邀请知名农业电商专家到元阳县进行农业电商讲座，共有600余人次受训。元阳电商从零起步，并呈现出蓬勃发展的景象，现已见到了良好收益。同时，引导和支持县里走出去参观学习，带领县里赴浙江、广东、江苏、河南、山东、安徽等地取经，开阔了电商发展思路。

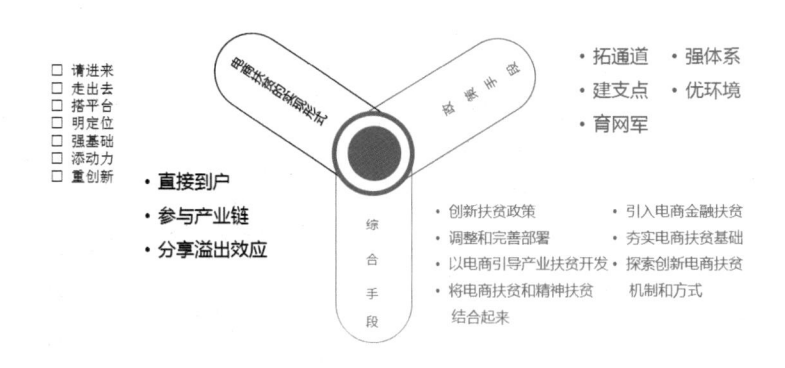

经过一年多的实践，在县委县政府的高度重视下，县商务局、农业局、扶贫办、粮食局、邮政局、供销社、团县委等部门积极响应。元阳这样的一个区位不占优势、产业不占优势的贫困县，电商从无到有，元阳第一家电子商务公司——元阳九红电子商务有限公司成立，元阳粮食购销公司、元阳水卜龙云雾茶厂、元阳牛干巴厂、元阳百合食品厂等传统粮食和食品企业纷纷触网。据不完全统计，网上开店数已达120个，梯田红米销售额突破3000万元，云雾茶和普洱茶销售额达500万元，牛肉干巴和百合粉等几个农副产品销售额也超过百万元，有些农产品，比如香蕉、荔枝、芒果、红米线、红糖、木耳、辣木、重楼、树花等也呈现出快速增长趋势。快递公司也从2家增长到了8家，目前顺丰以及三通一达均入驻元阳。

2、精准发力，开启互联网＋旅游大幕

元阳县的主要财政收入来源于旅游。旅游搞好了，就会带动相关产业和整个经济发展，农民增收受益才会脱贫。围绕旅游这条主线，首先是邀请联合国世界自然保护联盟、国家旅游局、云南省旅发委、红河州旅发委、清华大学、同济大学、阿里旅游等多家单位的专家学者进行实地调研，全方位对全县旅游交通、旅游消费品、哈尼文化等旅游碎片元素进行调研整理，座谈论证，集思广益，为元阳旅游产业转型升级出谋划策。

作为哈尼梯田的故乡、红河哈尼梯田世界文化遗产地的元阳县，随着申遗的成功，标志着元阳拥有了世界级的资源和品牌，使元阳在国内外的知名度得到极大提升。目前，与元阳哈尼梯田相关的互联网＋旅游的落地项目有：元阳网、元阳旅游、梯田红米、哈尼印象、红河哈尼梯田、和美元阳、哈尼梯田随身导等，极大地方便了游客的体验式旅游。主要建设内容如下：

（1）互联网＋旅游基础设施

之前，哈尼梯田景区是没有自己的门户平台的，景区信息的发布、管理与获取，基本都是通过第三方的电子商务平台或者搜索引擎平台来实现的。景区的信息基本都是通过传统的方式进行线下的口口传播，不仅效率低下，而且旅游转化率很低。

结合景区的实际情况，我们首先进行了互联网＋旅游基础设施的建设和改造，以提升整个景区管理的质量与水平，充分体现互联网＋旅游的平台效果。

互联网＋旅游基础设施的建设，包括基础网络与管线的建设、云平台的基础环境搭建、机房环境的建设、自动检票设备的建设、视频监控系统的集成等。这是整个互联网＋旅游平台的物理基础，所有的业务与管理都是基于这一层而开展的。

我们还根据各类业务的功能需要，划分不同的业务支撑子平台，提供最基础的数据交换与分析。分为提供地图数据服务的 GIS 平台、提供实时视频

监控服务的监控平台、提供各类业务信息交互与管理的信息发布平台、提供送达类信息交互与管理的多渠道消息通知平台，以及提供基础信息交互的数据交换平台。

特别是实现了对平台中的海量大数据进行管理与分析，对各类数据按业务进行分类管理，比如旅游景点信息、商家认证信息、游客用户信息、票务信息、基于评价与口碑的诚信信息、导游信息、导购信息、导航信息、游客反馈信息等。

（2）互联网+游客服务

针对游客，我们设计了随身导系统。从游客服务的角度出发，随身导系统主要包括导航、导游、导览和导购（简称"四导"）四个基本功能。由于篇幅有限，这里不展开叙述。

（3）互联网+景区管理

根据不同的用户，互联网+旅游平台提供个性化的人机交互界面，并对具体的业务做出定义与管理。

1）对于政府机构，提供数字化管理类的业务管理。比如，旅游执法业务、旅游诚信管理业务、视频监控业务、紧急事件响应与处理业务等。

2）对于景区管理方，提供景区基础业务管理与安全管理。比如，门票管理、景区检票管理、营销信息发布与分析、智能游客疏导、智能报警指挥等。

3）对于游客，提供O2O的数字化旅程业务。比如，景区门户网站、智能导航、多媒体信息服务、3D全景虚拟景区服务、在线消费等。

4）对于旅游企业，提供旅游电子商务业务。比如，电子商城、电子支付、营销信息发布与管理等。

哈尼梯田互联网＋旅游的建设，其本质是地区电子政务门户平台在智慧旅游管理与服务领域的一种延伸，因此，其面对的用户不仅是来自国内外的游客，还有广大居民与投资者。其作用也不仅仅是单纯的当地旅游资源的宣传与推广，还要提供优质的旅游服务配套，以及吸引外部资本的聚焦与注入。以旅游产业为中心带动本地经济的发展，提升居民的整体生活质量与水平，以达成政府、行业、居民、游客的多赢局面。

通过互联网＋旅游的建设，实现了更深层次的目标，也就是搭建旅游基础信息资源库，形成逐步推进、共同建设、利益共享的旅游行业发展长效机制。

2014年，全县共接待国内外游客125.26万人次，同比增长16.65%。其中，海外游客53351人次，同比增长8.25%；国内游客119.92万人次，同比增长16.64%。实现旅游总收入17.59亿元，同比增长33.75%。其中，旅游外汇收入3241.92万美元，同比增长22.32%；国内旅游收入15.54亿元，同比增长35.42%。国外游客网上门票预订和客房预订率为100%，国内游客网上预订门票约占30%，网上客房预订率为85%。同时，县里所有商家，包括酒店、农家乐、工艺品店等均在政府部门的监督下，定期在网上进行公示，保证了服务质量。

3、创新思路，探索互联网众筹新模式

哈尼梯田的保护和可持续发展需要依赖于土地上耕种的农民，如果农民弃耕，将无景可看，文化遗产将不可持续发展。因此，如何使旅游资源县变成旅游强县，是县委县政府一直思考的问题。元阳县有关部门与阿里巴巴、聚土地等知名电商公司共同策划的哈尼梯田认养众筹项目受到广泛关注。

哈尼梯田认养定位于城市人群在农村的农业养生、休闲旅游、获取原生态农产品，融合农耕文化、生态农业、健康理念、生态环境、体验式旅游为一体，是都市人基于生态农业的养生、旅游的社交生活新模式。

哈尼梯田认养项目具有六大创新特点：

一是土地流转开发模式创新。梯田认养土地拟从政府或集体手中按照国家政策流转梯田，办理土地流转确权证，通过众筹认养、电商团购等方式，由每个认养者投入资金，对哈尼梯田红米等高原农产品，以及世界文化遗产哈尼梯田旅游产业链进行一体化开发，将属地化农民转为产业蓝领，承担认养梯田的日常管理，全面参与运营的各项工作，解决农民就业，提高农民收入。

二是体验式旅游业态创新。梯田认养的受众体主要为城市人口，通过打造完善的生态农业养生产业链，推广绿色、健康、环保的农耕文化，引导一种体验式旅游模式。让城市人来农村居住、养生、参与农耕。他们在闲暇时游梯田、看云海、饮山泉水、观梯田日出日落、品长街宴、尝梯田红米、吃牛肉干巴、住哈尼族蘑菇房。在梯田里可以捉梯田鱼、摸泥鳅、逮黄鳝，可以享受收获的喜悦。同时享用农村的水土、气候、风景，延续和提高都市生活品质及环境。

三是梯田农产品营销电商化创新。采用O2O线上与线下相结合的电商模式，线上采用阿里聚划算平台，采用众筹认建的模式，兼顾个性化需求，在互联网电商平台进行电商团购推广梯田农副产品，如梯田红米、梯田鸭、梯田鸭蛋、梯田鱼、梯田泥鳅、梯田黄鳝、梯田螺等。

线下与金融银行等机构合作，为其大客户量身订制，建立互联网及微营销电商平台，突出客户体验，实现网络口碑营销。

四是教育扶贫模式创新。元阳县是世界文化遗产哈尼梯田核心区，同时也是国家级贫困县。梯田认养项目以及高原农产品电商收入按一定比例资助当地教育事业，为教育扶贫探索了一种新模式。

五是哈尼文化传播和继承模式创新。世界文化遗产——哈尼梯田，是哈尼族人世世代代留下的杰作。哈尼族、彝族等民族，用他们辛勤的汗水开垦了壮观的梯田，它的历史超过1300年。造就一面山坡的梯田，就会花去三代人的时间。一家一户是做不成的，必须要合作。梯田，还是一个巨大而复杂的灌溉系统，哈尼梯田俨然以世界最大人工湿地而载入史册。梯田认养项目有利于城市人体验乡村旅游的同时，创新性地传播和继承哈尼民族文化。

六是世界文化遗产保护和可持续发展模式创新。哈尼梯田属于自然遗产、活遗产，也是第一个以民族名字命名的世界文化遗产。随着农民进城务工，梯田也会逐渐被弃耕，世界文化遗产的可持续发展将会受到挑战。梯田认养让农民重新回到土地上，成为土地蓝领。"郡县治，天下安"，县域将成为中国经济未来发展的新版图中最基本的节点。"不离土、不离网"是人们新生活的生动写照。人们在家乡安居乐业，代替过往主要依靠外出打工、背井离乡的工作和生活模式，同时，他们通过互联网与大市场紧密连接，在衣食住行等方面拥有多样选择和实在的便利。从而，人们不断提升生活的品质和幸福感。从更深远的角度来看，由此孕育的以小城镇为中心的分布式城镇化，相比以中心城市为中心的集中式城镇化，可能更具可行性和持续性。

通过梯田认养众筹模式流转土地2520亩，其中红米基地2200亩、辣木基地270亩、古茶树基地50亩，均以农业合作社的名义签订了认养协议，有了订单的保障，保证了农民的利益，提高了种植积极性，增强了认养者的体验，预计可以创造经济效益5亿元。

4.5 浙江临安：小核桃如何做出大文章

李赛文　浙江省临安市委常委、统战部部长

曲江　浙江大学 CARD 农村电商研究中心副主任

【案例背景】近年来，浙江省临安市依托优良的生态自然资源及优越的区位条件，凭借优质的农特产品，以"互联网＋农业"的发展思路努力培育农村经济新"蓝海"，促进了农业农村经济的持续健康发展。2014 年全市农产品网销额突破 18 亿元，带动农民增收 2 亿元。工业领域实现电商交易额 70 亿元，占全市规模工业比重达 10.6%，跨境电商年交易额约 1 亿美元。先后荣获"省级电子商务示范市"、"中国电子商务发展百佳县"、"浙江省'电商换市'十大创新样本"称号。目前，清凉峰镇成为全国淘宝镇，白牛村、新都村、玉屏村和马啸村已成为全国淘宝村，并成功创建了 10 个杭州市级电子商务示范村，以坚果炒货为特色的全国农产品电子商务示范区在本市已初具规模。据阿里研究院发布的 2014 年阿里零售平台农产品成交额排名统计，临安市在全国县域排名第二，仅次于安溪县。本文由浙江大学品牌中心曲江结合临安的材料写就。

1、临安电商发展的三个阶段

临安电子商务先后经历了萌芽期、发展期和拓展期三个阶段。

2005—2008 年为第一阶段。依托传统的山核桃产业，一批嗅觉敏锐的个体商最先"触网"，并带动周边人群，组成一股草根创业力量，是为萌芽期。

2009—2012 年为第二阶段。山核桃等坚果炒货网销额的激增开始引发政府部门的关注。为提高电商产业的集聚效应，2012 年 5 月临安市科技局打造集电商服务、培训交流、物流配送等于一体的电商产业园，并成立了临安电商协会，对接外部资源，加强企业间的互通。同年，龙岗坚果炒货食品园开建，形成山核桃等坚果炒货的收购、加工、仓储和物流集聚区，随之成立坚果炒货协会，起到了规范行业、扩大影响力的作用。与以上两个园区配套的电子商务专业村沿杭徽高速、各省道开始布局。由此，以电商产业园、龙岗坚果炒货食品城、电子商务专业村分工协作、配套发展的格局初步形成。

2013年以来为第三阶段。鉴于临安电子商务良好的发展势头和日益扩大的影响力，2013年起临安市委市政府正式介入临安电商发展，并将其作为战略性新兴产业来重点培育，着手构建以农产品电子商务为重点的农村电子商务发展体系，加快促进电子商务在一、二、三产业的全面应用和发展。**一是加强政策引导与扶持**。成立电子商务工作领导小组；编制电商发展规划，谋划全市电商产业布局；出台一系列优惠扶持政策；安排财政专项资金，重点扶持电商主体培育、平台建设、公共服务、培训交流等工作。**二是加快电商产业基础设施建设**。扩建电商园区；成立电商公共服务中心；加快推进"光网城市"建设。**三是引进第三方电商服务商**。搭建阿里巴巴临安坚果炒货产业带、淘宝·特色中国临安馆、微临安三大线上平台，提供细分化的电商运营配套公共服务。**四是夯实电商人才基础**。加强政校合作，共建电商人才培养机制，整合浙江省、杭州市、临安市各类人才培训资源，弥补电商发展人才短板。

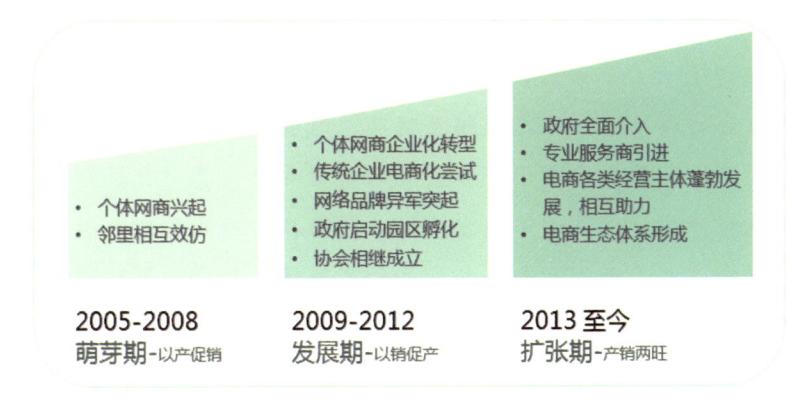

2005-2008	2009-2012	2013至今
萌芽期-以产促销	发展期-以销促产	扩张期-产销两旺
• 个体网商兴起 • 邻里相互效仿	• 个体网商企业化转型 • 传统企业电商化尝试 • 网络品牌异军突起 • 政府启动园区孵化 • 协会相继成立	• 政府全面介入 • 专业服务商引进 • 电商各类经营主体蓬勃发展，相互助力 • 电商生态体系形成

作为临安电商发展的核心主体，个体网商、电商企业、传统企业开始整合资源，打造产品品牌，并组建镇、村级行业协会，提高组织化程度。服务

商在促成政府政策、项目落地的同时，针对各类经营主体提供从店铺设计、图片拍摄、营销策划到客服管理等多角度、精细化服务，综合提升了各层次电商从业者的运营能力。行业协会不仅为会员提供交流分享的平台，还在对接政府、整合资源、对外合作等方面发挥重要作用。此外，由县至镇到村，多网点多覆盖的农村淘宝服务站、赶街服务点的铺设，实现了网货"下乡"和农产品"进城"双向流通功能。

到目前为止，**临安已经走出了一条以区域品牌农产品为重点、覆盖三次产业领域的电子商务之路，形成了政府、协会、服务商、各类经营主体联动的电子商务生态体系。**

通过对临安电商发展历程的梳理，可以发现，早期临安电子商务的兴起与发展主要得益于以下几个方面：第一，临安具备高森林覆盖的优越自然资源；第二，依托杭徽高速为主线的交通布局，以及覆盖至乡村的通讯网络，使得电商发展的基础设施较为完备；第三，临安是全国最大的山核桃产区和重要的坚果加工集散地，电商发展具备扎实的产业基础；第四，山核桃等坚果炒货具有保质期长、耐储存、不易碎等优点，天然适合开展网络销售的产品特性；第五，富有创业热情与创新精神的个体网商、企业等经营主体为临安电商发展注入了活力；第六，后期，政府的顺势介入、服务商的引进、行业协会的成立，彼此之间相互联动，形成良好的政策环境。以上六个方面构成了临安电子商务发展的关键要素，其中自然条件、基础设施和产品特性是萌芽期发展的必备前提，产业基础和活跃的经营主体使得电子商务具有蓬勃发展的可能性，最后政策环境助力电子商务进入高速发展的扩张期。

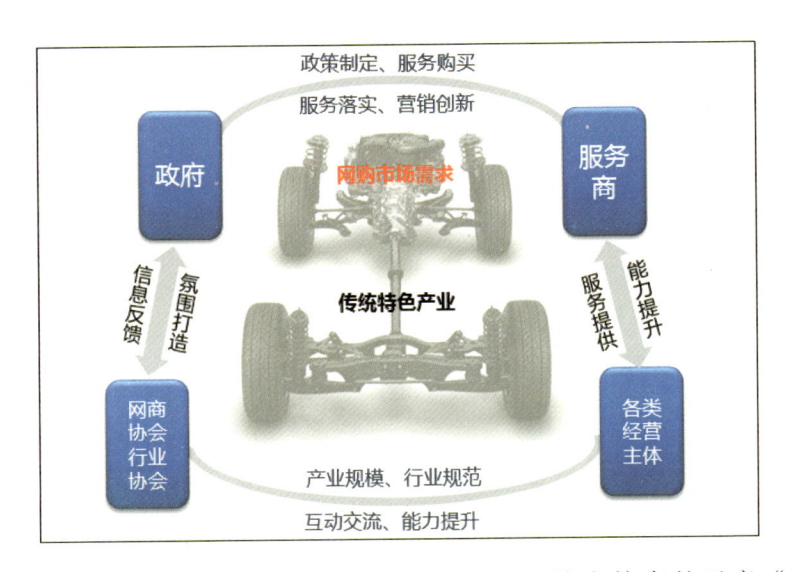

在临安电子商务的萌芽期和发展期，经历了从个体商的无意"触网"，到其他村民的效仿、个体经营户的企业化、网络原创品牌的兴起，以及市场倒逼传统企业的电商化转型。可以看出，早期临安电子商务的兴起与发展是在互联网日益普及、电子商务逐步兴起的背景下，围绕山核桃传统特色产业，由农村能人发起，并带动其他村民效仿和传统企业电商化转型的，是典型的自下而上的市场自发现象。整个发展过程充分体现了"大众创业、万众创新"的特色。**该阶段的特征是：以自下而上的万众创新力量，带动传统产业全面电商化转型。后期，政府在电商园区硬软件设施和配套服务上的大胆尝试是临安电子商务进入扩张期的推动力。**

临安电子商务进入快速、有序、健康、可持续发展的扩张期离不开政府的合理引导和作为。从以电商园区为代表的基础设施的建设，到服务商的引入，从牵头成立行业协会，到电商人才培养体系的构建，以及各项扶持优惠政策的出台，临安市政府以"引导者"+"服务者"的角色，在充分尊重市场规律的前提下，为临安电商发展创造了良好的政策环境，实现了政府这只"有形的手"与市场这只"无形的手"的亲密握手。政府、服务商、行业协会和各类经营主体的有机互动则催生了临安健康发展的电子商务生态体系。进入扩张期的临安电子商务呈现出这样的特征：**市场倒逼、上下联动、生态共荣**。

即在市场形势倒逼下,(经营主体+协会)自下而上的力量与(政府+服务商)自上而下的引导相互联动,促进传统特色产业的全面电商化转型,形成可持续发展的县域电商生态体系。

回顾临安电商近 10 年的发展历程,可以发现,临安电商的发展经历了三个转变:一是"一品",从临安山核桃地标特色产品,到区域公用品牌的建立和影响力打造,逐步将山核桃产业全面电商化,并拓展到多品种的坚果炒货品类,以一产带动了二、三产业的繁荣;二是"一带",以传统的集山核桃"种—加—销"于一体的家庭小作坊零散经营演变为山核桃种植、加工、销售、运营、营销等分工逐步明晰的产业带;三是"一生态",从个体网商的单打独斗、野蛮生长,发展成如今个体网商、电商企业、传统企业等各类经营主体、政府、协会、服务商多种角色规范有序、彼此协作、共同发力的电商生态体系。

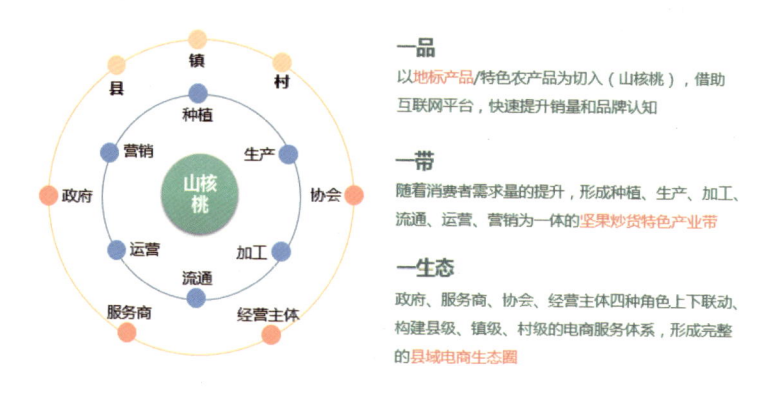

一品
以地标产品/特色农产品为切入(山核桃),借助互联网平台,快速提升销量和品牌认知

一带
随着消费者需求量的提升,形成种植、生产、加工、流通、运营、营销为一体的坚果炒货特色产业带

一生态
政府、服务商、协会、经营主体四种角色上下联动,构建县级、镇级、村级的电商服务体系,形成完整的县域电商生态圈

临安电子商务发展带来的县域经济变化主要有:① 农民增收、农业增长;② 激活消费,农村繁荣;③ 全面转型,形成二、三产业的新经济;④ 形成临安山核桃区域公用品牌在全国的影响力,使其成为临安县域的一张"金名片"。由于篇幅有限,不展开叙述。下面主要谈谈面临的升级挑战。

2、临安电子商务面临的升级挑战

随着"互联网+"从 IT 到 DT 时代的来临,为县域电子商务的发展带来了更多的机遇和挑战。经历了 10 年成长和突破,临安电子商务成效显著,但也面临不少的升级困难,例如专业人才缺乏、电商配套服务、产品的丰富性和差异化、区域品牌影响力和溢价能力仍待提升,以及产业链的延展、电子商务在其他领域的拓展还有待探索。

机遇总是与挑战并存,在总结和梳理过程中,不难发现,临安的特色农业电商化在全国领域里独树一帜,以一颗山核桃撬动了整个县域经济,孕育了健康的电子商务生态圈。基于这套相对完善的体系和经验,可以以山核桃为核心,凭借坚果加工产业的集群效应和优势,打造一张"临安坚果"的城市新名片。同时,鉴于山核桃和坚果季节性强的问题,可尝试在其他特色产品上做适当的品类延伸,拓展成更全面的"临安山货"区域公用品牌,形成以山林地貌特征出产优质特色农产品的全国第一品牌。

另外,临安的高森林覆盖的生态环境和得天独厚的地理区位优势,使得临安的旅游业尤其是农家乐日益兴盛。农家乐和农产品有天然的关联,消费者在农家乐休闲度假的过程中,能体验到浓厚的地域风土人情,品尝到原汁原味的农家菜,"带点新鲜好吃的回家"成为人们离开之前的必备动作。同时,带回去的农产品,与家人和好友分享后,即能通过互联网平台产生二次传播和购买,又能带动更多的人群回到农家乐进行体验,实现"以庄促农,以农促庄"双向繁荣。因此,如能构建"体验+购买"的联合运营机制,并在区域内进行有效复制,形成"互联网+农业+旅游"的新电子商务运营模式,这将使得临安在"大众创业、万众创新"上成为全国的新亮点,在"互联网+"领域成为电子商务跨界整合的新模范。

5

县域电商——综合发展型

丽水 遂昌 明水

青山绿水就是金山银山

5.1 浙江丽水：青山绿水如何换来金山银山

王井泉　浙江省丽水市商务局副局长

【案例背景】丽水是浙江省西南部的生态屏障，"九山半水半分田"，素有"中国生态第一市"、"浙江绿谷"、"华东地区动植物摇篮"等美誉。2003年，"淘宝网"诞生，为丽水的"山货"提供了"飞上风口"的机会，草根网上创业潮在丽水兴起。2013年12月，"特色中国"丽水馆开馆暨首届中国淘宝村高峰论坛的成功举办，标志着丽水农村电子商务公共服务平台不断完善，逐步构建起包括"政策支撑、培训见习、示范培育、平台服务、氛围营造"五大公共服务体系，农村电子商务呈现出了"星火燎原、百花齐放、百舸争流"的繁荣景象，逐步从丽水辐射全省，影响全国。

2014年，全市农村电子商务的销售总额达38.18亿元，同比增长81.03%，是2011年3.6亿的10.6倍。截至2015年4月，全市已建立农村电子商务服务站1200余个，其中赶街电商服务站653个；1~4月，累计为村民提供服务40万次，交易额达2100万元，为村民节省资金500余万元。在2014年电子商务百佳县榜单中，全市有5个县成为全国电子商务百佳县，是全国最多的5个市之一；在刚刚出炉的百佳城市榜单中，丽水市位列其中，网商密度指数全国排位27。在数据之外，更有惊喜。农产品的电商化和大数据促进了农业生产的转型升级，家用食品成了商品；农村青年网上创业，促进了农村人才的回流，农村老人不再空巢，妇女儿童不再留守；网上购物在农村的普及，打通了农村物流"最后一公里"；城乡时空距离的缩短，说走就走、想买就买在农村逐渐成为现实，改变了农民生产生活的理念和方式。

1、创新机制，滋养电商创业沃土

一个产业的发展，必须要有优良的环境，农村电子商务作为一个新兴的业态更是需要政府给予精心"呵护"、精准"培育"。

2015年10月19日，丽水市委召开第十六次乡镇党委书记座谈会，发言专题就是农村电子商务，全市10个乡镇和2个村作了发言，市委书记一一点评，进一步统一了全市上下的思想，形成了合力。不仅如此，2015年市委市政府针对电子商务发展开展了"电子商务企业大走访活动"，全市县处级以上领导干部走访企业800余家，为电商企业解决实际困难500余个，仅市委市政府主要领导就走访调研电商企业20余家。丽水全市形成了关注电商发展、关心电商企业、关爱电商创业的良好氛围。

丽水的农村电子商务就是在这样的环境下，生根发芽、茁壮成长的。

2012年，丽水市在全国率先成立了农村电子商务领导小组，在充分调研的基础上，着力解决农村电子商务发展中的突出矛盾和问题。据不完全统计，目前全市共出台有关农村电子商务扶持政策文件20余个，涉及扶持资金超5000余万元，提供了强有力的政策和资金保障。

在创新政策的同时，丽水还推动了体制创新，形成了"商务部门主管、共青团主推、平台支撑、两化融合"的"丽水经验"。

"**商务部门主管**"，就是发挥商务部门的职能优势，制定电子商务发展规划，出台扶持电商发展的政策措施，落实和调配专项引导资金，并且牵头抓总、统筹协调领导小组各成员单位，共同推进全市农村电子商务发展。"**共青团主推**"，就是充分发挥共青团的组织网络优势，依靠各级团组织，培训面广量大的网上创业青年，发展灵活多样的网络协会组织，开展丰富多彩的活动，营造浓厚的创业氛围，鼓励、推动、支持广大青年在网上多开店、开大店、开好店。"**平台支撑**"，一方面是充分利用好"淘宝网"等国内成熟的电商平台，加强与他们的联系与合作，适时推动项目落地，集中展示、引来流量、扩大影响；另一方面是积极自建农村电商综合服务平台，如服务中心、创业园等，通过为广大电商企业解决生产经营中的具体问题，引导和帮助他们实现跨越式、可持续发展。"两化融合"，一方面是通过组建各类网店协会、网商协会，实现社会化运作，提高农村电子商务从业人员的组织化程度；另一方面是通过组建股份制公司，实现市场化运营。通过社会化和市场化的结合，政府主动适时退到幕后，让市场主体冲到前台，依靠持续的市场驱动和适度的行政推动实现各方共赢。

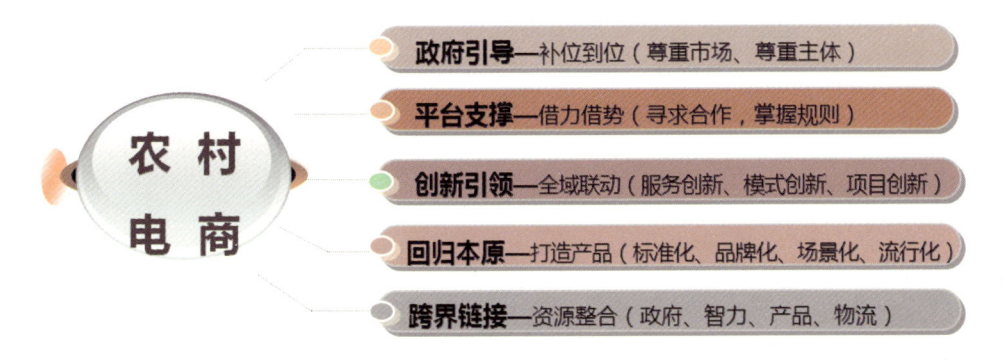

农村电商
- 政府引导——补位到位（尊重市场、尊重主体）
- 平台支撑——借力借势（寻求合作，掌握规则）
- 创新引领——全域联动（服务创新、模式创新、项目创新）
- 回归本原——打造产品（标准化、品牌化、场景化、流行化）
- 跨界链接——资源整合（政府、智力、产品、物流）

2015年，丽水市政府又重新整合了农村电子商务领导小组和"电商换市"领导小组，由市政府主要领导担任组长，并设立了农村电子商务、电商换市和旅游电商化三个工作小组，进一步明确了各部门、各个工作专项组的主要职责，形成了有统有分、统分结合的电子商务发展体制机制"组合拳"。

在组织和政策保障下，以农村青年、大学毕业生为主要服务主体，以促进丽水优质农特产品网上销售为工作重点的农村电子商务，一时间如雨后春笋般疯长起来。

> 原来的"烧饼郎"变成电商领军的"北山狼"，带动全村300多家店铺，网上销售户外用品，形成了户外"淘宝"专业村；泥印、纸扎、乡土味十足的"倪老腌"辣椒酱在淘宝上的售价是400克48元，号称史上最贵的"土豪金辣椒酱"，短短4个月从零信誉飙升到五钻。遂昌县湖山乡大坪头村的80后女孩吴丰靠开网店卖农产品和马尾松

松针，做到了两个蓝冠。她的松针月销量最高时达 1000 多斤。1989 年出生的陈涛，2012 年涉足电商创业，短短 3 年做到淘宝类目第一名，年销售额达 1 亿多……

千万个"农民掌柜"的"微故事"，每天都在丽水大地上演，那些看起来如水中捞月一般的魔法，让丽水的绿色生态产品不经意间走向了全国，飞向了世界。鼓起腰包的青年开始摸索群体创业，一带十，十带百……没有就业的青年也跟着开起了网店，在深山的家中卖起家乡的特产。

两年多来，农村电子商务将丽水生态产品介绍给了外面的世界，把财富送到了农民手中。

一批骨干龙头企业、示范村镇也成为示范典型，19 个电商企业被命名表彰，分别获得 10 万元奖励；5 个淘宝村培育成功，其中北山村已经成为中国知名淘宝村。

2、公共服务，搭建平台牵起农商两头

为使农村电子商务从初级跨上中高级的台阶，丽水市致力于整合资源，构建完备的电商发展服务体系。

2013 年 7 月，丽水建成了全国第一家农村电子商务综合服务机构——"丽水农村电子商务服务中心"。服务中心由丽水市农村电子商务建设工作领导小组办公室主管，以农村青年就业创业、农产品电子商务、农村电子商务应用普及为主要服务方向，采用"政府主管、企业运营、公益为主、市场为辅"的运营方式，有针对性地开展适应区域电子商务需求的相关公共服务工作。

自服务中心开始运营以来，服务中心累计开展创业基础班、电商精英班、政企宣讲班等各类课程 76 次，培训人员达 6500 余人，为电商提供免费技术辅导 3000 余次，接待全国各地电商考察团队 300 多批次。目前，服务中心以"主体培育、孵化支撑、平台建设、营销推广"四大体系构建的区域电子商务公

共服务模式，已经陆续向杭州市淳安县、山东省博兴县等10多个地区进行了模式输出及运营指导。

目前，丽水全市已建立市、县、乡镇级电子商务服务中心18个，仅2014年，市县各级农村电商公共服务机构共发布电商资讯20000余条，接受电商咨询4000多次。

此外，丽水还成立了由青年网商、产品供应商、物流公司等相关服务商组成的青年网上创业联盟。该联盟通过日常交流、专题培训、召开年会等方式打造"丽水网商之家"，通过资源共享、信息互通、抱团发展，着力服务会员。2015年又进行了组织升级，在全市建立了电子商务促进会，并成立了农村电子商务、跨境电子商务、移动微商、物流快递和电子商务研究专业委员会，在推进协会组织自我管理、自我服务的同时，提升了专业化程度。同时，还将对促进会进行"赋能"，赋予促进会开展企业等级评定、制定电子商务行业相关标准等功能，进一步发挥行业协会在产业推进发展中的中坚力量作用。目前，全市已有各类电商协会、联盟15个，建立电商网、QQ群等组织服务平台20多个，覆盖网商6000余人。

扩大主体，是推动农村电子商务建设的核心因素。为此，丽水实施了万名网商培育工程，广泛开展培训见习和集聚孵化，引导青年网上创业。丽水市根据网创青年的不同需求、不同层次，实施不同班次、不同类别的网上创业培训。仅2014年，全市共开展专项培训班115期，培训青年7189人次。为提高培训的"转化率"，丽水还出台了见习政策，一方面，在规模网商中建立电子商务创业见习基地，对于参加初创培训班后的学员，根据自已意愿推荐到见习基地中开展为期2~3个月的见习，通过见习实战提高创业成功率；另一方面，各级服务中心还建立了培育孵化中心，对于初创者可直接在孵化中心边学习、边创业，接受服务中心创业导师的一对一辅导。2014年，丽水农村电子商务的网店数（企业数）达到8349家，同比增长79.05%，是2011年3250家的2.5倍；农村电子商务从业人员22198人，是2011年4695人的4.72倍。"星星之火，可以燎原"，在电商创业培训见习的推动下，农村电商"创客"

已形成了"铺天盖地"之势。

推动了全民创业、全面创新

2014年，全市农村电子商务的销售总额达**38.18**亿元，同比增长81.03%，是2011年3.6亿的10.6倍；农村电子商务的网店数（企业数）达到**8349家**，同比增长了79.05%，是2011年3250家的2.5倍；农村电子商务从业人员**22198**人，是2011年4695人的4.72倍。

3、平台集聚，创造电商发展加速度

2013年6月，龙泉电子商务集聚创业大楼开业，共有47家网商入驻，开拓了丽水农村电子商务抱团发展的模式。

周鼎是第一批入驻集聚创业大楼的网商，他拥有一家四钻淘宝店铺，2011年就开始在淘宝上售卖龙泉青瓷，通过网络让龙泉青瓷飞越千山万水，到了全国各地消费者的手上。周鼎认为，"像青瓷这种极具传统特色的产品更适合集聚式发展，卖的人越多，就越容易形成大的销售市场，越容易卖得好。""抱团"将龙泉特色文化产品推向全国各地，有利于将新兴产业及外部资金流、信息流引入龙泉。该座大楼的负责人吴伟林说："这幢大楼里的商家人人都有一套做电商的宝典，有的精通淘宝直通车，有的擅长淘宝聚划算，电商们通过交流共享，更有利于资源的整合、经验和技术分享，还有利于推动各种新产品的研发。"随后，丽水电子商务集聚园区、丽水网商创业园、缙云县

电子商务集聚创业园、松阳县电商集聚大楼相继挂牌运营。丽水市政府顺势而为，出台了《丽水市电子商务产业基地管理办法》，对园区的建设、管理、运营提出了相关的标准和配套政策。目前，全市已建立各类电商园区（大楼）9个，入驻电商企业500余家，年销售额超10亿元。

丽水电商企业通过抱团发展、集聚效应将各类电商资源、要素有效组合，相互之间互动、互融、互促，形成了电子商务全产业链聚集区。逐步形成了以强带弱、以大带小、多点开花的示范引领效应，促进了丽水电子商务的规模化发展。

在推动企业集聚的同时，丽水还推进了产品的集聚。2013年1月8日，淘宝"特色中国·遂昌馆"正式开馆运营，成为淘宝网特色中国频道上的第五家特色馆、全国首家县级特色馆，开馆后，相继推出"春茶节"、"年货节"、"红提节"、"农家猪·放心聚"、"聚遂昌山货"、"土鸡节"等活动，极大地推动了遂昌农特产品在网上的销售量，形成线上线下良性互动的发展势头。2013年9月，"阿里巴巴·丽水产业带"正式开通，是"阿里巴巴·中国产业带"的一个组成部分，也是全国第一个生态休闲养生产业带。"阿里巴巴·丽水产业带"入驻商家达到1000家，2015年一季度丽水产业带实现销售额9800万元。2013年12月27日，淘宝网"特色中国·丽水馆"开馆。该馆以"打造休闲养生第一馆"为目标，从丽水特色网货品牌打造、丽水特色产业网销支持、丽水乡村农业电商孵化、丽水网商联合凝聚成长、丽水城市品牌营销宣传五大方面，积极促进丽水农村电子商务的升级发展。截至2014年年底，入驻丽水馆网商达300余家，涉及网货单品3000余件，累计关联销售额达8000万元。

丽水还推出了"丽水山耕"、"耕谷公社"等区域公共品牌，进行农产品电商化的集中研发，推出了一批电商化的农产品标准和电商化的产品包装，开始了产品溯源、生鲜冷链以及场景化营销等方面的探索，为农产品进入电商渠道提供了扎实的产品基础。

现在丽水已建立产业带2个、特色中国地方馆5个，产品在第三方平台的集聚，方便了丽水产品的聚合营销，也方便了政府公共资源的整合投入，大大提升了"丽水制造"、"丽水好货"的影响力。

4、营造氛围，丽水网商一呼百应

突破重重关卡，现场答辩"打擂台"，竞选"十大新锐网商"，你敢来挑战吗？清点物品、装箱、缠胶带，完成一个订单打包只要几十秒钟，你能做到吗？随机抽题，即兴对一家网店的运营推广进行策划，你又有何创意？

2012年以来，丽水市连续三年举办了丽水市青年网上创业周活动。每年都开展十大新锐网商评选、十大网销品牌发布、"淘拍丽水"网商摄影大赛、电商技能"金牌系列大赛"、网上购物节、网购达人征集等十多项活动，通过线上线下互动，向全市广大网创青年发出了活动"召集令"。每年都有数千名的网商参加各种活动，为广大"电商"创客提供了交流、分享和技能提升的舞台，也为丽水的产品创造了聚合营销的平台。

除了市本级的活动，全市各地也纷纷举办相应的电商系列活动。缙云县每年都举办农村电子商务运动会和网货展销会，遂昌县每年都举办农村电子商务技能大赛，龙泉每年都举办电商产品DIY大赛……据不完全统计，丽水全市举办各类电子商务相关活动100余场次，参与网商达10000多人次。丰富的活动开展极大地激发了丽水青年的创业热情，营造了丽水电子商务的良好氛围。原来以"宅男"为代表的电商"创客"们，纷纷走出家门，走进赛场，走上讲台，在实现自身发展的同时，通过交流、分享、互助带动一大批青年走上电商创业之路。一次次电商活动的开展为电商"创客"们提供了生长的"温床"，为丽水农村电子商务走得更远打下了坚实的基础。

在创造性开展市内电商活动的同时，丽水市还借助阿里巴巴集团等第三方平台，举办全国性活动，引领全国农村电子商务发展。2013年12月，丽水市政府联合阿里巴巴集团在丽水举办了首届中国淘宝村论坛，邀请全国的专家、学者以及"淘宝村"代表论剑农村电商发展，并开展了"游学丽水电商"活动，吸引了数百名专家、学者及媒体的参与，初步打响了丽水农村电子商务的品牌。2014年12月，在第二届"淘宝村"高峰论坛上，创新采取"政府兜底、市场参与"的举办方式，吸引了上千名农村电子商务的从业人员参与活动，在继续扩大丽水知名度的同时，"淘宝村"高峰论坛也成为全国农村电子商务的"村长大会"，打造出了农村电子商务的全国性活动品牌。此外，农产品电子商务高峰论坛、旅游电商大会、农产品电子商务白皮书发布等一批全国性的电子商务活动在丽水举办，打响了"丽水农村电子商务"的金名片，巩固了丽水农村电子商务的领先地位。

5、应用普及，让农民共享电商成果

农村被称为电子商务发展的最后一片"蓝海"。

丽水位处浙西南山区，受制于空间上的天然屏障，农村居民在电子商务的普及应用、享受优质的购物体验等方面还存在诸多问题。为此，丽水市探索开展了"赶街"——农村电子商务服务站项目，着力破解农民"买难卖难"的问题。

"一个只有200个村民的小村，通过服务站一个月就在网上买了2万多元的东西，而且没有退货。"遂昌县"赶街"项目服务站的柳志军自豪地说。随着农村电子商务服务站的普及，越来越多的丽水农民在网上"赶街"，买到自己称心如意的商品，可以与城市居民一样享受优质的商品、优质的服务。农村电子商务在丽水的应用普及，改变了农村"假货集散地"的现状，大大地改善了农村消费环境，拉近了农村与城市的距离。

2014年市政府出台了《丽水市人民政府办公室关于印发丽水市借鉴复制"遂昌模式"扩大一事一议财政奖补助推美丽乡村建设试点工作方案的通知》，

明确各相关部门及运营主体职责，提供政策及机制保障，"赶街"项目在丽水市全面铺开。9个县（市、区）已全部建成县级赶街运营中心，农村电子商务服务赶街站点662个，为村民提供服务80万次，涉及交易金额5000万元，累计为村民节省购物资金900余万元。

农村电子商务除了改变农村居民的生活方式之外，也改变了农产品的传统销售方式，实现城乡交易一体化。缙云县舒洪镇姓王村的土面，原来全部依靠传统的土特产店销售，2013年，在丽水农村电子商务服务中心的帮助下首次"触网"，通过改变包装、定量高价销售，在双十二当天就销售1000份，单价比线下翻了两番。与土面一样，在与淘宝合作的"美丽乡村触网季"活动中，20个首次"触网"的合作社，三天时间就实现销售额248万元。同时，丽水还开展了"百家农企上淘宝"、"网商、合作社对接会"等活动，通过培训、一对一对接等方式，改变了传统产业的生产、包装、销售理念和方式，让丽水农产品向"标准化、品牌化、电商化"的方向转变。

在"赶街"的带动下，邮政农村电商服务站、"淘实惠"、政企社、"家家店"等各类电子商务进农村的服务模式，利用各自的优势，让"互联网+"服务农村、帮助农民、助推农业，给农村的生产、生活方式带来了巨大的改变，为解决"三农"问题提供了新途径，为统筹城乡发展提供了新思路。

6、创新引领，农村电子商务成为丽水金名片

2013年11月，阿里研究院在遂昌正式对外发布了《遂昌模式研究报告》，这是国内首份从县域经济角度研究农产品电子商务的报告。报告指出，"遂昌模式"以本地化电子商务综合服务商作为驱动，带动了县域电子商务生态发展，促进了地方传统产业，尤其是农业及农产品加工业实现电子商务化，"电子商务综合服务商+网商+传统产业"相互作用，在政策环境的催化下，形成了信息时代的县域经济发展道路。阿里研究院张瑞东直言，"遂昌模式"在农村电子商务发展行业中具有里程碑意义。可以说，"遂昌模式"开启了县域电商模式。"遂昌模式"的开启，让遂昌成为农村电子商务的"圣地"，每

天到遂昌参观考察农村电子商务的考察团络绎不绝，遂昌还被誉为农村电子商务的"小岗村"、"井冈山"。

无独有偶，位于缙云县壶镇镇的北山村，是一个从传统烤烧饼、做馄饨的"烧饼村"转型为"淘宝村"的电子商务村。在"北山狼"——吕振鸿的带动下，以零成本的分销为基本模式，带动全村100多户村民从事网上创业，据不完全统计，截至2014年年底，北山村全村从事电子商务的村民已达500多人，全村有大小网店200多家，其中皇冠级27家，实现销售额超1.4亿元。三次走上央视《新闻联播》等频道，引起全国关注，是全国知名淘宝村之一。北山村"两头在外、龙头带动"的模式，被很多专家、学者誉为"北山模式"。

"遂昌模式"和"北山模式"的形成背后存在大量的协同创新，包括政府的体制机制创新、社会组织的体系创新和企业的管理经营模式创新。

在推进区域创新模式的同时，丽水还不断地推进机制和项目的创新，"政企融合"的电子商务综合服务中心引领了全国电商公共服务；"网上节庆营销"开启了"聚合"化营销新方式；"一村一店"项目推动了农产品场景化网络营销；"散采集送"打通了小众化生鲜产品供应链渠道。同时，也涌现出了"绿盒"、"倪老腌"等一批创新、极致的电商品牌。可以说，创新已成为丽水电子商务发展的必由之路，丽水电子商务的"创新之花"已在丽水大地上盛开。

5.2 浙江遂昌：农村电商的"延安"是如何炼成的

赵文明　浙江省遂昌县副县长

【案例背景】遂昌在浙江是一个经济比较落后的地区，地形九山半水半分田，2014年，遂昌县城镇常住居民人均可支配收入为31477元，农村常住居民人均可支配收入为12908元，远低于全省的40393元和19373元。但近年来，遂昌以农村电子商务为切入点，全面探索县域电商发展模式，被业界总结为"遂昌模式"。这一模式被认为是中国首个以服务平台为驱动的农村电子商务模式，其本质是以本地化电子商务综合服务商作为驱动，带动县域电子商务生态发展，促进地方传统产业，尤其是农业及农产品加工业实现电子商务化。

1、"遂昌模式"的核心

遂昌是以本地化电子商务综合服务商推动县域电子商务生态发展，可以让开网店的准入门槛更低，所需成本更少，让原来农民自产自销的农产品真正变成商品，变成网货，同时让消费者在整个消费过程当中，除网商本身的诚信担保外，还增加了遂网公司的背书。

遂昌模式的核心是县域电商公共服务体系，它通过网店协会、遂网、赶街这些民间组织、公司的创新创造，把县域的供应商、网商、服务商、政府相关部门与市场、消费者有机地连接在一起，协同发展，这是"遂昌模式"的关键。政府＋电子商务＋公共服务商＋产业,通过互联网这个平台协同发展。供应商、网商、政府组成了针对县域电子商务生态的公共服务体系，但是公共服务体系不是政府主导的，不是政府在运作，而是一个市场化的服务体系。这套服务体系有增值的作用，最后服务体系能否正常运作，能否有机融合，关键靠增值部分资金如何合理有效分配，供应商、网商、服务商之间，包括公共服务平台这几方怎么样来分配增值的部分，如果说增值的部分在供应商、网商和服务商以及公共服务平台之间的分配是合理、公开透明、得到认同的，则必然是对供应商、网商、服务商都是有利的，公共服务平台也能够健康发展。当然在这其中，政府扮演了非常重要的角色，这个平台不像企业的生产，有一系列的标准和规范，政府必须要介入，要参与，要扶持，否则平台无法正常发挥作用。

遂昌模式有四大体系，并且是以服务为中心来建立的。

一是理念建设体系。农村和城市有区别，农产品跟工业品也有区别，理念建设的关键是怎样让农民，让专业合作社能够有互联网的理念和思维。简单地说，首先要让他们知道农产品可以通过网络销售和购买，网络使农产品能够更广泛、快速地传播，能够卖出更好的价格，能够让农民"以销定产"，知道明年这个农产品能不能种，种植多大规模。这些都是网络能够带来的好处。另外，要做好理念体系建设，最重要的是完善培训体系，遂网培训从最初的开网店培训，到现在深入到每个村对农民进行培训；赶街网点布到哪里，培训就办到哪里。培训的内容也很简单，就是让农民知道在赶街网站上能够买卖农产品和生活用品，而且通过这个平台购买的东西在质量上有保证，不满意也能退换，有问题也有人帮助解决，这样老百姓才能放心购买。另外，遂网每个月还举办微商培训班，微商培训班非常受欢迎，次次爆满。同时，还有提升班，人数在 10~20 人，每年还有两场创业大赛的实践锻炼。很多政府部门、乡镇政府也经常在每个月的夜学让遂网公司的同志给干部上课。在遂昌，遂网公司和潘东明的知晓度很高，不仅仅是遂昌的干部，许多村民、养殖大户都知道遂网，知道潘东明。要做好农村电子商务，首先是理念的问题，关键是氛围的营造，要把思想问题先解决。

二是农产品上行体系。自家的农产品能不能卖一个好价钱，是老百姓也是各级党委政府最关心的一个问题。遂网公司是做服务的平台，但实际做的是农产品供应链管理，遂网公司拥有一整套的供应链管理体系，从 2010 年到现在，5 年多的时间，整个遂网公司加赶街已经有 400 多名员工，这么大的电子商务团队在上海、杭州或许有很多，但在一个县里，还是专门做农产品供应链管理的还真不多见。供应链管理是农村电商的核心，农产品能不能卖得好，得到好评，关键不在于销售，不在于价格，而是在于要有良好、完善的供应链管理体系。

三是营销体系。遂网公司从2010年到现在，跟阿里巴巴一起合作了很长时间，中间做了许多宣传、推广活动，全国各地的专家、学者、平台商、服务商都来过遂昌。遂网公司通过这些活动，与沱沱公社、杭州祐康等从最初的共同探讨走向深度合作，华东地区做冷链最好的杭州祐康现在也是遂网公司的股东。

四是消费品下行体系，即赶街村站点体系。赶街已经在全国12个省，32个县有了服务站点，每个县都有一个运营中心，按照"遂昌模式"的整套流程进行复制，下一步，随着遂网公司跟赶街公司的合并，还会进一步进行完善，即包括消费品下行服务、村里农产品的信息收集，以及一些便民服务如代缴电话费、电费等一整套赶街服务体系。

2、政府在县域电商尤其是农村电商发展过程中的作为

遂昌案例——以本地化电子商务综合服务商作为驱动，带动县域电子商务生态发展，促进地方传统产业，尤其是农业及农产品加工业实现电子商务化，"电子商务综合服务商+网商+传统产业+政府"相互作用，在政策环境的催化下，形成信息时代的县域经济发展道路。

- 理念与氛围
- 规划与定位
- 培训与人才
- 设施与政策
- 服务与提升

第一，氛围的营造。县域电商没有党委政府的高度重视很难做好。现在，李克强总理也在大力推互联网+，这已经不仅仅是地方经济发展的问题，而

是变成国家经济的发展战略，变成政治问题。现在市场主体能不能做起来，不是说政府推着去做，是政府找市场去做。

第二，**规划与定位**。要做好县域电商必须要有规划，这里最关键的是定位问题，即根据县域实际产业的具体情况，定位在哪个方面，是以工业品为主，还是以农产品为主，或者是以生鲜品类为主？另外，最迫切需要解决服务以及园区的问题。这些需要好好谋划，定位切入点非常重要，关键还是在于服务的完善和供应链体系建设。

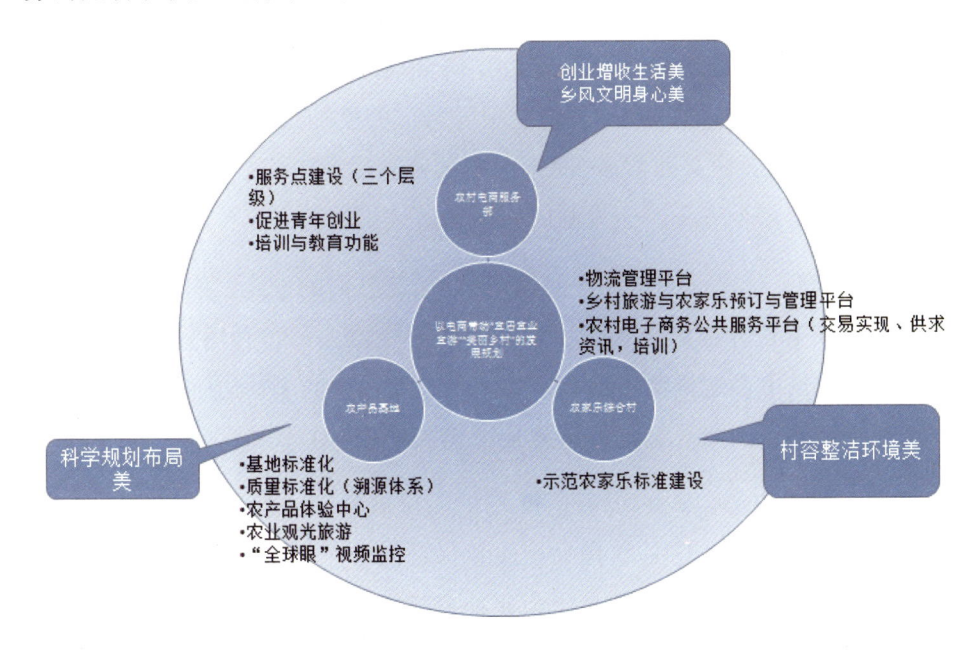

第三，**培训与人才**。因为大部分电商人才集中在大城市里面，县域电商怎么解决人才的问题是非常关键的，没有人什么事情都做不了。但是并不是说简单去引进一个人才，把一个人才带回去就能解决任何事情，一个人做不了那么多事情，把人才培训出来才是关键。首先，把县里已经开网店和参与网上销售的这些人集中起来，一起培训，或者带他们到遂昌、义乌、桐庐先看一看。把这些人带出去接受先进的理念，他们有基础，一看就能理解。然后再让这批人来做平台服务方面的工作，同时政府也要给予扶持。这项工作使得这些市场主体既能有利益，赢得政府的资源，也能增加与外界专家、学者、销售渠道等方面直接接触的机会。这些资源都是他们在小县城没有机会接触到的，只有做公共服务平台才有这种机会。第二，尽量鼓励大家多开网店，多开微店，店铺开起来能不能持续是另外一回事。不管最后能持续经营的网店、微店有多少，还是要多鼓励大家把店铺开起来。在遂昌，举办一次开微店培训，早上培训结束后，参加培训的人下午就都能把微店开起来。将老师推荐的产品放上去卖，10%～20%的人在当天有订单成交，就有兴趣继续开下去。第三，一定要让干部树立起电子商务的思维，参与到县域电子商务的工作中来，在像遂昌这样相对落后的地区，干部是县里较有头脑的一群人，广大干部如果能够有这样的思维，他们会引导自己的妻子、朋友、兄弟来开网店、微店，这样带来的效应是非常显著的，一定要有全民意识，这毕竟不是办工业、办工厂，不需要多少资金，而且随时能够通过培训掌握。

第四，设施。这里说的是农产品检测、配送等方面的设施。如果单个网店、单个企业要投资这方面的设备，所耗费的投资是巨大的，利用效率也低。像检测中心、配送中心这样单个网店、单个企业无法做的事情应该由政府来做。另外，还有道路、网络等基础设施建设，也需要政府的扶持。

第五，配送中心。大的服务商要把供应链做好，由配送中心统一进仓，统一包装，统一发货，这是掌握品控质量保证的一个关键。配送中心最起码要有上千平方米，如果配送中心让企业独自投资几百万元、上千万元去建设也是比较困难的，这也需要政府给予扶持。

另外，遂昌县委县政府也出台了一系列的扶持政策，例如电商发展实施意见、全民创业的扶持政策，县农信联社也创新了专门为电商提供资金的贷款品种等，特别是像质监部门、农业部门的相关配套政策、产品标准制订一定要跟进。

第六，后续政府的服务跟提升。当有投诉时，一般网商先自己解决，不行再由网店协会来协调，如果无法协调，则再由工商部门介入。农产品是非标产品，没有 QS 认证，特别是生鲜类，本身就没有要求 QS 认证，如果一旦发生纠纷，则政府监管部门过早地介入并不能很好地解决问题。因此，政府服务一定从服务的角度出发，不能完全从监管的角度考虑，当然也需要监管，但是首先要有服务。

另外就是需要提升农业部门和国土部门的服务。在整个电商发展过程当中和产品销售过程当中收集到的信息最后要在生产端反映出来，例如番薯干这么好卖，如果生产端不跟上，没有增加产量，卖 10 万斤就是 10 万斤，最后也没有为老百姓后续带来增收。这方面让企业去做种植规模的指导很难，而是需要政府的相关部门，乡镇政府来做，真正让市场反馈的信息最终落到实处。

第七，产品品质的监控。C2B2C 平台怎么监控产品品质，是由质监部门与遂网公司共同制订的，质监部门要把它立项做成一个标准化的流程。

农产品溯源系统
互联网生鲜的"农产品溯源系统"

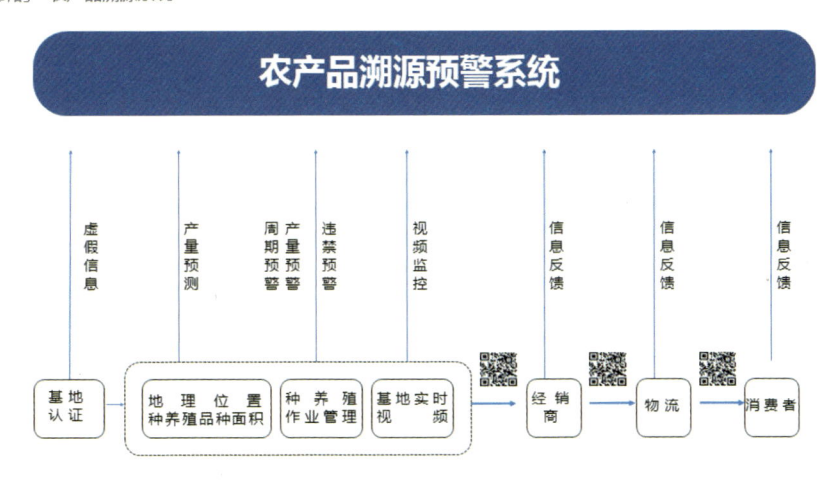

农产品溯源预警系统

虚假信息 → 基地认证
产量预测 → 地理位置 种养殖品种面积
周期预警 → 种养殖作业管理
产量预警 → 基地实时视频
违禁预警
视频监控
信息反馈 → 经销商
信息反馈 → 物流
信息反馈 → 消费者

溯源体系是由农业部门与遂网公司共同打造的，即农产品卖出去以后有一个专属的二维码，这个农产品的一系列信息，例如在哪个乡镇，由哪一户种植的，海拔是多少，产品品种是什么等都有。扫一下二维码就知道，例如粽子是怎么来的，黄桃怎么样，红提怎么样，甚至还有黄桃的检测报告，红提每颗多少克，甜度是多少度等内容。

3、遂昌电商实践的三点体会

首先是趋势。从 2010 年开始到现在，遂昌的整个电子商务在向纵深发展，有融合发展的态势，整个县域电子商务具有内生动力的生态系统已经慢慢形成。从横向角度来说，其原来最初做农产品的销售，现在横向到了工业，到了旅游业，还涉及农村电子政务服务，横向涵盖了一、二、三产业，不仅仅是产品的上线，还包括是一、二、三产业的中间服务也进入了电商生态圈。在纵向上，不仅仅是农产品、工业品，很多农户自家生产的萝卜条、梅干菜、千层糕甚至松针都能放到网络上去卖，因为这些东西都是在大城市里无法找到的。原来遂昌的产品最早是在淘宝上卖，后来发展到移动端，整个遂昌都有这样良好的氛围。有一个遂昌籍的大学生在杭州读书，就是因为遂昌有这样良好的电商氛围，他也尝试在读大学的同时开起了网店，结果越做越好，他的父母都辞掉工作到杭州帮他一起开网店。

其次是一、二、三产业融合。举一个简单的例子，遂昌做了边游边淘，下一步计划向淳安千岛湖、黄山等旅游景点延伸，这样不需要多大的场地，就能把遂昌的特产通过这些载体推广出去。

遂昌有一个村子是农家乐专业村，海拔在 800 米到 900 米，距县城一个半小时的车程。他们的农家乐发展得很好，通过农户、游客每天发的微信就能得到很好的宣传推广。他们发的微信内容不是房间的住宿条件如何，食物怎么好吃，整个村子景色如何优美，而是村子里面客人来了参与打麻糍、做豆腐等农事体验活动，还有小孩子在挖地瓜、挖毛芋，以及村子里面整个农产品生长过程等内容，这才是能吸引游客留下来的根本原因。2014 年，该村的农家乐营业额超过 220 万元，其中与农事活动、农产品销售有关的只有 20 多万元，大部分的营业额都来自于吃、住的消费。该村吸引游客的因素除高海拔外,主要得益于这些农事体验活动。

农产品电商只有与旅游结合在一起,才能有更好的效益,才能使农民真正增收。如果一个县靠近大城市,那么这方面的工作尤其要做透,如何让电商与农业、农产品跟旅游相结合才是最关键的。

还有是生态。在遂昌,每个村都有赶街的网点,很多村也建立了微信群,一个村子建一个微信群,村里有什么事情通过微信群大家也都能知晓,在外工作的人、读书的人都加入这个微信群,就形成了一个小的生态圈。在互联网和这个平台上,大家创业的机会多,创业的人也会越来越多,真正做到了万众创业。

最后是对县域经济的影响。① 关于工业。实际上,从目前来看,在经济下行阶段,遂昌差不多有50%的企业受到影响而停产、停工,小县城不可能跟大城市一样做大工业,往高尖端方向发展,因为技术人才留不住,产业配套也缺乏。今后县域工业应往小众、私人定制的方向发展,产品不纯粹靠生产线的统一生产,而是一件件地做,私人定制,这样的产品反而有生命力,一定要精准定位。如果县域像以往那样发展大工业,往往不能持久,产品也没有优势,势必难以发展起来。县域发展工业一定要往个性化的方向发展,只有往个性化方向发展,县级的工业才会有生命力。② 关于农业。遂昌九山半水半分田的地理条件,也决定了遂昌的农村特征就是"散",人也散,村落也散,资源更不用说了。互联网电子商务是目前解决农村"散"的问题的最有效手段,互联网电子商务把"散"变成规模化。③ 关于旅游业。目前,遂昌已经做了一个平台,实时跟踪农家乐专业村的床位情况,哪个村有床位,哪个村已经客满一目了然。2012年有一批客人在凌晨才到遂昌,原来预订的农家乐以为他们不来了,就把床位卖掉了,结果客人到了遂昌没地方住宿,最后只能安排他们在足浴店休息了一个晚上。当时肯定还有其他农家乐村有床位,但因为没有这个平台,所以信息不畅通。

总的来说，电子商务对一、二、三产业，特别是在县一级的影响是全方位的，非常深远的。

4、县域电商最关键的三项工作

（1）市场化的综合服务体系

县域跟大城市不一样，大城市不需要这样一个综合服务体系，因为大城市具有完善的基础设施和大量的技术人才，但在县域不一样，特别是在农村。六七十岁的老人无法自己上网买卖东西，缴纳水费、话费。如果让农户自己拿着几只土鸡蛋到县城的市场上去卖，他所花去的时间成本，吃饭、交通的费用远远超过卖几只土鸡蛋所产生的收入。怎样让农民通过种植农产品实现增收？他们不单单是需要开网店，更需要的是完整的服务链，从田间地头到消费者餐桌上一整条的服务链条，这样才能真正让农民的产品转化为收入。有这样的服务平台，县域电商才能真正实实在在地发展起来。

（2）本地化的人才培养体系

遂昌的区位无法像欧洲一样，做到让乡村比城市更吸引人，在这里不可能长期留住技术人才。在县域，需要的不是能编程序、能做APP的人，而是更多需要能深入一线，深入农村，让农产品变成网货的人才，这些人才是最基础的，而这样的人往往只有本地人才能胜任。

(3) 全域化的数据转化体系

无论是与外界市场对接所得到的数据，还是本县域一、二、三产业的基本情况，把它们怎样转化成线上的数据是非常关键的。

举一个关于土鸡蛋的例子，如果在短期内需要10万只散养土鸡蛋，并由一个县里提供，但因为所有的土鸡蛋都分散在各村各户，不知道该怎么收集起来。如果这件事情由遂网公司来操作，只需要3天就能完成。因为遂网公司在每个村都设有服务点，服务点的工作人员对本村的基本情况也非常熟悉，只要花几个小时在村里转一圈，基本上就能摸清这个村里目前有多少个土鸡蛋，未来几天还能产出多少。土鸡蛋在常温下的保质期很短，有了服务点，就能把一个村的土鸡蛋收集起来，由遂网公司进行统一包装、运送、冷藏，从而解决了鸡蛋的物流"最后一公里"的问题。遂昌有203个行政村，每个村一天能提供200或300个土鸡蛋，这样的数据是实实在在的，也只有熟悉村里情况的人才能摸清楚。如何让基本数据转化成对外销售的数据，根据对外销售的数据，反过来指导农户生产，让外界要求标准反过来指导生产要求标准，这就是大数据，也是规模化。我们每天讲农业现代化，原来大家理解现代化都是用机器来操作的，是农业的机械化、科技化，但在像遂昌这样的地方，许多农村劳动力都快70岁了，无法学会使用这些机械、科技，但是真正的现代化，归根到底是为了提高农产品的效益。按照经济学的概念，要有效益其中一个前提是规模化，所有产业都是一样，没有规模化就没有效益。

上面土鸡蛋的案例让我们可以这样理解规模化：

(1) 数据规模化

就像土鸡蛋，通过这样的方式把每家每户的土鸡蛋转化成商品，转化成收入就需要数据规模化。

(2) 供应链管理规模化

从田间地头开始,如果有人、有企业做供应链管理,做中间服务,规模越大越好,这种公共服务就是要规模化,只有规模化以后,才能把数据真正转化成销售,转化成收入,否则拿到数据后虽然知道哪个村有土鸡蛋,但中间环节缺失,最后土鸡蛋还是送不出去,这就是供应链管理的规模化。

(3) 物流的规模化

遂昌有 20 多家物流企业,假如每个物流企业除了县城,到各个村的物流都是自己运送,那必然会亏损。遂昌是将物流进行集中,由一个物流公司来负责县以下的快递,或者物流公司根据村庄分布把村串成线进行运送,也能够赢利。

县域电商需要注意以下四点。

(1) 电商不是万能的,产品才是根本

不要觉得所有农产品、工业品放到淘宝网都能够销售好,产品才是根本,产品质量不好,再怎么依靠电商也没用,消费者上当了一次,就不会再回头买第二次。

(2) 模式不是万能的,适合本地的才是有效的

不管是桐庐、遂昌、通榆,还是沙集,这些模式都不是万能的,必须要根据本地的实际情况、产业结构、人才状况等来确定自身发展的模式。

(3) 政府不是万能的,市场化的主体才是最有活力的

政府参与市场竞争领域只会越走越窄,只有让市场主体来做,路才会越走越宽,越走越好。如果政府直接介入电子商务,就不可能有赶街网。解决遂昌农村电商所面临的问题,都是遂网公司一步步摸索而来的,从协会到农产品上行的遂网,再到消费者下行和农村信息收集的赶街网点,都是遂网公司自己探索出来的。如果不是市场化的主体,赶街网点也不可能遍布这么多县。另外,最关键的是当地能否找出一个可以做市场主体的服务商。

最后政府在县域范围要做好三只"手"——旗手、帮手、推手。旗手是政府要发挥引导作用，做好氛围营造，但是不主导。帮手是政府要加强政策扶持，但是千万不能去干预，不要规定企业去做什么。推手就是政府要搞好服务，对公共服务领域这一块一定要给予支持和扶持，但是不包揽。

5.3 黑龙江明水：黑土地如何变成电商沃土

洪非　黑龙江省明水县委副书记、县长

【案例背景】如果把中国版图比作一只雄鸡，那么黑龙江省明水县就处在雄鸡眼睛的位置上，因此明水县素有"雄鸡凤目·中国龙睛"之称。明水县隶属黑龙江省绥化市，位于北纬47°，这个纬度是世界粮、肉、乳、绒、黄金产业带，明水也是哈尔滨至黑河对俄罗斯黄金通道上的节点城，是"哈大齐绥"都市经济圈上的圆心城，2011年被确定为大兴安岭南麓扶贫连片开发片区县。自2014年6月以来，明水县通过抓基地承载、龙头支撑、品牌引领、电商突破，探索出了一条"卖得好"、"种得好"、"加得好"综合发展的县域电商发展之路。2015年1月至10月，明水县绿色食品的线上零售额突破2000万元，同时签订了近3000万美元新粮线上出口合同，产品打入国内大中城市，远销印度、委内瑞拉等20余个国家和地区。

1、由转理念入手，实现由"传统方式"走向"互联网+"

县域电商在起步之初，最难在理念，明水县通过三大举措促进理念的转变。

（1）转变种强销弱的传统思维

明水县努力推进由"种得好"向"卖得好"转型，使全县广大干部、群众学会用销售导向指引生产导向，将工作重心由"种"转向"销"，围绕市场调结构、优品种，解决绿色食品大投入难有大产出、好产品卖不上好价钱的问题。

（2）打破重线下轻线上的传统习惯

从2014年年末开始，明水县委、县政府先后组织县乡两级干部赴7个省市共10个地区学习考察；举办了11期共1万余人次的电商大讲堂培训；

辟建了扶持大学生创业、孵化小微企业的明水电商创业园；出台了《明水县促进大众创新创业的十八条扶持举措》；推动全县大学毕业生、社会青年、新型经营主体和龙头企业投入到电商主战场；掀起了明水县围绕电商开辟线上销售渠道、发展绿色食品产业的热潮。

（3）构建了"联大靠强"、全网营销的新格局

明水县加强与阿里巴巴集团、京东、北京181、上海幸福9号等电商平台和O2O企业对接合作，特别是与阿里巴巴集团达成对接合作，启动了全省第一个农村淘宝项目、第一个满天星农特产品溯源项目、第一个蚂蚁金服新农贷项目、第一个特色中国县级馆，为明水县绿色食品打入线上市场提供了大平台支持。

2、搭建六大平台，实现由"种得好"向"卖得好"转型

（1）打造大众创业平台

明水县鼓励和引导大学生、返乡农民工和社会青年在淘宝、京东开办网店280多家，其中大学毕业生占28%。乔卫奇、姜大星等返乡大学生在第3季度粮食销售淡季，网店月销售额突破20余万元。卖瓜妹刘明奇的"互助小村"网店将香瓜卖到了上海、广州、深圳，并且每斤卖到15元，是线下价格的3倍。"倒蛋哥"潘跃明的"三里三"网店将本地鸡蛋、鹅蛋精包装销售到南方6省市。

（2）搭建县域公共平台

明水县在阿里巴巴特色中国开通明水县级馆，现已组织50余户新型经营主体、龙头企业免费入驻。2015年10月17日，明水永兴特种养殖场的二代野猪登录聚划算的"云上农村"团年猪活动，5天在线上共接到近3000笔订单，每斤猪肉比线下多卖一倍的价钱。

（3）入驻大宗销售平台

明水县鼓励企业入驻阿里巴巴国际站、1688等B2B平台，开展大宗农产品批发销售。壹丰公司入驻阿里巴巴国际站后，与委内瑞拉、多米尼加、

印度等国的客商签订了 3.5 万吨 1 公斤装黑豆出口合同,每吨比线上出口多创汇 80 美元。

(4) 搭乘合作共赢平台

明水县与上海幸福 9 号、北京 181 等 O2O 企业合作,建设 3 万亩无公害和绿色杂粮直采直供基地,明水绿色食品将通过他们的线上商城和线上连锁店打入北京、上海市场。

(5) 组建跨境电商平台

明水县引进了香港胜记仓跨境电商平台建设,重点整合包装寒地黑土农特产品,借助胜记仓物流网络和仓储基地,将产品通过线上直销中国香港、东南亚、欧洲、俄罗斯等国家和地区。这是明水县深化与龙港合作的重点项目。

(6) 开创现货交易平台

明水县引入福建日月同辉集团,创办了黑龙江中远农业商品交易中心,目前已通过黑龙江省政府批复,于 2015 年 12 月 12 日正式上线运行。此中心将依托企业 37 万名线上会员,800 人的网上营销团队,开展大宗绿色食品线上交易、线下交付,加快黑龙江农产品商品化的进程。预计年销售额可达到 4 亿元,上缴税金 3000 余万元。

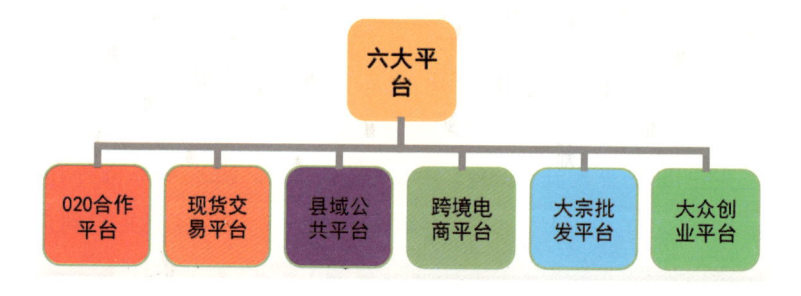

六大平台
- O2O合作平台
- 现货交易平台
- 县域公共平台
- 跨境电商平台
- 大宗批发平台
- 大众创业平台

3、建好线下供应链,实现"卖得好"倒逼"种得优"

明水县用工业方式发展现代农业,推行了"1+7"基地模式,确立了一个新型经营主体领办一处基地,做到每处基地都要执行规范化生产标准、有产品检测检验和追溯体系、有品牌和"三品一标"认证、有龙头企业依托、有对应的销售网店、有O2O企业直采直供、有金融贷款扶持七项标准，着力解决农产品标准不一、经营分散、质量安全和产品追溯空白等产业瓶颈，做到通过"种得优"保证"卖得好"。

(1) 加强标准化建设

明水县与省农科院合作，制定了每个种植单品从整地选种、药肥投入、田间管理到加工包装的全过程标准规范；制定了光、气、水、土、肥等基地环境标准，做到了生产标准化；制定了色泽、营养成分等选品分级标准，做到了产品标准化。在电商创业园还设立了农产品检测中心，免费提供农残、测土配方等检测服务。明水县与国家农标中心合作，在明水县设立了分中心，为明水绿色食品提供第三方检验检测认证，完善了无公害、绿色、有机三类食品检验检测标准，提高了产品安全标准。

(2) 加强专业化建设

明水县围绕专、精、特的基地发展导向，结合域外采购商和特定人群需求，采取私人定制、产地直供等合作方式，重点建设了3万亩老年保健杂粮直供基地、孕婴有机食品专供基地和瑜伽素食直供基地。

(3) 加强信息化建设

明水县抓住成为阿里巴巴满天星农特产品溯源试点县的机遇，将物联网、大数据、云计算和移动互联网等信息化手段，融入绿色食品种植基地建设之中。全县落实可视化监测绿色食品基地11处共5万亩，每处基地都实行物联网远程监控、大数据管理，成为了阿里巴巴满天星溯源计划黑龙江省第一个启动县。其每个出厂的产品都实行一品一码，客户通过手机淘宝扫码可查看种植、生产全程，查证产品质检报告等溯源信息，辨别所购买产品的真劣，还可以直接导入线上网店让消费者二次消费，从而探索出了一条以信息化为先导的农村现代化发展之路。

(4) 加强品牌化建设

明水县注册了"淘缘明"、"小明家"、"明绿康源"3个县域公共品牌，申请了"明水小米"、"明水黑豆"两个地标产品，新增23个绿色食品、5个有机食品标志认证，使每个产品都有品牌和"三品一标"认证，提升了明水绿色食品的认知度、影响力，确保好产品能够卖上好价格。

(5) 加强组织化建设

明水县大力发展专业种养殖合作社、大场大户，鼓励网商、电商企业、龙头企业与新型经营主体建立紧密的合作关系，密切关注各个产业供应链，推动土地规模经营，壮大规模种植、规模养殖群体，提升农业生产组织化、规模化、集约化水平。2015年，明水县依托30个新型经营主体，建设500亩以上种植基地85处共13万亩，为线上、线下绿色食品销售提供了原料基地支撑。

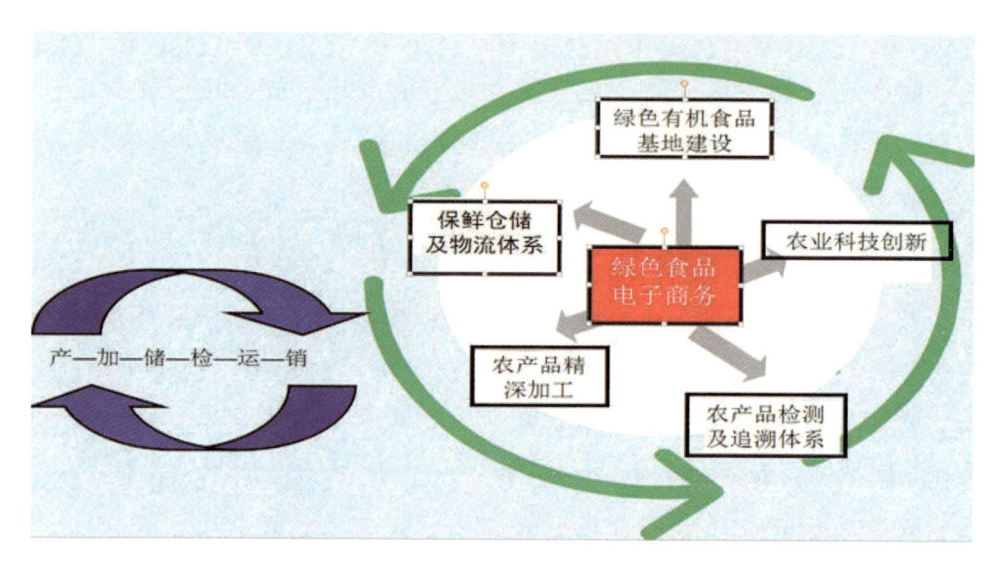

4、壮大产业规模，实现"卖得好"带动"加得好"升级

明水县用销售导向指引生产导向，努力加快产业升级和新项目引进，推动由销售"原字号"产品向销售精深加工食品转型，大幅提升龙江绿色食品

在线上与线下的市场竞争力和附加值。

(1) 加快现有企业扩产改造、开发新产品

为适应国内外线上与线下市场的需求，2015年壹丰公司追加投资1.6亿元，新建杂粮原粮、有机大豆油、谷物早餐圈3个项目，形成了杂粮原粮、有机大豆油、谷物早餐圈3大系列共30余种产品，改变了过去只出口杂粮原粮的单一销售格局。

(2) 加快涉农新项目引进步伐

明水县引进了由浙江农发集团控股重组的黑龙江绿色农业发展集团，投资1.9亿元建设了集果蔬种植、加工冷藏于一体的绿色蔬菜产业园区，企业的有机瓜菜生鲜产品将通过北京山水间种植园公司分销平台，直供北京3000个会员；冷冻蔬菜切片产品与山东莱阳蔬菜商会合作，出口到日本和韩国等国家和地区；其他绿色瓜菜基地通过私人定制、线上下单、定期配送的方式，直供"哈大齐"等周边城市会员。明水县引进了黑龙江阳光黑土集团投资5000万元，建设"寒地黑土"明水电商产业园，整合加工黑龙江、吉林、辽宁、内蒙古四省农特产品，借助线上销售平台"买四省，卖全国"。明水县还引进了浙江联盛公司投资3000万元，建设淘缘明农产品批发大市场，并将其建成辐射哈北地区的农特产品线上与线下批发交易大市场。

(3) 县域电商的快速发展，带动了尊鼎酱菜、西林湖酱菜、高米休闲食品等适合在线上销售的小型食品加工企业的引进落户，丰富绿色食品产业结构

6

县域电商——业务推动型

寿光　常山　泗洪

6.1 山东寿光：蔬菜之乡触电记

高翔　山东省寿光市委常委、副市长

【案例背景】寿光市位于山东半岛中北部，渤海莱州湾南畔，是"中国蔬菜之乡"和"中国海盐之都"，有80万亩蔬菜、40万个蔬菜大棚，年销售蔬菜上百亿元。寿光市也是全国最大的海盐生产基地，每年可生产原盐420万吨、溴素4万吨、溴制品10万吨，分别占全国的1/8、1/6和1/3。为主动适应电子商务发展的"新常态"，寿光市大力推进"电商换市"，实现以电商经济助推品质提升、转型升级，初步形成了以农村电商、青年电商、企业电商三大平台为支撑，线上与线下、境内与境外、农村与城市"三路并进"，政府、企业、商户"三方共赢"的良好发展态势，探索走出了一条县域经济与电商产业融合、协调、同步发展的新路子。2015年，寿光市全市电子商务企业达到350家、各类网络商铺有5800家，1～11月实现电商交易额115.6亿元，并成功获得2016年全国县域电商大会主办权。

1、"筑巢引凤"，搭建创新创业载体

寿光市积极构筑区域性、专业化电商平台，稳步推进农村电商平台、青年电商平台和企业电商平台三大平台的建设，有效对接电商企业基础性需求。

（1）与阿里巴巴合作，搭建农村电商平台。寿光市首批启动了23个农村淘宝点，与村淘寿光服务中心同步装修。寿光市免费为电商配套了3000平方米的自由办公区，开通了免费的光纤宽带、Wi-Fi，由电商协会牵头管理和孵化。自2015年以来，电商协会已免费培训9000余人次，吸引新增电商创业1000多人。为更好地发挥村淘寿光服务中心的带动作用，寿光市将村淘所在园区定位为寿光CED电子商务聚集区，引导区内企业、商户由单纯的线下实体店向O2O发展；同时，为新进电商从业者提供两年免房租优惠，新引进电商40多家。寿光市在文家街道专门成立了电商物流产业服务办公室，

向聚集区配套了仓储、包装、配送、金融、会计代理、快餐服务等业态，建设了寿光电商精品展示区，并举行厂商电商见面会、订货会等活动，极大地方便了电商创业。

> 目前，网圣数码、赛维果蔬、六丰采暖等一批电商龙头企业入驻寿光市，文家街道桑家村、侯镇草碾子村等成为全省首批"淘宝村"，双王城、寇家坞等4个村入选全省首批"省级电商示范村"。全市有5000多种蔬菜、种苗，200多种土特产、农特产实现上线销售，日订单量达到3.2万份，年交易额达到26亿元。

（2）与建设银行总行合作，搭建青年电商平台。寿光市与建设银行总行签订了电子商务金融战略合作协议，启动了全国首家县级网上展馆——"善融商务·寿光馆"，开通了全省首家青年电商网站，配套设立了青年电商服务中心、青年电商发展联合会等服务机构，总投资1.1亿元、占地1.2万平方米的青年电商孵化大厦成为"省级青年创业孵化基地"。寿光市还组建了青年电商发展联合会，搭建民间电商交流平台，建立人才培养机制。目前，分行组织入驻蔬菜企业（合作社）精选优质产品，在善融商务企业商城开展多次限时抢批活动，活动交易接近700笔，金额接近300万元，有效扩大了"寿光蔬菜"这一城市名片的影响。

（3）与易商平台合作，搭建企业电商平台。寿光市以国家级科技孵化器——寿光软件园为依托，全力打造全省最大的在线中小企业孵化器，目前已有中国普天、恩源科技等102家电商企业、研发机构入驻，从业人员超过1500人，年产值突破10亿元。科苑科技成功入选"全国文化进出口重点企业"，预计全部建成后，线上交易店铺将超过5万家，交易规模达到100亿元以上。注册资本300万元的冠辰经贸以经营包装纸、印刷纸做跨境电商，为全球各地印刷包装企业提供原材料，产品销往中东、南美、非洲等国家和地区，月交易业务为 10~15 笔，月营业额为 300 万元，2014 年全年销售额为 3093 万元。

2、推进"电商换市"，加快线上与线下融合

2014 年寿光市全市企业销售网络覆盖全球 200 多个国家和地区，完成进出口总额 33 亿美元，同比增长 24.7%，高于全国 22.4 个百分点。

（1）推动实体市场上网。寿光市运用电商手段加快现有专业市场、大型商场、购物中心的整合提升，加速"实体市场"向"网络商城"转型，规划建设了 CED 电商产业园、西城电商产业园、全福元"天天购物"商城等重点项目，其中"九州书画城"成为全国最大的书画类电商平台。目前，寿光市正在积极对接万达广场、中粮集团等电商巨头落户，争取实现 2015 年的电商营业额突破 120 亿元。

（2）推动制造企业上网。目前，寿光市全市规模以上企业的电子商务应用比例达到 75%，产品上线率达到 60% 以上。2014 年，寿光市天成集团的"路斯"宠物食品在天猫、京东、亚马逊、苏宁等电商平台上线后，月销售额突破 50 万元，占国内市场份额的 30%，目前其正在筹建全球首家宠物食品电商平台。寿光市晨鸣纸业入选全国首批两化融合管理体系贯标试点企业。

（3）推动农业展销上网。寿光市依托仓圣网、农圣网，积极探索"定制农业"、"基地直供"、"原产地直供"等特色电商营销模式，加快涉农企业与电商市场的高效对接、强强联合，实现"买全球，卖全球"。目前，寿光市农产品物流园、稻田果菜批发市场全部实现了电子平台交易，其中，农产品物流园日交易量突破 2000 万公斤。2015 年寿光市举办了农产品青年电商线下交易会，在交易会开幕当天签约合作意向书 13 份，交易额突破 8000 万元，开启了"互联网+农业"的新型电商发展模式。

（4）推动特色旅游上网。按照"南蔬菜，北生态"的旅游发展思路，寿光市高标准建设了蔬菜高科技示范园、弥河生态农业观光园、林海生态博览园、洰淀湖生态旅游区等旅游资源，打造了菜博会旅游品牌。目前，全市 4A 级国家旅游景区达到 4 家。同时，寿光市还运用微信、微博、手机客户端等

新媒体平台，大力宣传推介蔬菜博览会、"水上王城"等旅游品牌和旅游产品，特别是在 2015 年，寿光市探索建设了"网上菜博会"新型推介模式，实现了菜博会在网上的可视、可感、可玩，打造了永不落幕的农业盛会，在"五一"黄金周期间，全市共接待游客 81.6 万人次，实现旅游收入 1.8 亿元。

3、打造"全链条服务"，营造一流发展环境

（1）优化政策服务。寿光市在认真贯彻落实国家、省支持电商发展优惠政策的同时，研究出台了《寿光市关于鼓励和支持电子商务发展暂行意见》，开辟网络创业"绿色通道"，为创业者提供零成本、一站式服务；设立了 1000 万元的财政引导专项资金；对淘宝村、电商楼宇等电商产业园区进行补贴；建立电商公共服务中心，开辟网络创业"绿色通道"；支持与阿里巴巴"千县万村计划"对接，鼓励创办淘宝"特色中国"寿光馆；对电商协会、寿光电商圈开展的电商人才培训活动进行补贴；对电商产品开发、品牌培育、场地租赁、物流快递进行扶持；把就业大学生、农村青年等群体网上创业，优先列入贴息贷款扶助范围，引导各类创业群体挖掘电商经济"蓝海"。

6 县域电商——业务推动型

（2）优化物流服务。寿光市在城区东部重点推进了总投资6亿元的果菜批发市场建设，并利用信息化手段规划建设电子商务平台，实现果菜即期现货交易、蔬菜种权交易和果菜现货拍卖交易，全力打造全国最大的果菜专业批发市场。项目全部建成后，年交易规模达到15亿斤，年交易额达到30亿元。目前寿光市电子商务平台网站已建成，交收仓库、质检机构等配套设施完备。在寿北沿海地区，依托建设中的寿光港，寿光市大力发展临港物流，已落实过亿元的物流项目有5个。在城区西部，寿光市启动了总投资80亿元的国际商贸城、农产品物流园、渤海物流园、晨鸣物流园"一城三园"重点物流项目建设，其中，总投资20亿元的农产品物流园于2009年11月竣工运营，蔬菜日交易量达到2000万公斤，其发布的"中国·寿光蔬菜指数"成为全国蔬菜价格变动的"晴雨表"。

目前，寿光市全市初步形成了东部果蔬物流、北部临港物流、西部市场物流三足鼎立、功能互补的现代物流发展格局。寿光市还大力发展第三方物流，目前，顺丰、中通、汇通、申通等67家物流企业在寿光市设立了中转站，传化物流"公路港"项目即将入驻，实现了电商"最后一公里"终端配送网络全覆盖。

（3）优化人才服务。寿光市把人才作为电商经济发展的核心支撑，大力发展"万人电商大培训工程"和加快实施"科技小巨人培育工程"，加大科技创新投入，以及孵化器、集聚区建设。寿光市积极实施高层次创新创业人才"双百计划"和"招才引智"工程，设立了5000万元的高层次创新创业人才扶持基金、高新技术产业发展基金，2014年新引进各类高层次人才426人、国家"千人计划"特聘专家4人。寿光市深入推进技术创新载体建设，拥有中国海洋化工、石油装备、防水材料三大国家级产业基地，累计建成省级以上高新技术企业26家。寿光市将工业化与信息化深度融合，与台湾电电公会合作，创新搭建了能源网与运筹网平台，推动企业节能减排，优化进销存流程。

目前，能源网已完成数据中心、支撑数据库及管理系统建设，计划培训1000名能管员；运筹网正在建设采购招标系统，计划对30家重点采购商企业进行培训，预计将吸引1000家以上供货商企业加入运筹网。同时，寿光市还组织62名企业家、有关部门负责人到义乌党校进行专题培训，以及引进淘宝大学、阿里学院等第三方培训机构，举办各类电子商务培训220期，力争在2~3年内，把全市企业和市场经营户全部轮训一遍，从而打造多层次、有竞争力的网商专业人才队伍。

（4）优化信息服务。寿光市以"智慧寿光"建设为抓手，持续加大投入力度，以城区、中心镇和电子商务园区为重点，加快信息基础设施升级和"三网"融合。目前，寿光市的无线网络覆盖相对完善，形成了以2G网络为基础，3G、4G和WLAN提供高速数据接入的三层无线网络体系。联通、移动等通信运营商先后投资3.5亿元实施了城区骨干光缆网、城域网升级改造、宽带网扩容、村村通和户户通光缆等通信基础设施建设，在年内实现公共场所免费Wi-Fi全覆盖，以便捷、通畅的网络，推动电商经济健康快速地发展。

6.2 浙江常山：经济弱县如何走上电商快车道

王郁松　浙江省常山县委副书记

【案例背景】常山县，浙江省衢州市辖县，素有"四省通衢，两浙首站"之称。自2015年6月6日常山县首批10个农村淘宝村级服务站开业以来，就不断创造着各项纪录：何家乡何家村服务点在开业当天订单金额突破60万元，刷新全国纪录；全县服务点在开业首天订单金额超过100万元，同样为全国最高。在农村淘宝的推进过程中，常山县创新地提出"服务农民生活、服务农村生产、服务基层组织、服务新型农人、服务弱势群体"的市场定位，并以此制定标准，提前调研摸底，根据各主体需求提供"订制"式服务，通过让农村群众受益来打开市场。注：个别统计数据仅限于统计截止时间。

常山人所理解的农村淘宝在做的就是两件事情，它的直接目的就是改变农村的生活、农村的生态，深层次的目的是改变他们的意识。常山县是一个农业大县，也是一个生态大县，这里有非常优美的环境，是钱塘江的源头，这就是做农村淘宝的大土壤。

常山县农村的电子商务基础非常薄弱，但是农村淘宝从6月开始在1个月的时间里就已经发生了很多奇迹，其6月的总订单为5400多笔，村月均销售额达到21.6万元。常山县把农村淘宝作为一项中心工作，不仅仅是一把手工作，而且是定义为农业农村经济发展转型的非常关键的抓手。

1、常山农村淘宝的基本定位

常山县希望能够探索出一条互联网＋农村的路子，把农村淘宝定位为具有5个服务的功能：第一，能服务农民生活，提供质优价廉的产品。第二，能服务农村的生产，助推农村发展。第三，能服务基层组织，节约初级公务采购。第四，能服务新型农人。第五，能服务弱势群体。

农村淘宝要满足农民的期待：第一，是不是真的便宜？你给农民买10件东西有1件贵了，他都觉得贵了，所以一定要力求达到100%便宜。第二，是不是应有尽有。第三，有没有售后服务。第四，有没有金融服务。第五，能不能助卖农产品。如果大家都想卖这个产品，但没有人买，那么你的产品就卖不出去；大家都想买，那么你的产品就不愁卖。常山的农村淘宝合伙人，都要成为真正有水平的营销专家，如果这些合伙人今天能把淘宝上的产品卖给村民，相信有一天能够反向地把村民的产品卖给淘宝上的用户。

2、推进农村淘宝的几个关键点

（1）做出五个影响。你不大可能可以改变一个人，但是你肯定可以影响一个人。第一是影响绝大多数人，就是在面上形成影响，让大家对农村淘宝有一个认识；第二是影响少数人；第三是影响工作的执行层；第四是影响乡村村民；第五是影响在外的年轻人。

（2）五条标准选人。农村淘宝合伙人的选择标准有五个，第一，一定要是本地户籍，而且要有一定关系的当地人。第二，得有一定的学历和相关的网络知识。第三，服务意识要强，要有一定的营销经验。第四，要有创业心。第五，要优先选择40岁以下的青年合伙人。

（3）建立有效机制。常山县农村淘宝合伙人的培养机制里面，非常重视合伙人之间的交流。另外，运用村淘工作管理平台发布产品，做到了信息的高效共享与传播。

（4）做好政策配套。常山县首先以县政府名义选择与一个大的平台合作，将激励政策纳入了村点考核，专门做了一个农村淘宝4+1的指南，制定了细则，把淘宝能够当作村村通公路那样去做，最后一定要达到村村通农村淘宝，这是基本要求。

> 在推动农村淘宝的时候，常山县的力度非常大，举行开幕式时，政府开会的方式也变了，团县委在牵头，搞了五个开幕式，第一个开幕式发布了农村电商建设标准，称之为白皮书。第二个开幕式发布了农村淘宝的4+1工作指南，其中以图解的方式介绍县级、乡镇级、村级包括合伙人到底要做什么，以及"农村淘宝答疑解惑30问"。第三个开幕式发布了农村淘宝合伙人网上工作平台。第四个开幕式发布常山县各村与农村淘宝服务站采购协议。最后一个开幕式发布了一个数据，在开业的两个小时之内常山县一个村点的交易额便突破了60万元，这就是常山标准。

常山县的工作指南重点解决实战性、操作性的一些疑惑问题。评价体系一共包括六个方面，第一是服务职能水平，第二是服务点的建设水平，第三是业务覆盖能力，第四是合伙人的培训水平，第五是政策扶持水平，第六是公共配套水平。这六个方面基本能够概括一个县域农村淘宝发展的整体状况。

3、做强农村淘宝的三个关键点

农村淘宝1.0在村里面选点的时候首先要考虑这个村点在村里的位置，它是否是人流集聚的地方，大家是否经常来。选点比选人重要，在农村淘宝1.0时代就是要选择一个好的点。农村淘宝2.0时代，"村淘"做了非常了不起的创新，发现其实人比点重要，固点不固人，所以推出了一些合伙人制度，要发现一些有潜力的合伙人。但是在实践中这还远远不够，不能够确保业绩。

未来农村淘宝合伙人机制要真正做大,必须具备三个最重要的标准。

第一,合伙人一定不是某一个人在战斗,要建立四级的导师合作制。在农村一定要考虑到村书记的感受,如果农村的合伙人得不到村书记的支持,是做不起来的。不管是做农村淘宝还是做村点合伙人,最重要的就是要与农村的生态、农村的文化结合起来,这个文化就是农村的基层党组织建设,村里的第一书记、村主任一定成为农村淘宝合伙人的导师。常山县有四级导师制度,县里面的分管领导是全县合伙人的总导师,乡镇的领导是合伙人的责任导师,村书记、村主任是农村淘宝的操作导师,还有一个导师是县里面做电子商务的这些企业主,他们是农村淘宝合伙人的业务导师,其中最重要的导师就是村里的村书记、村主任,他们要跟农村淘宝合伙人建立深度的关系。

第二就是村点景点化。如果要让村里的农村淘宝真的让老百姓信服、信任,到你这里形成长久的消费关系,那么就要让你的村点精品化,要把未来电子商务的形态都集中到这里,要把农村淘宝的代购点跟农村的文化礼堂同等对待。如果你没有把这些地方做成村点,大家不愿意去,则仅仅靠亲戚朋友去买是绝对不能持久的。

第三,将农村这些村点纳入全县美丽乡村建设中,并作为其中一部分,这与农村淘宝的村点精品化是一脉相承的。

6.3 江苏泗洪：洪泽湖上的村淘号

朱长途　江苏省泗洪县委副书记

【案例背景】泗洪县地处江苏西北、淮河下游，东临洪泽湖，西与安徽接壤。从2015年4月26日与农村淘宝合作签约到2015年6月6日开业，仅仅40天，该县就创造了农村淘宝项目推进速度全国第一的骄人成绩；石集居村淘宝点在开业当天营业额便突破51万元，刷新了此前农村淘宝开业当日销售总额的全国纪录；上塘镇垫湖村淘宝点在开业当天实现营业额324万元，再次刷新全国纪录；淘宝年中大促时，穆墩岛村淘宝点的营业额位居全国第一，被农村淘宝评为全国第一"土豪村"。借助农村淘宝，泗洪县在不断探索、尝试的过程中，走出一条"市场主导＋自建平台＋政府推动"的电商发展模式，推动全县电子商务发展驶入快车道。截至2015年11月，该县电子商务交易额达38.4亿元，同比增长175%，现有活跃电商4370家，月发件量126万余件。泗洪县被评为"江苏省信息消费试验区"、"农村淘宝全国优秀示范县"、"全国农村淘宝赶集惠示范县"；该县祖姚村被评为"江苏省农业电子商务示范乡镇"、"江苏省一村一品一店示范村"，入选首届"全国大众创业万众创新活动周"，并接受李克强总理检阅；缤纷泗洪网络创业产业园成功入围电子商务园区"朱雀奖"全国20强，获批"江苏省电子商务人才培训基地"、"江苏省创业孵化基地"称号。注：个别数据统计仅限于统计截止时间。

一部《世界再大，也要回家》的温情短片在网上被热传，让更多的人关注一个发生在泗洪穆敦岛的故事。这个小岛是洪泽湖中唯一有人居住的小岛，从码头开着快艇过去大概需要20分钟，交通不便捷对岛上居民的生活影响较大。2015年6月6日，星期六，一个非常吉利的日子，泗洪农村淘宝县级服务中心盛大开业，穆墩岛也开通了全国唯一的岛上农村淘宝点。随着农村淘宝的入驻，打通了农村电商物流的"最后一公里"，借助阿里巴巴自身的物流渠道，岛上的居民可以很方便地在家门口收货，不出村就可以"买全国"。岛上的农村淘宝合伙人田千春在帮助村民代买代购的同时，也积极地把岛上村民养殖的大闸蟹等农特产品通过农村淘宝平台外销全国。农村电商的物流瓶颈被打通，人才开始选择回归，让人们看到了在农村发展电商的可能性和无限生机。如今的穆墩岛，每当满载货物的淘宝号驶向岸边时，早已等候的村民便围过去，开心地挑拣自己的快递，原本偏僻宁静的小岛，因为互联网的接入，变得喧闹繁荣起来。

2015年6月5日，阿里巴巴副总裁、农村淘宝事业部总经理孙利军（前右），体验穆墩岛村淘宝点快艇送货

1、农村淘宝给泗洪带来了什么

在很多人眼里，"农村"这个词很土，"淘宝"这个词很潮，而"农村＋淘宝"便显得既接地气又很时尚。泗洪县从思想深处认识到，农村淘宝绝不仅仅是做生意。阿里巴巴的农村淘宝项目正在试图通过网络社区与现实社区的重合、融入，让村民不背井离乡就能过上与城里人一样的生活，甚至还是让城里人

羡慕的更好的生活，例如有可以深呼吸的新鲜空气、可以大口吃的绿色食品。从这个意义上来说，"农村淘宝"是一项惠民、便民、利民的民生工程！

（1）农村淘宝方便了百姓生活

农村淘宝打通了农村物流的"最后一公里"，让老百姓可以买到更丰富、更便宜的商品，让村民在家门口就可以收货、取货，可以享受更便利的网上缴纳水电费、购买车船票乃至金融等更多的服务。

（2）农村淘宝促进了人才回归

农村淘宝给了外出务工青年一个能够回乡创业的机会，让年幼的孩子在父母的陪伴下快乐成长，让年迈的父母在儿女的侍奉下颐养天年。泗洪县农村淘宝自运行以来，半数以上的合伙人此前都是在外地打工，回来经营农村淘宝服务站后，平均月收入可以达 3000 元左右，最高的合伙人月收入已过万元。从"世界那么大，我想去看看"到"世界再大，也要回家"，这是一种情感的回归，更是对乡愁的深情呼唤！当这些熟悉互联网的"80 后"、"90 后"、"00 后"回归家乡，替代父辈开始成为经营乡村的主力时，"留守儿童"、"空巢老人"将会成为历史名词，亲情可以不再流浪，家庭变得更加温馨。

（3）农村淘宝推动了城乡共融

农村淘宝让乡村再次搭上现代文明的"动车"，随着农村电子商务良性生态圈的建立，乡村文明的基因将被再次激活，乡村将会再次焕发出新的生机！农村的青山秀水、蓝天白云会成为城市人休闲、娱乐的理想去处；中国也将会走出一条集生产消费于一体、城乡共融发展的新型城镇化之路。

2、携手农村淘宝，泗洪做了什么

随着电子商务的深入发展，县域成为电子商务发展的热点，特别是农村电商有市场、有就业、有收入，对于农村农业的发展具有重要的推动作用。基于对农村电商深刻的理解和认识，泗洪县县委、县政府把阿里巴巴当成战略合作伙伴，把农村淘宝当成自己事业中不可或缺的一部分，凝心聚力、攻坚克难，推动了泗洪县电子商务持续、健康、快速发展。重点做了以下几方面工作。

(1) 高位推进

县域电商是一项复杂的系统工程，涉及方方面面，需要当地政府统筹协调、合力推进。在推进机制上，泗洪县成立以县委书记为组长，分管县领导为执行组长，组织、宣传、人社、经信、商务、农委、水产、旅游等部门和单位为成员的电子商务工作领导小组，高位协调工作中遇到的各类问题和矛盾，做到当阿里巴巴有要求时，确保第一时间有回应、有措施、有成效，真正形成了促进电子商务健康发展的工作合力。具体负责农村淘宝的执行组长，组织召开了多次工作推进会，确保了广大党员干部从思想上高度重视农村淘宝的推广。

(2) 严格标准

要推进农村淘宝，前提是选点，关键在选人。泗洪县总结出一套农村淘宝点和合伙人的选择标准，即农村淘宝点的选择坚持"三个尽可能"：尽可能集中连片、沿路沿线；尽可能人群聚集，增大购买潜力；尽可能丰富农副产品，便于产品上行。

合伙人的选择坚持"三个必须要"：必须要全职，不能兼职；必须要有网购经验，懂电脑操作；必须要有事业心，不怕吃苦。

(3) 实抓实做

蓝图已经绘就，关键在于落实。泗洪县要求各乡镇在进镇、进村的显要位置布置宣传墙、高炮广告，广泛宣传阿里巴巴的文化，宣传农村淘宝的意义；县分管领导深入全县对所有候选村"村村查"，对所有初定合伙人"个个见"，对所有新开淘宝点"家家到"，对村淘宝点营业额"天天清"，保证了在每个细节上做到精益求精，在每个环节上做到丝丝入扣。

(4) 快字当头

电子商务已经成为整个社会经济体系中越来越不可被忽视的力量，是泗洪县经济转型升级的有效途径。泗洪县以时不我待的紧迫感，充分调配各方资源，在场地、资金、人才需求等方面给予农村淘宝项目全力支持，保障了农村淘宝项目的快速落实。目前，泗洪县的农村淘宝村级服务站已经建成180个，实现全县农村行政村全覆盖。

3、通过农村淘宝，泗洪还开展了哪些合作

大数据、跨境电商、农村淘宝是阿里巴巴集团三大战略，农村淘宝作为一艘先行驶入农村电商蓝海的航空母舰，未来会有越来越多的阿里资源落户于此，打造农村淘宝生态圈。泗洪县在推进农村淘宝的过程中，立足本县实际，积极对接阿里巴巴集团更多优势资源落户泗洪县，形成了与各种电商资源深入融合、协作发展的良好局面，提升了泗洪县电商整体发展水平和对外宣传形象。

(1) 完善缤纷服务项目

农村淘宝落户泗洪县后，其农村淘宝1.0模式是村淘合伙人帮助村民代买代卖，实现了产品双向流通；在后续推进中，泗洪县更加注重村淘服务站的配套服务，植入以免费图书、免费电影、免费Wi-Fi、亲情电话、社保服务、儿童娱乐、免费饮水、创业培训为主要内容的"八个一"缤纷服务项目，打造农村淘宝2.0模式，将村淘服务站由代买代卖的村淘宝点升级为面向群众的服务点；鉴于农村淘宝合伙人具有良好的网络操作技能，泗洪县以村淘合伙人为切入点，鼓励他们对本村创业青年、村民开展培训，与其抱团创业、共同致富，从而孕育了农村淘宝3.0模式。泗洪县对农村淘宝服务点进行全面提升，在全国首创"最美村淘点"评选，提升了合伙人的经营积极性。泗洪县在全国率先将农村淘宝打造成为服务三农的综合生态服务中心，引领着村民的生活方式、消费方式的根本转变，带动着村民的生产方式、销售模式的积极创新。

"最美村淘点"之石集居（左）和全国首家非制式化装修村淘点穆墩岛（右）

(2) 开展蚂蚁微贷试点

电商企业大多以中小企业为主，企业规模较小，资金弱，资产少，大部分缺乏融资抵押物，融资难极大制约了这些中小电商企业的发展，亟需各种金融元素的支持。泗洪县被列为"蚂蚁微贷"全国首批试点县，蚂蚁金服集团为广大电商从业者、种养大户、专业合作社等创业群体提供纯信用贷款，积极支持他们扩大经营规模，提高经济效益。

(3) 推动特色产品上行

泗洪县是传统的农业大县，生态环境优良、农业资源丰富，泗洪大米、泗洪大闸蟹是国家地理标志认证产品。泗洪县在发展电子商务的过程中，积极把境内能够电子商务化的产品互联网化，推动产品上行。2015年9月19日，通过农村淘宝，泗洪县联手阿里巴巴集团的聚划算、周末淘宝，举办首届缤纷泗洪网上螃蟹节，连续50小时，淘宝网支付金额、买家数、访客数在全行业中排第一；活动总销售额超过800万元，荣获"单次聚划算活动促销量最多的大闸蟹"世界纪录。

(4) 开设淘宝特色馆

泗洪县的"缤纷泗洪特色中国馆"项目已获得阿里巴巴集团批准，通过淘宝特色中国馆，泗洪县原生态、纯天然、高品质的当地特产及优质、高效的工业产品得以在全网展示，切实提高了泗洪产品在网络上的知名度和美誉度。

4、依托农村淘宝，泗洪如何打造网络创业新生态

农村淘宝泗洪服务中心的门前有一副对联：缤纷泗洪＋淘宝，买卖方便好逍遥。农村淘宝来了以后，在泗洪县激起了化学反应，掀起了一股网络创业浪潮。

电子商务本属于自发经济，泗洪县在发展电子商务的过程中，主动探索，积极创新，走出了一条"市场主导＋自建平台＋政府推动"的泗洪模式。在推动电子商务发展的初期，泗洪县县委、县政府便采取政府购买服务方式，成立混合所有制公司——缤纷泗洪电子商务有限公司，由它来完成本身由政府推动的工作，推动了全县电子商务的蓬勃发展。这里选用几个关键词来简要地介绍一下泗洪县农村电子商务的发展情况，从中可以窥见泗洪县在依托农村淘宝项目开展过程中，对发展县域电子商务所做出的积极探索和努力创新。

（1）关键词一：六六培训

思想是行动的先导，只有认识到位，行动才会自觉。泗洪县在每周六晚上六点准时举行电商培训，由淘宝讲师、网络创业成功人士进行一些落地、实用的电子商务培训，让各级干部、家庭农场主等群体接受培训，接受互联

网思维,加深对电子商务的理解和认识。目前,全县已培训人数超过 3 万人次。

(2) 关键词二：创业小钱包

电子商务作为新兴产业正处于快速扩张时期,需要政府在财政、税收、投融资方面加大扶持。泗洪县先后出台一系列鼓励和支持电子商务发展的实施意见和优惠政策,设立 1000 万元电子商务发展专项资金,对基础配套、平台建设、电商服务等方面加大帮扶力度。特别是对于广大小微企业、电商企业,泗洪县开发了贷款条件最少、办理时间最短、银行利率最低的"创业小钱包"金融产品,帮助企业解决贷款难、贷款贵问题。目前,"创业小钱包"已累计发放超过 3 亿元,有效地解决了企业融资难题,推动了企业持续健康地发展。

(3) 关键词三：一村一品一店

为推动农村电商形成良好的发展氛围,泗洪县贯彻落实江苏省、宿迁市的部署安排,将现代农业和互联网有机结合起来,引领农业走生态、高效、特色发展之路,着力构建以"一村"培育"一品"、以"一品"做响"一店"、以"一店"致富"一片"的农村电商发展新业态。

(4) 关键词四：三级服务体系

泗洪县把建立园区作为推动电子商务规模化、标准化、产业化发展的重要抓手,把自建平台作为政府和市场紧密联系的有效载体。构建电子商务县、乡、村"三级服务"体系,营造浓厚的网络创业氛围,引领更多的群众投身网络创业,助推农村电子商务的发展。在**县级层面**,泗洪县建设缤纷泗洪网络创业产业园,农村淘宝县级服务中心的入驻让该园的销售、仓储、物流、培训、体验等功能更完善；每月 8 日左右,泗洪县举办不同主题的电商节,面向社会普及宣传电商知识,引导更多的人认识、了解、从事电子商务。在**乡镇层面**,泗洪县依托全县 23 个乡镇工业集中区,建立缤纷泗洪乡镇创业园(孵化中心),发挥其培训、孵化和集聚功能。在**村居层面**,泗洪县在落实好"一村一品一店"的同时,依托农村淘宝服务站,推动"网货下乡"、"农产品进城"

双向流通。

（5）关键词五：O&O

作为 O2O 的升级版，O&O 实现了线上与线下的高度融合发展，泗洪县通过打造"缤纷泗洪县"电商平台，把泗洪县境内能够电子商务化的产品尽可能地收集展示，实现互联网化，既为本地产品拓展了销售渠道，又为电商卖家提供了网货资源。

"缤纷泗洪"O&O 体验馆

（6）关键词六：定制经济

泗洪县坚持把发展定制经济作为撬动产业转型升级的支点，支持实体企业通过模块化的生产方式，为终端客户提供定制消费产品，实现新的销售模式和新的生产模式有机结合，促进实体经济走线上与线下融合发展之路。在具体操作上，泗洪县统一使用"缤纷泗洪"互联网品牌，重点推出"4+X"系列产品，其中的"4"是指第一产业的泗洪大米、泗洪大闸蟹，第二产业的泗洪白酒以及第三产业的旅游 4 种特色产品，"X"主要是指其他泗洪县地产品。

泗洪县的"4+X"定制产品

当前，网络强国已经成为国家战略，在鼓励产业创新、促进跨界融合、惠及社会民生等方面，正发挥着越来越重要的作用。泗洪县正按照宿迁市委、市政府提出的"推动实体经济和互联网经济两翼齐飞"要求，通过电子商务的快速发展来推动全县经济社会发展，实现"洼地崛起、健康转型"。

农村电子商务的发展，注定不是百米冲刺，而是一场马拉松比赛，关乎情怀、耐力和智慧。泗洪县一直在探索，一直在实践，一直在路上！

7

县域电商——公共服务体系

人才培养　产业园服务　农业品牌服务
营销策划　供应链整合

7.1 县域电商启航，公共服务先行

王军龙　丽水讯唯电子商务有限公司总经理

县域电子商务的发展推动支撑体系的建设，没有支撑，体系里面的链条就会断裂。区域电商的发展需要一个支撑体系，不管是自上而下，还是自下而上。

1、区域电商支撑服务体系

在政府眼中的服务支撑体系会是怎样的，笔者在这里进行一些梳理，认为一个区域电商的支撑服务体系包括如下六个方面：

（1）政策的支撑。包括组织架构的内容、区域电商领导小组、电商的专项推进政策和专项资金管理办法，等等。

（2）培训、见习基地。电商需要培训、见习基地来鼓励创业，整合草根人才。

（3）服务中心。现在其他地方有协会或电商办的形式，这只是不同的叫法而已，但都属于服务中心。

（4）平台的建设。人集聚的平台，包括协会组织；货集聚的平台，包括特色馆和产业带；第三产业集聚的平台，包括产业园、集聚的孵化楼、孵化中心。到底是要做产业园、孵化楼还是孵化中心，取决于当地电商发展的水平。笔者也跟很多县长交流，不要动不动划出100亩建大型的电商产业园，先去问问网商有没有这个需求，要不要那么多的办公场所，要不要到这些地方来集中办公。

（5）创业比赛评比活动，沙龙、论坛及线下传播的活动。这个在政府眼中也非常重要，不知道你有没有碰到过这样一些案例，特色馆上线之后，当地好多领导过来考察，就问特色馆建在哪里，认为会建在哪条街上。针对类似的这种情况，则需要很多线下的传播活动来宣传，或者资源掌控方有这

方面的触点可以了解这是怎么回事。

（6）应用普及方面的内容，包括村淘、赶街等项目。大家一直说如何有效对接政府资源，可以站在政府的角度去思考，部分内容和服务推进之间会有怎样的关联。

2、服务商在区域电商支撑服务体系中的四个定位

对应政府的支撑体系内容，服务商这个主要的支撑角色，又有什么特点，我们认为会具备这样的一些要点：

（1）团队的组建。区域电商服务商与电商运营不同，其实以县域为单位的服务商，前期可能会成为一个综合体的服务商，因为你的资源相对有限，什么都要做一点，做很单纯、很纯粹的服务商会比较困难。

（2）政府的对接。政府的支持不等于一定要给到你白花花的银子，世上没有那么好的事情，有一些政府语言和频道，以及对这件事情价值逻辑思考的一些内容，是需要与政府对接的。

（3）公共服务。在去推进市场的过程当中，很多时候涉农品牌的电商风险特别高，这个时候建议大家操作时要把市场业务和公共服务分开。

（4）组织保障。区域电商发展如何师出有名，如何进行项目化的一些对接和判断政府是否真的很支持，我们要去看各方趋于这方面的一些呈现。

3、做电商综合服务商的关键是人才

去做落地的综合性服务商，人的储备比较重要。

（1）要有运营人才。平台运营这一块，假设未来去做一些馆，或者其他的特色频道产业带，就要关注当地的一些门户网站的编辑人才。如做丽水县县域电商时，对于整个丽水的特色等经常描述不清楚，经常被市政府领导批评。碰到类似的困惑时，当地门户网站的编辑和传统商超企业的主管，在前期的特色馆运营上，起到了很大的作用。

互联网+县域：一本书读懂县域电商

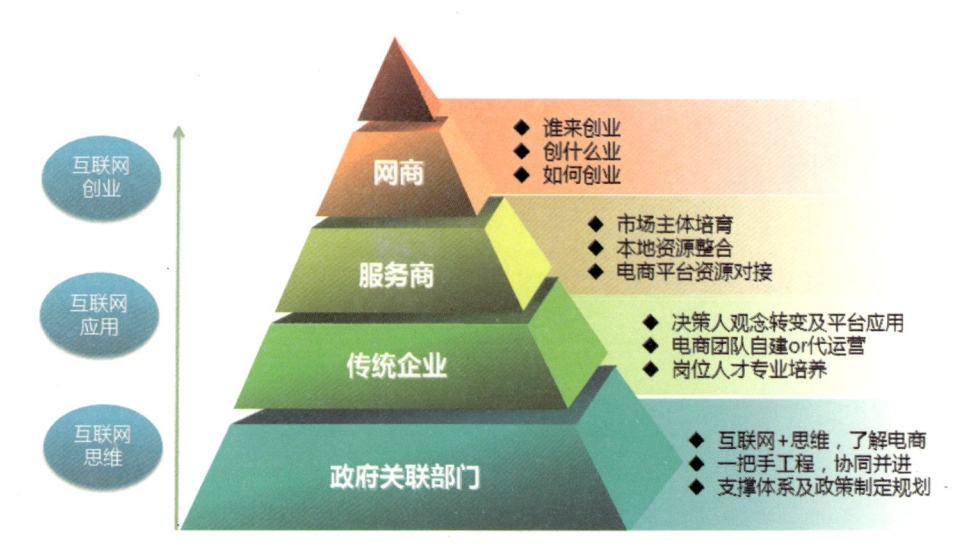

（金字塔图：从上至下为 网商、服务商、传统企业、政府关联部门；左侧标注 互联网创业、互联网应用、互联网思维）

- 网商：谁来创业、创什么业、如何创业
- 服务商：市场主体培育、本地资源整合、电商平台资源对接
- 传统企业：决策人观念转变及平台应用、电商团队自建or代运营、岗位人才专业培养
- 政府关联部门：互联网+思维，了解电商、一把手工程，协同并进、支撑体系及政策制定规划

（2）具有媒体传播能力的团队人才。这是比较重要的，特别是在县域做服务商的过程当中，很重要的一个工作是要用观念的一些引导，来获取相关的资源和自身转化，传统媒体和自媒体的人才在服务商团队里面是不可缺失的，必须要有很强的符号和声音去进行传递，和社会进行互动。

（3）资源整合与活动实施的人才。像咱们当地一些广告公司的策划人员，有在政府工作过的人员，还有的是政府外派人员。把我们的人派到商务局，或是派到相关地方去，把人派过去，工资你来发人家也是乐意的。之前省商务厅电商处阿里巴巴集团还派人去过，主要是对信息做一些相互了解和对称。

（4）具备货品与供应链能力的人才。很多人都在讲供应链和产品管理，这方面，相信大家已经有一些感知，一旦涉及货品销售，这是必不可少的内容。

（5）具备素材整理与培训能力的人才。在综合性服务商里面，培训这方面人才的方法，有一些是可以去借鉴的。一个培训机构课程的开发人员，可以组织在做电商运营过程当中擅于分享的一些人员来做培训。

4、服务商需要政府支撑的三大领域

一个区域电商服务商，要确定针对政府而言促进区域电商主体发展或者

产品销售的共同目标,这个目标考虑好之后,去跟市长、县长说,大家的目标也就统一了,这个是必须要去做到的。站在一个区域做一些衡量和思考的时候,在这个目标的进程当中,去梳理哪些问题是需要政府协助一起去解决的。下面几个比较重要的点可以去做:

(1) 品质监管与品质保障。个别工商部门领导经常说我们要加强监管,其实可以换个词,跟网商说是为你加强品质保障,那样每个网商都愿意全力配合,比如说卖橘子的网商,如果职能部门过来说,是免费为你检测,网商当然会支持,他们也希望卖出去的东西都有检测报告。但是你说我是来抽检,不合格就要罚款,网商会认为这是来罚款的,这是很现实的问题。要与政府沟通的就是这个内容,希望政府不要老想着监管,网商也希望卖的东西有品质保障,政府来协助网商一起来做保障,这是相互都得益的事情。政府也不希望自己的地标类产品有一些危机的事件发生。

(2) 组织推动与氛围建设。这也是政府乐意去做的事情。丽水能卖到三五百万元年销售额的网商跟县长、市长都有合影,这对年轻人是有激励作用的,对于整个区域电商氛围的拉动也会有很好的推动作用。

(3) 政府背书与平台的衔接。政府的支持和支撑,会带来很大的帮助。比如说沟通特色中国项目,都需要政府的授权书,也需要政府的领导跟服务商一起过来谈,包括与平台的一些对接,虽然说平台比较市场化,但是也会考量到政府领导的重视程度,这些是希望政府能够去配合的。政府也会很乐意配合,这些不等于钱,但是如果没有这些配合,会有很多阻力,在落地的时候比较难以推动。

7.2 电商园区如何在县域"硬着陆"

吴冬　杭州聚势企业管理有限公司总经理

电子商务园区的出现是网商发展到一定阶段的必然结果。从 2005 年至 2008 年，是淘宝网从百亿元到千亿元的发展阶段，伴随着淘宝网的迅猛发展，一批草根网商快速成长，进入到从个体户到中小企业的升级阶段。早期网商为降低成本、起居方便，普遍在民宅、农民房办公，而随着网商交易规模的不断扩大，原有办公场地越来越不能适应经营的需要。如淘宝网的年交易额，2005 年只有 80 亿元，但到了 2008 年就达到了 1000 亿元。随着网商群体的不断成长，正规化运营和集聚的需求开始出现，2008 年至 2010 年，在一些电商比较发达的城市，自发或有组织的电商聚集区开始涌现，这里比较典型的有：义乌青岩刘村、徐州沙集东风村、珠海网商创业园、杭州网商园，其中前两者是自发聚集，后两者是有组织的聚集。

网商的业务链条比较长，一家网商一般需要 5 种配套业务，如摄影、模特、美工、快递、培训等，分散经营的状况不利于资源的整合。把这些分散的网商聚集在园区内，提供高性价比的物业，通过聚集整合上下游资源提高网商的经营效率，是早期园区发展的基本模式。从实践来看，采用"抱团取暖"的方式，有组织地集聚中小网商，符合网商的发展需要。

1、电子商务园区对县域电商的六大意义

在杭州、深圳等电子商务发达的城市，随着电子商务向纵深发展，电商服务链条越来越完善，寻找相关资源越来越容易，已经有部分网商不再依赖于电子商务园区的配套。而在大多数城市，电子商务发展水平仍然较低，对于电商产业园仍有较大需求，主要因素有：

（1）目前县域电商整体发展水平较慢，仍以中小网商为主，电商环境和电商发达地区的三五年前相似，同样有"抱团取暖"的需要。

（2）电商发展进入多元化阶段，O2O、垂直电商、跨境电商、微商等新模式层出不穷，县域电商单靠个体很难适应快速变化的电商环境。

（3）县域电商中有较大比例是经营农副产品，产品的生产者缺乏电商的经营能力，需要为其搭建农村产品的电商服务平台。

（4）各级政府对电商日渐重视，电商已不再是草根自发成长的模式，以园区为基础集聚和扶持网商，已成为县域政府快速推动电商发展的重要手段。

（5）电商人才问题是个普遍问题，县域电商本身处于电商人才资源的下游，中小网商很难靠自己的力量解决人才问题。

（6）电商园区模式可以推动网商、服务商的聚集，通过"抱团取暖"的方式集中资源，园区内可以采用外包、合作、培训等多种途径，部分解决县域中小网商的人才问题。

2、县域电商园区的四大功能

县域电商园区主要由四个板块构成：园区运营、服务资源、销售资源、人才培养。其中，服务资源包括摄影美工、运营服务等；销售资源包括淘宝、天猫等；人才培养包括培训机构、院校对接等。由于篇幅有限，不展开讲解。

3、建设电子商务园区要因势利导

在发展县域园区的过程中，需要结合自身实际情况，部分电商基础比较

良好的地区可以直接发展电商园区，而大部分电商基础一般的县域，可以优先发展电商服务中心，同时在村级发展电商服务站，在市级发展电商园区，形成合理分布、逐级递进的电商生态结构。

总之，电商园区是网商规模发展到一定阶段的产物，必须因地制宜的进行规划，过早启动电商园区建设是揠苗助长，容易形成资源浪费，这是目前县域电商发展热潮中必须重视的问题。

7.3 县域电商，品牌为纲

胡晓云　浙江大学 CARD 中国农业品牌研究中心主任

如今已经是品牌时代，品牌有产品品牌、企业品牌、国家品牌、城市品牌、品牌新农村，等等。最近，大家常说要转变经济发展方式、转变经济增长方式，那么，转变经济发展方式和增长方式要靠什么？要靠品牌化。我国有丰富的物产和自然资源，但是到目前为止，并没有出现几个响亮的农业品牌，所以在创造农业品牌方面还有很大的空间。

1、创造农业品牌，创造品牌经济

品牌是什么？简而言之，意味着创造一种区分。利用产品生产、符号生产、体验感受，获得差异化。打造品牌的过程是品牌的价值创造或价值再造的过程。品牌战略是一种借助于符号化实现价值差异的战略。在迈克尔·波特的三大竞争战略当中，品牌战略属于差异化战略，包括形象的差异化、符号的差异化、产品特质的差异化、价值的差异化等。通过差异化战略，实现品牌经济。因此，品牌经济有三大特征：

一是提升实体经济价值的符号经济。在实体经济的基础上，通过符号生产，提升产品的文化价值与意义，实现符号经济价值。

二是增加资源经济价值的关系经济。我国各地农村都有丰富的物产资源、自然资源，但只有资源没有消费者，就不可能构建品牌资源、品牌价值。通过品牌打造，创造资源体系与消费者之间的关系，占有消费者心智资源，才能真正形成在认知、偏好、忠诚消费基础上的品牌经济。

三是超越价格经济优势的价值经济。品牌经济不是单纯打价格战的经济，而是通过创造价值感，获得更大的价值空间的经济形态。

2、顺应县域农业特征，创建区域公用品牌

品牌经济的诞生，是由于品牌消费时代的到来。当我们考察成熟消费时

代的生活时，可以看到：过去，人类会作为生物人去消费产品，满足自己作为一个生物人的衣食住行的基本需求；但人是社会性动物，作为社会人，人类会更多地从社会人的角度去消费产品。人类同时还是符号性动物，特别是当人们满足了作为生物人、社会人的需求之后，会越来越趋向于作为符号人去寻找更多有符号的象征意义的产品，满足自己有关意义与价值的追求。这就是我们今天与未来要遇见的消费者。我们说转型，实际上，转型要有基础，标准化做好，品质管控好，适度规模化，形成信息化、产业化，等等，这些当中，要有一个灵魂性的、核心的标志，这个标志，就是品牌化。因此，农业部有关文本表示：品牌是现代农业的核心标志。

有区域性的电商，就会有区域性的品牌。特别是农产品品牌，和其他品牌类型不同，它是自然产物，对产地的要求高，具有显著的区域性特征。同样是龙井，贵州龙井和西湖龙井一样吗？肯定是不一样的，尽管品种、工艺都可以一样，但是，无论从色泽、特质、口感还是文化上都是不可能一样的。所以，农产品商标更多地呈现为以地理区划为范畴特征的证明商标、集体商标，农产品品牌建设的重要着手应该是区域品牌。区域品牌包含的范畴大，包括农产品品牌、新农村品牌、城市品牌、县域品牌、城镇品牌、国家品牌等。

区域品牌共通性的特征如下：

第一，它是以区域地理范畴作为品牌生产区域的范畴。同一区域的自然条件、品种资源、品质特征、文脉资源、生活方式、生产方式具有相对的一致性特征。

第二，区域品牌具有公共性特征，处于某一证明商标区域内的生产者，只要获得授权、达到标准，均可以成为产品的生产者、商标的使用者。

第三，一般情况下，区域品牌商标的使用者和所有者分离。一般的企业品牌或商品品牌，其商标的所有者和使用者是一体的，但区域品牌是分开的。商标所有权属协会等组织，商标使用者为大量被授权的生产者。

在国际上，农产品区域公用品牌打造成功的例子有许多。如日本的神户牛肉，每一年，日本的牛产量为5000头，而真正能够成为神户牛的，只有

3000 头。但一斤一般的神户牛肉，却价值 750 元人民币，成为当之无愧的全球第一的奢侈品牛肉品牌。再如美国的爱达荷土豆，它每年的生产总值是 45 亿美金，相当于爱达荷全州生产总值的十五分之一。新西兰的奇异果，当消费者还不知道新西兰在哪里的时候，就已经先吃到奇异果了，奇异果成为一个以国家的名义推广的农产品品牌。这些都是非常成功的国际农产品区域公用品牌。

县域电商或者更大范围的电商系统，可以利用农业与农产品的产业、产品特征，打造区域公用品牌，建立企业品牌、产品品牌的有效平台，实现区域整体联动发展。打造"一县一品"，整体形成县域电商的品牌核心。

3、创建区域公用品牌的四种模式

（1）单一产品或单一产业的区域公用品牌

主要立足点是什么呢？就是在一个县或一个乡、镇、村里面，有一个在规模、产业上具有特殊性的产品或产业，然后打造基于该产品或产业的单一产业或单一产品的区域品牌。比如地理标志产品、原产地保护产品、地理标志证明商标，都属于这种类型的区域公用品牌。近来都在探讨研究临安电商模式。临安电商模式的重要特征，就是基于临安山核桃这个单一产业的区域公用品牌，实现品牌化的同时形成电商化模式。各地如烟台苹果、苍山蔬菜、威宁土豆、黄岩蜜桔、户县葡萄等品牌，都属于单一产品或单一产业的区域公用品牌。

单一产业区域公用品牌建设，政府做什么？政府的任务，就是要集聚整个区域的资源与力量去推动，促成区域公用品牌的诞生与运营、发展。首先，要做一个非常专业、科学、合理的品牌战略规划，然后集聚区域的所有力量来推广，帮助协会，帮助企业主体，形成政府推动，协会主导，企业、农户主体这样一个链条。农业品牌和其他品牌不同，工业品牌只要刺激企业去做，但农业品牌牵涉到众多的生产主体、资源体系，目前中国相关协会能力不够强，所以，只有县委、县政府一起来抓，一起来推动。比如说，品牌要注册、设计、传播，会涉及法务、工商、宣传、媒体、质检、品质标准化等一系列问题，如果仅仅是农业局牵头,没有县委县政府的推动,没有相关各个部门的协调共进,没有协会、企业的沟通与共赢机制,说实话,还真的做不成这件事情。

(2)产业综合品牌模式,集聚区域内全品类农产品,打造一个品牌

在我国县域农业当中,其实不是没有品牌,而是品牌太多。近年来,学习日本的"一村一品"活动,中国各区域(县域"一县一品"、乡镇"一乡镇一品"、村"一村一品"、合作社"一合作社一品",甚至多品)注册了大量的地理标志产品、地理标志证明商标、集体商标。但这些品牌大多小而散,不能够集聚规模力量。如果集聚一个区域的整体资源,打造一个整合品牌,在区域公用品牌、企业品牌、产品品牌之间形成母子品牌结构,效果会更好。这样的模式,在浙江的丽水市有重要突破。丽水市距离杭州很远,属于山区,"九山半水半分田",交通不便,相对较落后、贫穷。但它也保持了非常好的环境资源、自然资源、农产品资源。那么,在今天新的环境下,丽水农业如何脱颖而出?丽水市委市政府与中国农业品牌研究中合作,要做一个市级的整合的区域公用品牌战略规划。

品牌化过程就是价值创造或再造的过程。于是,该中心研究现状,发现问题与优势,然后,进行丽水九个区县的文化价值链、物质价值链、机制价值链的发掘与整合,提炼价值,彰显价值,补充关键的品牌价值链,进行品牌整合。为其设计了名为"丽水山耕"的品牌,体现丽水农业特质的标志"丽"字,结合"秀山丽水,养身福地"的丽水市品牌形象,锁定品牌调性,进行一致性的推动、延续,品牌口号为"法自然,享淳真"。"法自然"是说它的整个农产品的生产是道法自然,"享淳真"是让消费者享受到淳真的产品和淳真的心态,并通过符号生产,创造富有特色的"丽水山耕"品牌形象。辅助的符号系统,则根据九大产品品类的生产与产品特征,赋予它更新的生命,更高的价值感,最后,进行推广。通过模式化、渠道化、故事化、在地化的推广,一年时间内,将品牌推向市场,获得很好的品牌效应。

"丽水山耕"品牌推广一年之后,有两个重要变化:一是代理商代理丽水农产品的热情高。因为他们知道这个品牌后面有非常强的区域力量的支持,能够以最快速度进入相应市场吸引消费者。二是母子品牌结构模式。母子品牌结构模式的作用就是可以整合区域的力量和资源，并可以给旗下中小型企业的品牌做一个背书。中小型企业如果自己去打广告做传播，则资金压力大。如果"丽水山耕"授权，各企业品牌和"丽水山耕"之间就形成了母子品牌的关系，他就是"丽水山耕"的儿子，儿子就能够得到母亲的保护。所以，在"丽水山耕"品牌的背书作用下，子品牌也在协同成长。

中国农业品牌研究中心为贵州毕节市规划的"毕节珍好"品牌，也属于这一类型。不仅毕节市新创立了一个品牌，同时也带动了毕节市内众多企业品牌的发展。

(3) 区域资源委托企业管理模式

农产品品牌，因为资源的区域性、公共性，可以借助国有企业实现区域资源的委托管理来打造品牌。也就是说，该国有企业承担着整合区域资源、提升区域资源价值的使命。浙江省淳安县原来是一个贫困县，近几年旅游业发展很快，同时，也利用湖水造就了两个品牌：一是农夫山泉；二是"淳"牌有机鱼，是中国第一条有机鱼。虽然"淳"牌有机鱼的品牌是普通商标，但其资源的绝对控制权、国有制企业机制等都说明，这是一个区域资源委托企业管理品牌的模式。区域资源委托企业经营管理模式，可以集聚区域资源，同时更有企业的市场化灵活性。"淳"牌有机鱼不仅在鱼产品本身做文章，更形成了一条跨越三产的产业链，为全区域的旅游业、餐饮业、文化创意产业都带来了重大贡献。以一条鱼为起点，形成了品牌延伸、品牌产品线，引领了全区域的整体协同发展。

(4) 全域品牌化模式

如同国家品牌、城市品牌等区域品牌一样，将整个县域或乡镇作为一个综合品牌来打造，实现全域品牌化。"要像经营一个产品一样经营一个城市"，也要像经营一个产品一样去经营我们的县域、乡镇甚至村落。

中心在 2011 年为浙江省安吉市山川乡、报福镇等做了品牌规划。这个山川乡，在当初，只是一个拥有几个小村落的乡镇，只有靠打造品牌来引起城市消费者注意，让消费者喜欢进来，才能得到更好的发展。于是，决定做一个乡域的整体品牌。

城市里的人到乡村去有一个原因是乡村会使人感觉轻松。在城市里，竞争激烈。到了假日，想到一个地方去放松一下，可以和山水说说话儿。还有一些人，想去乡村找浪漫，还有一些人想去乡村寻找自己童年的回忆，怀旧、眷恋。所以，乡村品牌化需要满足城市人不同的需求。根据山川乡的村落布局特征，我们计划赋予它"浪漫"的概念，并提出品牌口号：阅山村，悦生活。根据"浪漫"的定位，在功能差异上进行相关设计，构成五大区块、八大主题、十二个项目。

全域品牌化，是一个整合的区域品牌，不仅是农业产业，也不仅是产业问题，而是整个区域的品牌定位、品牌个性、品牌文化的整合与表达，对当地的影响力会更大。

有关数据显示，浙江省安吉市山川乡经过全域品牌化规划顶层设计、落实实施之后，发生了大变化。三年多时间，进入"浪漫山川"旅游的人次上升了，乡民的收益也提高了。更重要的是，2015年1月8日，成为了中国第一个以乡域为范畴的4A级景区，真正实现了将社区变成景区的目标。可以预见，未来的山川乡，会因为浪漫，而成为城市人对乡村的消费对象，乡里的产品也会变成乡礼得到溢价销售，这里农户的生活会得到更好的提升。

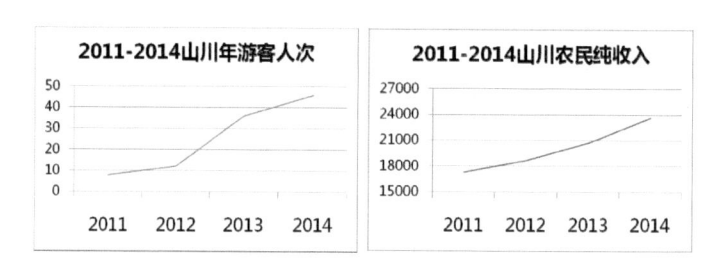

综上，县域电商，要以县域的产业品牌化、产品品牌化、企业品牌化、全域品牌化为核心，借助互联网渠道、互联网思维、互联网方法成就互联网经济，发展县域经济，实现品牌经济，这样，才能真正为中国三农做出更大的贡献。

7.4 酒香也怕巷子深——县域电商营销解密

薛倩　北京农鲜达农产品有限责任公司总经理

2004年，我从中国传媒大学毕业以后，一直在央视7套工作，做了近10年的农业记者。之后离开《聚焦三农》栏目下海，创办了北京农鲜达农产品有限责任公司。

我在做记者时，有一两年的时间都在关注农业电商的话题，采访过很多电商平台及政府案例。创办农鲜达以后的两年时间里，也都在关注农业电商事件营销、农产品区域品牌构建。

这两年，县域电商兴起，我从原来做农业记者的视角，给全国县域电商品牌做了一些梳理，农鲜达也做了一些成功的案例。

先给县域电商营销做一个定义：政府或企业通过策划、组织和利用具有新闻价值、社会影响及名人效应的人物或事件，吸引媒体、社会团体或消费者的兴趣与关注，以求提高政府、企业或产品的知名度、美誉度，树立良好的品牌形象，并最终促成产品或服务销售的手段和方式。

近两年各电商平台关于农产品所做的营销活动，主要分为三类：第一类，紧跟社会热点型；第二类，名人站台型；第三类，纯粹讲故事型。下面将通过三个案例，对县域电商营销进行具体分析。

1、瑞安渔业电商（案例）

瑞安渔业电商获得了2014年电商金麦奖——食品类案例的铜奖。

2014年，瑞安市水产在互联网上刚刚起步，瑞安市政府想发展电商，但整体品牌做得不好，找不到突破口。于是找到了农鲜达公司共同合作。在当地有一家这样的企业：一个一辈子在海上做捕捞的老板，把加工厂搬到了茫茫大海上，专做丁香鱼、虾皮等出口日本的生意，做得风生水起。问他怎么想到把工厂搬到海上的？他说丁香鱼俗名"离水烂"，即出水两小时后就会腐烂。很多渔民出海捕捞时，由于捕捞的量不够或因为出海太远回不来，致使丁香鱼在回来的路上就已经坏掉了。基于这样的出发点，2007年，他斥巨资打造了全亚洲最大的一艘海上加工船，一年365天，哪里有丁香鱼、虾皮等，船就停在哪里，边上常年围着大概1000多艘的小船为其捕捞，捞完就把原料送上加工船，既避免了原料的损失，又保证了原料的新鲜。

在这名渔老板的启发下，农鲜达公司计划给它加一个改变——改变中国渔业的销售历史。

在传统销售模式下，从一级批发商到二级批发商，消费者吃到鱼制品已经是半个月甚至一两个月之后了。日常吃的鱼制品从捕捞送到加工厂加工大约需要50个小时，而海上工厂从捕捞到加工只要30分钟！

当时的策划思路是：消费者通过互联网下单，企业接到订单再下网捕鱼，送原料到海上加工场，最后通过顺丰快递送货到消费者手里，挑战48小时最新鲜。并且，从下单就告诉消费者船在哪里，什么时间点捕捞上船，什么时候加工，什么时候送货，等等，让消费者可全程跟踪。

循着这个思路，农鲜达公司与阿里巴巴旗下的聚划算平台沟通。又与央视7套《聚焦三农》栏目组做了一些沟通，希望媒体一起来互动传播这个事情。

当然，政府的推动也非常重要。正因为和瑞安市相关领导做了大量的沟通，赢得了他们的全力支持，才最终促成了这一具有业内影响力的成功案例。

下图是最后的落地页：神奇的海上移动工厂。

7 县域电商——公共服务体系

与聚划算平台沟通后，他们对这个活动也给予了充分支持，提供了淘宝首焦两天和聚划算首焦三天及大小不等的各种资源。流量资源确定后，又精选出 11 种非常有代表性的 SKU 作为主推产品，丁香鱼干更是首次在互联网上销售。

另外，还策划通过创意视频来传递这次活动划时代的意义，活动落地页上通过一些细节体现亮点，如这艘加工船的船员平均工龄都在 10 年以上，让消费者感受到这个企业是非常注重品质的，不断强调活动的史无前例来刺激消费。同时，还在互联网上做秒杀活动，在 30 秒内 1000 份 9.9 元的产品即被抢光，在线等待的大概有几万人。其实，做秒杀就是对整个地域品牌的推广，可以吸引更多人来关注。

最后说一下销售额，259 万元，整个成交类目的 NO.1。当然，三天 259 万元不是主要目的，最主要是这次活动带动了整个类目的发展，带动了整个瑞安市水产行业互联网化的发展。

为增强活动影响力，为了与线上活动同步，在线下做了一个新闻发布会——中国海洋渔业互联网启航仪式。不仅有省里的领导、瑞安市相关政府领导、当地的市长都来了，还邀请到了中国水产加工流通协会张玉香会长、物流专家黄刚老师、美食家欧阳应霁老师，到场媒体有央视等共45家。

启航仪式采用了代表渔船起航的船舵，象征引领中国渔业销售模式的未来。现场以打鼓的形式来烘托气氛，这是当地的一种传统，象山开渔节、瑞安开渔节都会有这种大碗喝酒大声敲鼓的开渔形式。

上午十点整，随着现场嘉宾转动代表渔船起航的船舵，"海上第一网——中国海洋渔业互联网启航仪式"正式启动。海上1000多艘渔船开始下网捕捞，网上聚划算同步售卖，海上、网上同步，现场感十足。特邀嘉宾欧阳应霁老师还现场用虾皮给我们做了很多道菜，为美食渠道的传播提供了噱头。本次活动总结起来就是：一场特色表演、一个特色签约仪式和启航仪式。

销售额259万元不是一个可观的数据，如果用同样的流量来卖服装，5000万元也不足为奇。但虾皮作为一个非常冷门的品类卖259万元却非常难得。最重要的是，我们树立了一个示范标杆，让很多企业知道怎么去触网，怎么去做活动。此次活动带动了瑞安市当地很多渔业品牌在2014年下半年进军互联网，整个瑞安市全年线上销售额突破2亿多元。

本次活动得到了媒体的大量关注，央视7套《聚焦三农》栏目专门做了15分钟的跟踪报道，其锁定了三四个消费者全程跟踪，从下单那一刻开始，到下网捕捞、送大船加工、在与顺丰的通力合作下，送到消费者手中。当地日报、中国经济时报、央视网、人民网等大量的主流媒体都做了非常详细的报道，还有来自许多自媒体大V的力挺和传播。

"海上第一网"活动成功举办以后，这种线上线下结合，让消费者第一时间享受到价廉物美的海鲜产品的定制模式被许多人模仿。本次活动对推动中国海洋渔业转型升级具有战略性的意义，也为中国海鲜电商的发展开辟了

7 县域电商——公共服务体系

新的路径。

政府在这次活动当中扮演什么样的角色？首先，响应国策推进地方的创新发展，用互联网的方式创新。其次，整个过程起到主导的作用：① 与电商平台谈判，争取更多流量资源；② 和策划公司一起协调媒体资源，打造舆论高度；③ 最重要的一点是为产品背书，经过政府背书的商品消费者是比较放心的；④ 政策、资源的供给，安全的保障，提供资金推广活动，政府搭台企业唱戏。

2、吉林馆开馆（案例）

237

吉林馆开馆的时候 SKU 特别多，但重要的是两个产业的 SKU：一个是人参产业，一个是大米产业。我们"重点承担了人参产业的推广任务，并将此次活动命名为"鲜参下山"。

经过一番市场调研分析，针对此次活动，确定最有效的策略就是打造爆品：两根人参 79 元，低价切入，爆品先行，引爆整个品类。当然，只有价格低是不够的，我们还要挖掘东北长白山人参背后的故事，以情感打动消费者，实现价格与情怀双管齐下。

所以，团队聘请了央视的专业导演，拍摄了一部《跪着种出的人参》的片子。用一个 3 分钟的视频把长白山人参的品质，种参人的艰辛及其对大山、人参的感情淋漓尽致地表现出来。结果一个单品在开馆当天就卖出 2 万多份。

2012 年之前，人参还叫作资源性产品，新人参是不允许交给市场直接销售的，只能交给药厂去生产。而韩国早已开放了这个市场，所以像韩国高丽参这种品牌，其产值比中国很多企业的产值总和还高，而中国找不到一个大型企业去与他抗衡。在这样的背景下，以这种活动方式在互联网上做品牌引爆、产品推广就显得非常有价值了。

活动选的合作企业是紫鑫药业，一家上市公司，承接产品的发货，其实背后都是广大的参农，所以这次活动对提高当地参农的收入也起到了直接的作用。活动做完以后带动了整个鲜参类目关注度的提高，紫鑫人参销量提升，并且带动了一批小的人参品牌走上了互联网之路。

未来的互联网传播，除了图片，视频是非常重要的。下面给大家举一个用一部纪录片把品牌引爆的例子。

有一个普通的日本小店，老板是一位从懂事起就开始做拉面的老人。这间小店的独特之处是，每天都看到人们在排队，每个人大概要排一两个小时，有的人甚至从 100 多公里外跑来排队。这个小店一直在那个地方，几十年了，店主娶了妻没有生孩子，妻子去世了，他阁楼上面珍藏着所有珍贵的照片。在这个小店里，全国各地慕名而来学拉面的小青年络绎不绝，他从来不收费。

这部纪录片用10年的时间拍这位老人,记录他10年生活中的一些节点。从10年后倒计时开始老人已经生病,手关节已经变形了,但他仍然在忙碌。从站10小时到8小时到4小时,最后医生告诉他你只能站半个小时,但他仍然选择4点钟起床,只要他能站着他就会亲自和面,闻一下骨头汤,亲自教学徒们,把他最珍藏的东西传给他们。

人们看到这个纪录片的时候,会情不自禁被这位一辈子爱拉面的老人的情怀所感动,进而会爱这个品牌,在这部纪录片的宣传下,这间小店现在已经是日本数一数二的拉面品牌了。其实国内这种资源也非常多,包括自己区域内的产业,产业梳理出来最终一定会成为龙头企业,龙头企业背后一定有自己的创始人,每一个创始人背后都有自己的一些故事,但是都需要把它包装出来。

> 其实,每个企业最终传播的是三个东西:一、传播人;二、传播事件;三、传播产品。单纯传播产品很难打动人,如果你能传播事件,甚至传播最感人的事儿,就把境界升华了,最终消费者购买产品的时候,是带着情怀、带着感情、带着感动去的。

3、聚土地(案例)

聚土地项目2015年已做到了第四期,其操作的关键一点就是先要把农村闲置的土地流转到电商公司的名下,这个话题相对来说比较敏感,农村闲置土地很多,要看你怎么流转。

类似的项目在日本和美国叫CSA(社区支持农业)。社区居民先集资一笔钱,找到农村某一拨农民和地块,请他们按社区居民的要求去种植,不施化肥,提供生态有机的农产品,这种方式在大城市已越来越流行。

2014年3月第一期聚土地的想法就来源于此,合作对象是安徽省绩溪县。

先在互联网上接收了几千份蔬菜订单，然后拿这笔钱在绩溪县包了一块土地，让整个村的农民按我们的方式、标准去种菜，最后每周或者每个月给消费者配送蔬菜和鸡蛋。这个做法被称作"第三次土地改革"，因为它让农民摆脱了传统农业销售模式中信息不对称、不知市场在哪里的困扰，让农民明确了明年生产什么，消费者是谁，更重要的是钱先到位了。项目还有一个号召性很强的口号："老乡喊你来分地——定制你的私家农场"，鼓励网民来参与这件事。

绩溪县政府所负责的事情就是把效率低的农田集中起来，定制化生产。保证让参与这个项目的消费者不仅吃到健康的农产品，还让他们在心里产生一种归属感：在农村有一小块地是属于他的。如果离绩溪县很近，就会很想去看看，地里最近长什么东西？长的什么样子？这一去看，除了土地上的农产品被盘活，乡村旅游也被盘活了。绩溪县也有4A级的旅游风景区，这个活动做完以后，陆陆续续有大量的游客到绩溪游玩。当地政府非常高兴，来游玩一定要住下，住后一定要吃，吃完走的时候一定想带着农副特产，所以聚土地的模式在现有的当下对很多县域电商是一个值得探讨的方式。因为随着农产品电商的迅猛发展，下一步一定是乡村旅游电商化。每个县都有大量的乡村旅游资源，现在中产阶级有两三亿人，他们带来的消费市场将是巨大的。从某种意义上来说，聚土地这种模式不仅是以卖农产品带动乡村旅游，也会让整个农民的观念发生很大的改变。

第二期活动发起了五个地方，包括北京、上海、重庆等好几个农场。在第一期定制蔬菜的基础上，增加了定制土猪和土鸡蛋。2015年上半年做了第三期，下半年是第四期。这个活动的意义与影响非常大，甚至吸引了外媒的关注，《纽约时报》就曾经报道过。

4、三个案例的共同启示

在三个营销案例中，政府都扮演着一个很重要的角色：搭建平台、打造舆论高度，提供最大的流量支持，让活动的传播最大化，以及为产品背书、提供政策、资金支持，等等，把农产品产业链的价值发挥到最大。

政府作为县域电商最重要的推手，其营销意识的培养已势在必行，县域电商在人的问题、场的问题、产品的问题解决以后，面临的工作就是如何去引爆品牌，进行品牌营销。

县域电商营销主要有六个要素：第一，当地的有力品牌。如果产业没有特色和品牌，就很难做营销；第二，一定要有平台。无论跟大平台合作还是自己来营销，平台的选择非常重要。现在各地都想要自建平台，但比较难，还是提倡与大平台抱团来做；第三，重要的是一定要有很好的策划团队。策划团队可以帮你做专业的整合营销策划；第四，一定要有非常好的区域性农产品。产品在全国数不上，拿出来没有任何的特点，其实不太适合做这样的区域电商营销；第五，与媒体保持很好的互动。保持传播渠道的畅通；第六，把握好传播节奏。政府跟企业不一样，政府可能更讲究影响力、示范作用、标杆作用。总而言之，区域电商营销的六要素就是：品牌、平台、策划、产品、媒体和传播。

品牌
有品牌推品牌，无品牌塑造品牌，最终要打造地域品牌

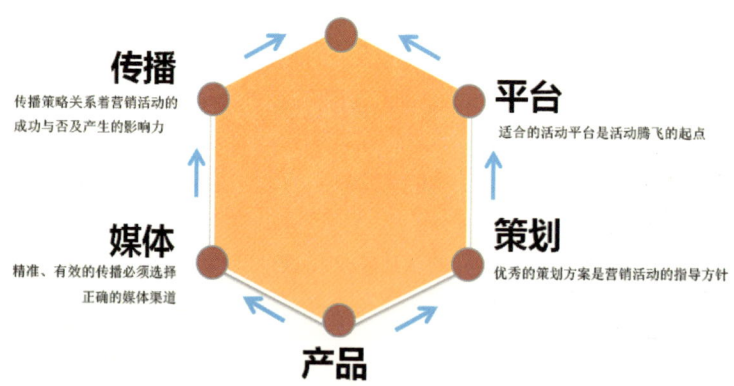

传播
传播策略关系着营销活动的成功与否及产生的影响力

平台
适合的活动平台是活动腾飞的起点

媒体
精准、有效的传播必须选择正确的媒体渠道

策划
优秀的策划方案是营销活动的指导方针

产品
品质优良，珍稀有特色的产品是营销的核心

县域电商是一个生态系统，一个复杂的体系，农鲜达为区域电商总结了一个五行理论：土生金、金生水、水生木、木生火、火生土，各个要素之间相互影响、相互制约或促进，循环往复。

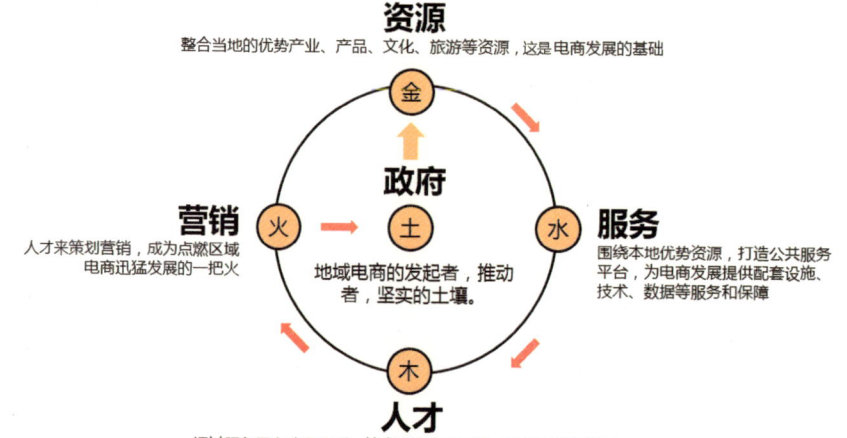

资源（金）
整合当地的优势产业、产品、文化、旅游等资源，这是电商发展的基础

政府（土）
地域电商的发起者，推动者，坚实的土壤。

营销（火）
人才来策划营销，成为点燃区域电商迅猛发展的一把火

服务（水）
围绕本地优势资源，打造公共服务平台，为电商发展提供配套设施、技术、数据等服务和保障

人才（木）
通过服务平台建设吸引、培育电商人才团队，实现可持续发展

谁是土？政府是土，地域电商的发起者、推动者。从大政府到地方政府肯定是一个最重要的推手。

谁是金？一定是资源，整合当地的优势产品、产业、文化、旅游资源，没有资源一切都是空谈。

谁是水？服务是水，一定要有专业的服务公司把产品标准化，把产品描述的故事讲清楚，去打造公共的平台，让电商的发展能够配套。

谁是木？人才是木，通过电商服务商吸引建设自己的人才团队。像农鲜达宁波分公司，不同于有些地方对培训结果的不负责任，他们专门开发了一套题库，宁波公司的电商培训是培训之后要保证让学员通过这套题库的考试。目前这套题库已被人社部选用，在各地推广。现在电商人才特别急缺，很需要去培养。

谁是火？营销一定是火，只有好的营销策划，才能点燃区域，电商才能够迅速发展，成为一把火燃烧起来。

总结一句就是：没有传统的经济，只有传统的思维。互联网＋区域＝区域电商，电子商务＋地方＝地方模式，现在出现好多模式，仁寿模式、通榆模式、遂昌模式，等等，根据我们参与打造的经验，你只要找准差异点，找到好的策划团队，也能打造出一个符合当地发展的新模式。

7.5 一个亿元大卖家眼中的县域电商

李春望　陕西美农网络技术有限公司董事长

县域电商最近一直是个大热点，许多县城为电商提供了各种各样的优惠，免费的场地、大笔的资金、各种论坛及讲座等。但是，电商究竟最需要什么？如何让县域电商更快地成长起来？

西域美农从 2009 年只有一个人的淘宝店开始，到 2015 年成为排名在全国前五的食品类电商公司，年销售额数亿元，深切理解网商成长的过程中最需要什么。他们需要的，仅仅是一个良好的电商生态和几个优势的品类。

网商之所以发展很快，因为绝大多数掌柜都有强大的生命力，只要帮助他们优化好环境，就会有快速的发展。而那些仅仅依靠政府补贴资金才能生存的电商，不可能有快速的成长。

如何能促使县域电商快速发展？个人认为，有两个举措：第一、打造互联网核心优势品类；第二、有效降低电商的各种成本。只要这两点中任何一点形成，都能大大促进当地电商的发展。

首先，最重要的是，在网络上培养当地的核心品类，抢占网络消费者的心智。

在此方面，西域美农有过比较经典的操作案例：2012 年联合淘宝网，采用预售模式，先采集订单，后发货。10 月 24 日预售出 10000 多箱，仅仅 3 天销售额达到了 400 万元，当时的苹果还在树上。这种模式，苹果还没有采摘，果农已经收到现金，而且省去了仓储费用。消费者又可以吃到最新鲜的苹果，苹果下树 4 天左右，已经到了消费者手中。

经此一役，淘宝网涌现了大批生鲜卖家，阿克苏苹果从此名扬天下。这就是网络可怕的地方，一旦占领消费者的心智，就可以抢先占据一个品类。

现在淘宝网买家搜索苹果，一般会搜索阿克苏苹果，阿克苏苹果的搜索量比陕西苹果高一个层级。观察淘宝指数可以看到，如果每天有1000个人搜索阿克苏苹果，则只有300人搜索陕西苹果和洛川苹果。而实际上，大家都知道，中国的苹果，陕西最好！

但是由于网上没有"集中"发声，所以，80后，尤其是90后普遍不知道。90后缺乏生活经验，很多知识都来自于网络，谁先占据他们的心智，谁就是第一名。所以，网络有可能颠覆整个传统市场。

再比如，哪里的莲子好？哪里的小麦好？哪里的桔子好？这些品类目前都是空白，是地方商家和政府跑马圈地的大好良机。一旦占据网民的搜索心智，比如阿克苏苹果、赣南脐橙，这个烙印将很难被其他地方取代。其他地方的脐橙、苹果，则很难有出头之日。

西域美农专业做优质农产品的探索，经过两年的运作，为陕西成功打造了富平柿饼、陕西柿饼这个名片。柿饼，陕西的产量只占全国的10%，但是现在在淘宝网上，买柿饼，消费者一般搜索富平柿饼；卖柿饼，卖家也喜欢冒充富平柿饼。也就是说，广西、山东这些柿饼的主产地，以后在网络上可能就没有了未来，永远只能挂着富平柿饼的名头卖冒牌货，或者沦为供货商。这是一件多么可怕的事情！

所以，个人建议首先要集中精力在网络上打造核心品类，占领消费者的心智空白。品类出来了，当地的农产品销售就会一飞冲天，相应的网商必然能快速发展成长，县域电商，自然也会成长起来。

富平柿饼、临潼石榴、陕西猕猴桃、兰州百合等，应该成为网民耳熟能详，想要吃的时候第一个想到的品类。今后，线下的展会、推广等费用，应适当转移一些到网上，和淘宝网多联合举行一些大型活动，集中推广优势单品。西域美农作为农产品品类打造专家，会继续精选各地优质农产品，打造一批消费者耳熟能详的品类。

其次，有效降低网商的各种成本。这方面，陕西省武功县做得比较好。

最近几年，新疆、甘肃等地区中稍微有规模的网商，除了少数几个迁移到湖北、江苏等地，其他都迁移到了陕西省武功县。武功县是一个国家级贫困县，给网商的资金扶持可谓少之又少，但是为什么武功县吸引到了大批的网商呢？在我看来，就是因为武功县有良好的网商环境，武功县对网商的扶持，已经跨越了初级阶段，到了打造电商环境的 2.0 阶段。

下面讲述在降低网商的各种成本方面，武功县是如何应对的。

（1）发货成本：包括快递成本、包装耗材（包装箱、胶带、填充物、印刷物）、工人工资成本。这些快递、耗材的使用量很大，以后会更大，如果在一个区域有便宜的快递，又有便宜的耗材，又距离很近，又有熟练的打包工人，那对网商来说，就太棒了。

武功县的应对办法主要如下。

- 运费成本：武功县本身具有很好的地缘优势，交通便利，通过西北电子商务第一县的口号，聚集了大批电子商务企业，同时不断协助和组织电商企业和快递公司集体谈判，形成快递价格洼地。
- 耗材成本：不断引入纸箱厂、胶带厂、印刷厂等周边耗材厂家，网商使用的耗材，都集中在一个县城，无论在发货速度还是成本上，都大为降低。
- 打包人工成本：对打包工人进行专业性培训，颁发证书。组织村长、村委书记参观电商企业，积极引导农民农闲时入厂打工。
- 发货系统成本：针对大中型厂家，引入系统厂家建立武功办事处。

（2）**生产成本**：中大型规模的网商一般都自有工厂，工厂最大的成本包括货物原料采集、包装袋印刷、生产机械、工人等。现有的包装袋从山东、广东、浙江等四五个地方引进，网商经常会发生突发情况下包装袋跟不上的情况。生产机械也是从广东等地引进。个人和小型网商主要靠代加工或者进货生存，所在地如果有靠谱的代加工工厂或者专业的生产工厂，对个人电商和小电商都非常有吸引力。另外，熟练的生产工人也是电商企业非常需要的。当地如果还有一个网店产品的聚集发散地，吸引力会更大，义乌小市场旁边聚集了数十万计的网商，只因为义乌市场本身就是一个商品集散地。

武功县的应对方法如下。

- 打造地域标志性产品：武功县政府积极引导，将投入线下的宣传费用分流到线上宣传，打造网络标志性品类——武功猕猴桃、武功苹果、武功锅盔等，引导农民种植优势品类，网商关注和销售优势品类。

- 打造网络产品批发市场：武功县打造网络产品集中批发市场，帮助网商一次性采购，节约成本。

- 包装成本：引导包装袋厂家在武功本地设立工厂的办事处。

- 设备成本：引导生产设备厂家，建立武功办事处。举办电商展会，邀请相应的农产品设备厂商参展。

（3）**销售成本**：一般员工的培训、骨干员工的招聘、产品包装、产品拍摄、产品策划、产品宣传，这些都是电商企业的痛点。如果一个地区能汇集基础电商培训学校、电商猎头公司、电商服务公司、电商策划公司，那它将是电商企业趋之若鹜的地方。如果当地政府还能提供品牌宣传的入口，比如奥特莱斯大卖场、宣传展示窗口、展会的参与曝光等，更是对电商企业有无穷的吸引力。

武功县应对方法主要如下。

- 基础员工成本：和各个高校建立合作，达成毕业生输送协议，创造环境吸引应届毕业生就业，对于在武功县工作的基础员工，通过淘宝大学提供免费的客服知识等基础培训，提升他们的技能。

- 骨干员工招聘成本：武功县前期建立基于微信的人才推荐、应聘平台，后期建立专门的网站模块或者网站，同时着手引入第三方专业电商猎头公司。

- 产品网络化：引入专业的第三方拍摄机构、第三方UED（User

Experience Design，用户体验设计）服务机构、第三方产品策划机构等，帮助电商把产品网络化。

- 宣传成本：通过展会、线下展示店、线下奥特莱斯店铺等展示宣传网商的产品，帮助网商导入线下流量。

（4）**资金成本**：电商一般都是轻资产，但是有明显的淡旺季，比如西域美农，在"双11"左右资金压力尤其大。一是农产品丰收，要拿出大量的现金去收购；二是秋冬营业额激增，"双11"这些大型活动备货动辄就要2000万元、3000万元，而对轻资产的电商来说，贷款特别困难。

武功县应对办法：成立电商专项资金，通过流水抵押、货物抵押等帮助网商度过销售旺季。

（5）**政策规则成本**：个体网商有很多是刚毕业的学生，很多是技术男、理工男，他们以前没有处理过和政府、平台的各种关系。如果有一个专门的机构帮助他们专门对接政府办事机构、淘宝网等平台，可以帮他们节省大量的时间和精力。这些政策规则的成本，有时候对网商来说，是致命的。

武功县应对方法主要如下。

- 政府政策：成立电商办，专门对接政府各个部门，一把手工程，等等。
- 各平台政策：成立驻杭州办事处等，帮助网商和淘宝网进行对接。

另外，武功县为了有效降低网商的交流成本、成长成本，经常组织网商沙龙，引导网商相互交流和学习。举办网商论坛，邀请全国顶级网商到武功县交流。

电商不像传统企业那样对地域性要求那么强，对网商吸引力更大的是以上成本的有力削减。

所有的这些举措，使入驻武功县的网商成本显著降低，大量的网商慢慢聚集到武功。网商来了，大量的网商服务公司，比如软件、耗材、机械、包装等行业也慢慢入驻。服务商的入驻又带动新一轮的网商成本降低，又会有更多网商跟进，如今的武功，正在经历这样的循环，慢慢地成为网商聚集的高地。可以期待的是，一个拥有良好网商生态环境的武功，比单纯的资金刺激，优惠政策刺激，更能培养出许多能征善战的网商。

通过以上两种方法的任意一种，或者两种举措并举，一定会大大促进县域网商数量和质量的提高，从而促进县域电商的发展！

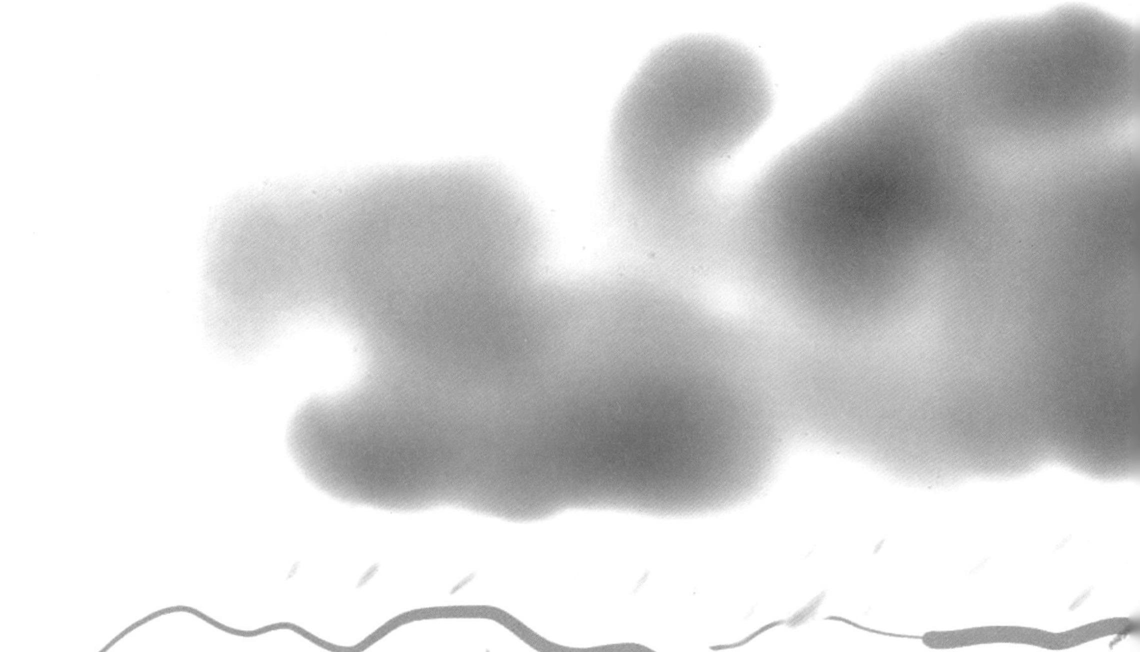

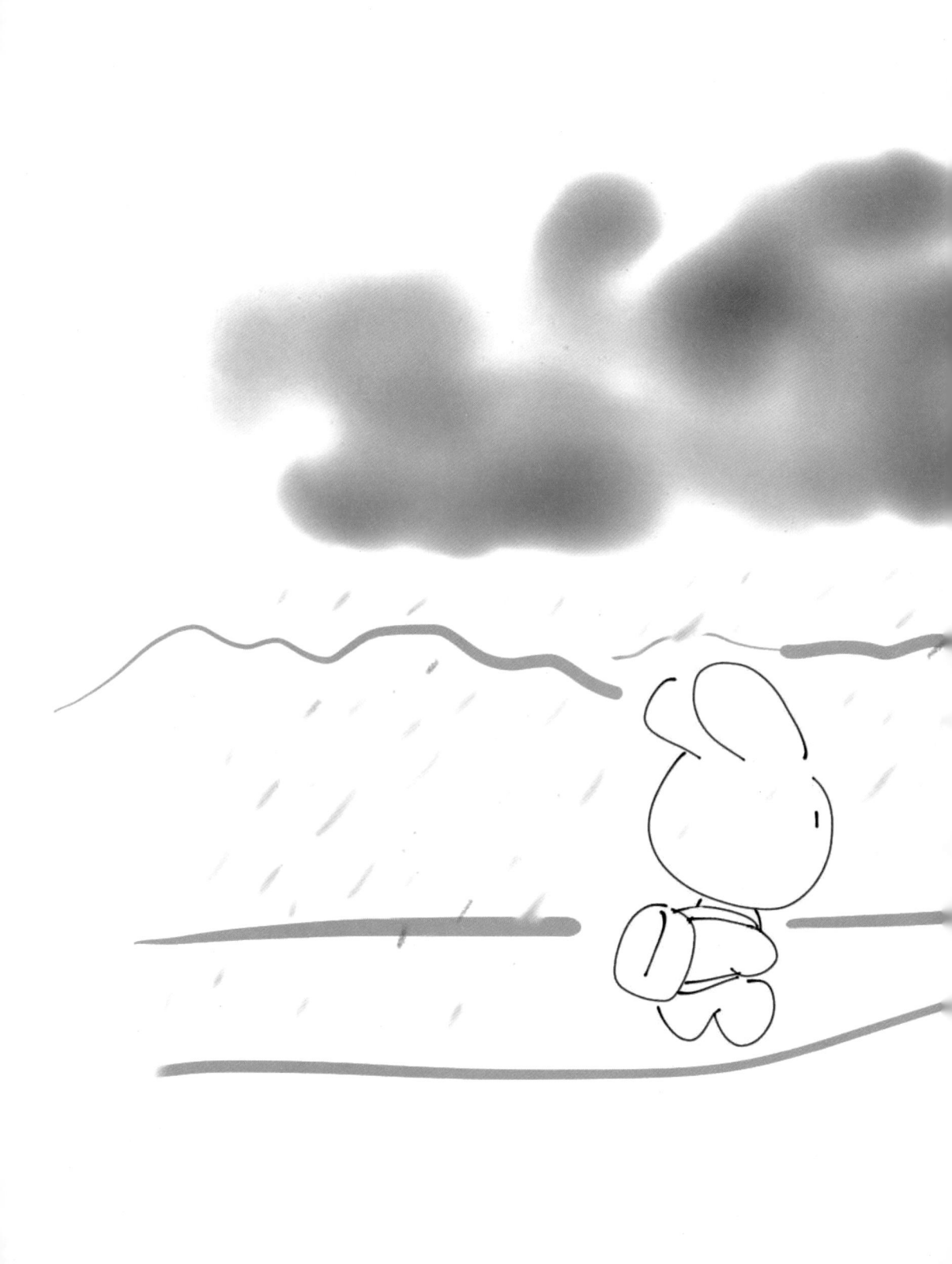

第三篇
资 源 篇

农村淘宝

刘希富　阿里巴巴集团农村淘宝事业部北方大区总经理

什么是农村淘宝（http://cuntao.taobao.com）？所谓农村淘宝是指阿里巴巴集团和各地政府深入合作，以互联网和电子商务为基础，通过构建县村两级服务网络，突破物流、信息流的瓶颈，实现网货下乡和农产品进城的双向流通渠道，最终建成村级的互联网生态服务中心，把电子商务、O2O、互联网金融、互联网政务等一系列互联网服务全部通过村服务站下沉到农村，覆盖到每一个村民身上，使老百姓足不出户就可以买"全球"、卖"全球"，而且可以享受高效、智能的互联网服务，是一个真正服务农民、创新农业、让农村更美好、价值深远的民生工程。

1、项目愿景

项目背景：阿里巴巴集团在美国上市之后，确定了集团的三大战略，即：农村电商、跨境业务和大数据，而农村电商战略率先启动，足见阿里巴巴集团对农村市场的重视度之高。

农村淘宝到底要做什么？即该项目的两大愿景：第一个是要实现互联网的城乡一体化。实现城乡一体化也是国家、政府及社会共同的愿望和目标，但要通过传统途径真正实现城乡一体化却没有那么简单，它受农村自然条件和人们意识等很多方面的制约。随着互联网和电子商务的发展，我们今天再来谈城乡一体化，似乎容易很多。因为互联网和电子商务的特点就是不受地域和空间的限制，在其面前农村和城市是可以站在同一起跑线上的，所以实现互联网的城乡一体化是我们的第一个愿景。

第二个愿景是助力、共建县域经济互联网生态，吸引更多的人才回乡创业。目前制约农村发展、农村电商发展的第一大因素就是人才匮乏，怎么能吸引更多的人才回来，这是非常关键的。我们希望通过这个项目吸引那些从村里出去的大学生和年轻优秀的打工者回到家乡创业，也就是所谓的"让农民再回到农村和土地上来"，同时把一些先进的互联网思维、互联网模式带回家乡，激发农村的活力、带动农村基础设施的建设，进而推动整个县域经济模式的升级转型和本地互联网生态的形成。

网货下乡 → 农村淘宝（人和 意识普及、地利 政府重视、天时 电商成熟）← 农产品进城

2、四大规划

农村淘宝项目要在三至五年之内投资一百个亿，建立1000个县级服务中心和10万个村级服务站。覆盖全国二分之一的县域和农村地区。

这个项目的具体实施，有四步规划：第一步先让村民触网；第二步是引导村民上网；第三步是在这个过程中吸引更多人才回归；第四步建成农村的互联网生态体系。

要发展电子商务，第一步要解决的就是全民意识问题，也就是触网的问题，而让老百姓触网最简单有效的方式就是让老百姓通过网络买东西。既解决农村商品匮乏假货多的问题，又培养了村民基本的互联网意识和习惯，最关键的是通过这一步还可以把农村最后一公里物流打通。

第二步是引导老百姓上网，也就是把村里的农产品卖出去。发展县域电商不能像搞房地产一样靠几个大企业和搞突击，要靠整个县域的电商氛围、基础设施及数以万计小而美的电商来实现。所以要吸引更多的人和生态进入到这里面，撬动整个社会的资源，这样才能真正把电商发展起来。

第三步吸引人才回归，其实这一步和第一、二步是同时进行的，整个项目成功与否，最关键的还是"人"，有多少人参与，吸引多少人才，最后沉淀多少人才，有多少明星和火种冒出来是成功的关键。

最后一步是建生态服务中心，我们希望村里这个服务站肩负的是改变整个村里老百姓生活方式的职责和使命，使村里老百姓足不出户就可以买"全球"，卖"全球"，还可以交水电费、电话费；买火车票、飞机票、旅游票；医院挂号、预约医生、远程医疗；网上贷款、理财、保险等高效智能的互联网服务，改变农村单调困乏的生活方式及单一的经济模式，这是我们最终希望实现的事情。

以上是农村淘宝项目的一些简单思路，欢迎各界朋友和政府一起共建，让我们的农村变得更美好！

注：第三篇所讲解的农村淘宝、特色中国等7种业务，都是阿里巴巴县域电商相关业务截至2015年12月的介绍，最新业务变化和介绍，请以阿里巴巴业务官方口径为准。

特色中国

杨润华　淘宝特色中国负责人

特色中国（http://china.taobao.com）和县域是怎样一个关系？它与地方的合作是分层次的，既有省一级的合作，也有市县一级的合作，有省馆、县馆、市馆，这里面的主体还是在市这一层。很明显，我们看到这是一个逐步发展的趋势，随着消费力的升级，随着供应链能力的逐步提升，我们看到越来越多的县域具备着这样一个对接商品上行的能力。

从特色中国整个业务来讲，要对应的商品包括农特产品和手工艺品两个大的品类，它对应的是商品的上行，实际上是帮助大家把东西卖出去，通过互联网的渠道给卖出去。

特色中国作为一个业务品牌，不仅是对接政府、县域的企业或者网店的项目，而且对消费者也有一个很强的认知和入口。从消费者出发，我们看到这样一个趋势，对安全、原生态的需求在逐步提升。从消费者感受来讲，这是一个尝新的诉求。从整个业务的角度来讲，特色中国项目希望跟各地政府和企业对接，实际上最后是希望形成一个精品的地方特产市场。

从整个特色中国的市场策略来讲，特色中国业务的核心立足之本是特色，特色肯定要与地方共建。从特产发现的角度来讲，地域是第一维度，我们也会把维度做得更丰富。从整个品牌认知角度来讲，其实特色中国这个品牌不仅是阿里巴巴拥有，也是属于各地的。从整个县域经济与特色中国项目对接的破局和机遇来讲，一个是把东西卖出去，一个是打造县域的名片。后续特色中国项目跟大家共建的东西，就是满足消费者对品质的需求，希望跟有经验的各地政府和企业一起共建。这样从消费者认知角度来讲，他会知道这个地方为什么是特色，为什么值得买这个产品。接下来分享几个要点。

第一，在整个特色中国大的项目里面，公共基础的建设也是非常重要的，我们希望慢慢有更多为当地网店提供拍照服务、提供物流服务、提供其他周边服务的服务性角色，这样各司其职，社会化分工，整个产业才能蓬勃发展。特色中国重点是从 2015 年 7 月开始对于精品市场的运营，淘宝网会投入更大的力量去合作，会跟各县域直接盘点特色的产品，与能够达到货品标准的供应商去盘点和对接，把他们招募到平台上，打造精品路线，让消费者在发现一个陌生的地方特色产品时会非常放心。

第二，从淘宝小二的角度来讲，不可能做到对所有产品了解，这就要跟大家一起去共建，特色中国项目会树立和推广几个典型的案例去做。

第三，特色中国项目在帮助大家发声，会做高频次的营销活动，淘宝网会投入大量的营销资源，各地政府也会投入大量的资源，发挥各地对当地特产和文化的理解，共同做营销的创意，大家可以报方案过来，一起去做，一起选秀，后面把一波波节奏打出来，让大家感受到特色中国项目的特色文化。

最后是自助开馆。下面介绍未来特色中国项目的趋势，整个业务在手机淘宝入口的流量已经是 PC 端的三到四倍了，而且这个趋势还在进一步提升，所以特色中国项目会在无线端有更大的创新。这是特色中国项目整个业务策略的重点，希望大家可以研究一下怎么开馆，在营销创意和文化传播上可以共创，一起制定标准，让购买各地特产的消费者放心、喜欢。

农村金融

俞胜法　浙江网商银行股份有限公司行长

蚂蚁金融服务集团（https://www.mybank.cn/index.htm）目前有这么几个版块，首先是支付宝，这是最早做金融的业务。然后在支付宝的基础上我们有余额宝、招财宝、蚂蚁小贷和芝麻信用等，现在还有很多保险的平台，以及新挂牌的浙江网商银行，这是整个蚂蚁集团现有的业务版块。

蚂蚁金融服务集团始终把农村作为非常重要的战略支点，会跟随阿里巴巴集团的农村战略来做好金融服务。在农村这么大的市场，它的金融服务是非常欠缺的，现在全国银行业的贷款余额大概在一百万亿元左右，但是在农村特别是在农户这一端贷款的余额，大概只有6.5万亿元，占到总量的6.4%。同时现在整体社会的信用档案也非常缺乏，城镇跟农村居民信用档案建立量大概是4:1，城镇和农村每万人的银行工作人员是329:1，从这几个数据可以看出来，农村金融的服务是不到位的。所以很多专家提出，中国金融最大的问题实际上是农村金融问题。

蚂蚁集团的农村金融怎么做？第一是协助阿里巴巴实现千县万村计划，在这个计划里我们希望能够把这些金融产品通过我们的村淘（农村淘宝）体系传达到农村。

通过农村淘宝的在线平台为农村的电商提供更多金融服务和产品。

农村金融项目希望把普惠金融体系触达到农村，当然也会和各地的政府，尤其是与一些世界性的金融组织一起来做，普惠金融的组织我们也会相应地结合起来。

现在做农村金融已经有了非常好的基础，已经拥有了大量的农村支付宝用户，其中绝大部分是手机用户，另外我们已经为584万家的农村小微企业累计提供了1333亿元的农村小微贷款，已经有200万家的农村电商。我们也正在挖掘潜力，怎么样为他们提供更好的金融服务，我们已经和2300多家农村金融机构建立了非常好的合作关系。农村电商的特点是集约化、智能化和年轻化，现在互联网发展以后，整个链条会有一些重组，在资源安排上面会突出集约化，而在生产组织上面主要体现智能化，同时农村的这些从业者，特别是农村电商的从业者出现了年轻化的趋势。我们怎么去适应它，怎么去为它提供一些配套的金融服务，这是我们要研究的课题。我们希望能够在两到三年内，为农村电商提供将近三百到五百亿元的资金，来带动或者促进农村电商的发展。

为更好地服务农民，农村金融项目推出金融E掌柜，目标是希望通过农村金融项目的努力，跟村淘一起在农村建立综合的解决方案，为未来的农业加上智慧农村、诚信农人的体系，在未来的体系上建立农产品的供应链金融。普惠金融怎么做？现在说得多，落地少，希望以后能够与地方政府合作，把普惠金融真正落到实处。通过普惠金融的实施，农村金融项目也希望能够吸引更多的人才回到农村，能够让他们来带动整个农村经济的发展。希望通过蚂蚁金融服务集团的服务，能够为县域经济的发展做出贡献。

农村物流

熊健　菜鸟网络农村物流负责人

菜鸟物流（http://www.cainiao.com）是整个阿里巴巴集团后端的物流支持平台，在菜鸟网络里面阿里巴巴集团和全国的快递公司、货运公司、仓储物流公司，甚至包括海关共同支撑起了淘系每天三千万件包裹，同时支撑了天猫商超、天猫国际、天猫大家电等一个个垂直类目。今天，这支团队还支持着农村淘宝这个新型的业务。

首先跟大家讲一下农村物流的现状，阿里巴巴集团很早就开始尝试进入农村这个市场，但是我们发现这里面不仅是交易的问题，还有一个问题是很多乡村并没有通物流，所以农村消费者无法像城市消费者一样享受送货上门的服务。因为没有订单所以没有物流，因为没有物流，反过来制约着订单。今天农村淘宝的出世就是为了从交易端、物流端同时入手，打开这个死节，为农民创造真正和城市一样的购物和物流的体验。

菜鸟物流做了消费、订单和物流的三驱动，农村淘宝的前线部队就是通过在全国建立合伙人机制，让合伙人真正深入到农村，帮助村民下单、购物、产生包裹、产生订单，而同时农村物流团队会和农村淘宝的业务团队一起，紧跟着在每个县建立二道物流网络，所以农村淘宝项目是我们找到真正打开农村电子商务交易的一个新渠道。

下面介绍一下农村二级物流网络的搭建，其实它的核心就是菜鸟物流在每个县城所建立的农村县级物流中心，这个物流中心其实不仅是一个仓库，它更多的是整个未来农村电商下行和上行货品的枢纽，随着订单逐渐增长，菜鸟物流会向消费者做出更多的服务承诺。今天农村物流团队已经和农村淘宝项目一起进入了全国，整合了中国邮政、快递公司和区域物流公司在内的将近30家合作伙伴，共同搭建这张基础物流网络，未来随着前台业务的不断深入，市场还会更大，非常希望各地政府和农村物流项目一起共建这张网络，只有阿里巴巴集团和政府一起去解决这个难题，这个网络才能疏通，而且这个网络的建成是一个真正的电商的基础设施，只有物流通了，货品才能流通，物流是与交易和支付一样不可或缺的农村电商铁三角。

你们可能会发现当物流问题被解决以后，村民迸发出来的交易活力是不可想象的。随着物流体系的建设，消费力会持续上升，就像马云所说的，农村淘宝就是希望通过交易的打通，通过物流的打通，让村民可以花1000元买到线下2000元的商品。

菜鸟物流的节奏其实很简单，会紧紧和农村淘宝项目的业务团队一起，在全国持续铺设二道物流网络，2015年已经实现了月均120万单，到2016年1月，会达到月均600万单的规模。从这张网络图可以看到，它的价值是巨大的。

最后农村物流的发展方向是什么,我们发现互联网+这个概念并不仅仅属于城市,互联网+真正让城乡实现一体化。希望通过农村物流建设,真正解决农村当下基础设施落后,电商发展不利的局面,同时也会把物联网网络进一步深入,让村民的运输工具可以加入到农村物流的互联网体系里来,真正成为整个农村生态圈的组成部分。

通过农村物流通道的建设,第一是可以建立商品下乡的物流通道;第二是建立农产品销售物流通道;第三是建立县域商贸流通网络主动脉。希望大家看到未来穿着农村物流标识的快递人员来到你们家门口的时候,给他们一个微笑,因为他们肩上肩负着整个农村电商的未来。

中国质造

陆夏　淘宝中国质造负责人

中国质造（q.taobao.com），是淘宝网 2015 年推出的一个优质商品购物频道，是一个连接先进制造业和大众消费者的电商平台。中国质造致力于带动中国制造产业从"制造"到"质造"的转型升级，同时致力于为大众消费者提供物美价廉的优质商品，为人们带来更加美好的品质生活。

在当前的经济形势和市场背景下，中国传统的制造企业正处于一个转型升级的关口：

一是随着大众生活水平的提高，人们的生活方式也在发生着改变，对生活的品质需求愈来愈明显。

二是制造企业的订单锐减，盈利衰退，面临着企业发展甚至生存的巨大压力。

因此，无论从消费者需求还是企业发展的角度看，中国的制造产业都迫切地需要进行转型升级。

事实上，中国作为曾经的"世界工厂"，有着大量先进的制造企业，它们遍布在国内的各个产业带，拥有生产优质产品的能力，却缺乏品牌曝光的机会和销售的渠道。这些制造企业努力地迎接产业升级的挑战，但摆在他们面前的却是重重障碍，可以说，中国制造产业的转型升级迫切地需要来自外界的协助。

正是基于此背景，作为国内规模与影响力最大的电子商务平台，淘宝网结合国家提出的"互联网+"战略，推出了中国质造平台。

如本节开头所提到的，中国质造是一个连接先进制造企业和大众消费者的电商平台，同时服务于企业端和消费者端：

首先，中国质造携手中国各个产业带的先进制造企业，为它们提供巨大的流量、丰富的资源和大数据，让这些先进的制造企业快速获得品牌曝光的机会与电商销售的渠道，同时可以直接触达大众消费者，得到精准的市场数据。

其次，我们集中各个先进制造企业的优质商品，联合权威的检测机构，联动地方政府的监管，通过高标准的质量检测和高保障的售后服务，全力打造中国质造的平台影响力，不仅为制造企业品质背书，更是让消费者在中国质造的购物平台上快速、放心地买到优质商品，让人们享受到品质生活带来的美好。

目前，加入中国质造的企业已经遍布全国数十个产业带，淘宝网中国质造项目的目标是扶持 100 个产业带，1000 个明星品牌，推动 1 万家传统制造企业转型升级。

简而言之，中国质造将一以贯之的坚持——致力于带动中国制造产业转型升级，为国人创造更加美好的品质生活！

满天星

刘洋 阿里巴巴满天星业务负责人

满天星（mantianxing.taobao.com）是阿里巴巴集团"码上淘"计划的重要组成部分，基于二维码，为品牌提供从生产数据管理、产品溯源、防伪验真、产品说明、用户互动、品牌营销的一整套解决方案。满天星计划采用了目前国际领先的二维码技术，通过个人密钥数字签名加密，与线下离线 SDK 数据验证相结合等方式，可以做到产品上的二维码独一无二，实现"一品一码"，成为品牌产品身份证。

2015 年 4 月阿里巴巴集团推出的农产品溯源计划，目的在于解决中国农特产品市场的三个痛点：一是农特产品质量和安全问题成为消费者最大"痛点"；二是品牌识别，针对产地资源抢占滥用甚至冒用，导致地域名品质量、形象、声誉下降的问题。同时，很多自有品牌自成一套溯源认证体系，无消费者认知；三是县域模式，如何能够将当地特有资源结合起来，而不是单纯的售卖。

该计划与农特产品原产地直接对接，盘活优质县域的优质农产品资源。通过二维码追溯系统，对农产品的生产信息、流通等相关数据做追踪反馈，并通过当地政府、农检局等搭建原产地数据同步。消费者通过扫商品码，就能对该农产品品质信息形成认知。2015 年 8 月，阿里巴巴集团启动满天星"点亮中国"溯源计划，目标是在二至三年内将 1000 个公共品牌/地标产品和上万个农特品牌加入满天星计划，完善生态链，市县商品码的多重链接，同时提供标识流通管理平台，市县标识可追溯、可监管、数据商业化。

阿里巴巴满天星扫码技术的植入，有利于深化和深度建立阿里巴巴满天星计划中国县域农产品质量追溯互联网的保障模式。全新扫码溯源模式的建立，对于搭建本地优质农特产品和网络销售的桥梁，带动本区域农产品经济发展，将会成为必不可缺的力量。

淘宝大学

刘国峰　淘宝大学学习运营中心负责人

淘宝大学（http://daxue.taobao.com/）是阿里巴巴集团旗下的核心教育培训公司，以不断提升网商成长为己任，整合集团内外及领域内的优势资源，历经10年的积淀和发展，每一步皆立足电商成长之所需，打造线上线下多元化、全方位的电商学习平台。

为了帮助政府在县域电商发展中找到自己的角色及定位，淘宝大学于2014年12月推出了淘宝大学县长电商研修班，这是淘宝大学倾力打造的针对县级政府高级领导干部定制的专题研修班，通过对政府学员进行包括电商政策解读、县域电商趋势分析、县域电商探索实践等一系列相关课程的共创培训，帮助政府全面推进县域电商的发展。研修班分为统招班（面向全国开放报名）与定制班（针对省/市为单位定制）两种培训方式，在县长电商研修班的课堂上，淘宝大学邀请了阿里巴巴集团高级管理者与众多来自农村电商一线的探索者及政府相关人员参与共创，与学员共同分享中国县域电商最前沿的思想与观点。截至2015年12月底，淘宝大学已成功开办40期，覆盖全国26个省/自治区、193个地级市、598个县（包括170个贫困县），总共培训县级领导干部1572人。

淘宝大学在做县域电商实践上面的经验就是：要把县域电商做好，要理清楚人和事，它是一个体系，一个目标，四个角色。

县域电商里面各个角色的关系，主要是搭建一套"人、场、务"运营体系。"人"是组织的提升，这个组织包括网商、企业、团体、政府。"场"就是在线店铺的应用能力，怎么样把店铺经营得更好，提升经营管理的能力。"务"是在整个政府参与过程当中，政策决策是怎样的。三个角色中每个角色都有关联度在里面，同时彼此之间又产生联系。县域电商离不开圈子中每个角色发挥的作用和价值。

做县域电商人才培养的目标到底是什么？其实就是要为县域培养具有互联网意识和能力的电商人才。

首先政府相关部门要有互联网＋的思维，通过对互联网的了解能够深刻地理解各种关系，如何重新审视各种关系，如何梳理这个路径的发展。整个政府部门从2014年开始不断地走出来，看县域电商怎么来做，怎么来发展，组织资源协同并进。

然后在整个支撑体系的建设过程当中要不断做一些探索，对人才培养很重要的第二方面就是传统企业，让企业的经营者想到通过互联网来做电商，或者触网来销售产品，这个意识要补上去。还有服务商，服务商的角色无非是四个方面：人、货、配套设施、资源。

网商人才培养要想清楚三个问题：Who、What、How，谁来创业？用什么来创业？如何创业？农村淘宝项目就是希望很多人回到农村创业，参与项目的应该有80%是年轻人，锁定在20到35岁之间的年龄段，看看哪些人能够成为我们的创业团队。第二个就是卖什么的问题，好的产品能不能挖掘出来？第三个就是如何创业，这跟淘宝大学要做的事情有关系。整个县域电商人才的培养有三个维度，第一个要有互联网思维，第二个要有互联网应用，第三个要有互联网创业。

2015年上半年，淘宝大学在县域电商里面还做了哪些事？县域人才服务商的提升，希望能够用社会化的力量和生态化的力量帮助当地的网商成长，还有线上的涉农培训和知识体系的搭建，淘宝大学半年内沉淀的400至500个课程体系都是跟涉农有关的。

淘宝大学现在在做的县域电商人才服务商的定位，主要有三个：第一，培养岗位人才，县域电商缺人，那么把人培养出来，通过服务商来帮大家培养。第二，聚焦在本区域。第三，有一定的培训经验和培训阅历。帮助淘宝大学和县域电商来培养岗位人才，淘宝大学也会有一些服务的支撑体系来配合。

整个人才服务商的合作思路有四个方面，第一个合作伙伴的定位。第二个帮助大家提升能力，如果你有优秀的团队，有执行的能力，有本地的师资力量，淘宝大学可以帮你提升本地的师资培养能力，还有本地课程的研发能力。第三个是资源整合的能力，会整合淘宝大学的讲师、课程，以及阿里体系内的资源。截至2015年12月，淘宝大学人才服务商全国已签约92家，覆盖25个省、3个直辖市、83个地级市，培训累计10万人次。

淘宝大学在线学习属于公益项目，是提供免费学习内容为主的互动平台，里面的课程全部是短视频的课程，十分钟一门课，只要用淘宝账号登录就可以学习了，我们希望把合作方的课程体系提升上来，同时把学员聚集在上面，共同针对学员定制个性化的体系和课程推荐。

淘宝大学在线学习中心-业务场景

简单总结一下，淘宝大学在县域电商里面做的一些工作：第一、我们会做县域领导干部的培训。第二、推动当地的人才培养。第三、运营在线平台，更多的是公益的学习项目，去完成一些短视频的学习。第四、和农村淘宝、中国质造等项目合作，搭建商家成长体系和培养地方人才。淘宝大学希望各地有更多的优秀服务商涌现出来，一起去推动县域电商人才的发展！

后 记

形势比人强。就在关于县域电商的种种争论还在热烈进行的时候，县域电商的实践却正在以"轻舟已过万重山"的态势飞速前行。这一年多来，上到总理，下到县长甚至是乡镇长；大到互联网巨头、大型传统企业，小到一般创业者，都在热议电商，也都在关注着以农村电商为主要支撑的县域电商发展，对其未来充满期待。到底如何做县域电商，在没有成熟理论指导的情况下，各地"摸着石头过河"，竟也逐渐摸索出一些可行的路数来。从最早的乡村电商——"沙集模式"，到农产品电商起家的"遂昌模式"，再到已经成型的县域经济电商转型——"义乌现象"，县域电商的实践大有"忽如一夜春风来，千树万树梨花开"之状，那些坐在书斋里讨论多日也搞不清楚的东西，一遇实践便竟相明了。

实践催生理论，理论促进实践。也就是在这种情形下，对县域电商进行系统理论梳理的必要性与日俱增。在更多的县将要启程县域电商之路的时候，迫切地需要对已有的先行先试者进行理论上的归纳。但令人遗憾的是，翻遍琳琅满目的电商书籍，专门论及县域电商的至今匮乏，一批电商界人士以知识分子应有的历史责任感努力开启县域电商研究之路。

2014年1月，汪向东、梁春晓两位电商元老合作的《新三农与电子商务》出版，主要依托两个农村电商方面的调研报告改编而成，重点关注了农村网商和沙集模式，是迄今为止的县域电商系统研究发轫之作。

2015年1月，阿里研究院组织编写的《中国淘宝村》上市，由多位学者对电商在乡村的聚集这一独特的农村电商现象进行了集中剖析，打开了县域

后记

电商研究的一个重要领域。

2015年7月，莫问剑以亲历者的身份出版了《八万里路云和月——一个国家扶贫开发工作重点县的互联网+》，第一次对一个县域的电商之路做了全景式的观察和系统思考。

2015年8月，陈恒礼撰写的《中国淘宝第一村》出版，进一步深入剖析了沙集模式的产生、发展与形成，给研究整个农村电商带来启示。

2015年11月，拙作《农村电商——互联网+三农案例与模式》出版，试图对县域电商作一个总体上的定义与内部板块划分，并对一些实践案例进行了分析，但一些观点还需要进一步讨论。

在理论上从无到有进行研究积累的同时，丰富多彩的县域电商实践本身就是理论上的积极开拓，从首届县域电商大会上的百县一堂到第二届县域电商大会上的千县云集，越来越多的县域电商案例成为理论研究最大的宝藏。

所以，必须从更宽广的视野对现有的县域电商理论与实践进行收集、整理、分析，为今后的发展提供更多的参考与借鉴。于是便有了淘宝大学、阿里研究院联合策划的这本《互联网+县域：一本书读懂县域电商》。

有幸成为本书的主编，倍感荣幸，也深知任务艰巨。本书前期资料收集得到各方热烈响应，专家学者、党政领导、电商服务企业纷纷参与，每一份文稿都饱含着对县域电商的真知灼见。但一本书的厚度总是有限的，读者更希望的是去繁从简，直达要旨，而各具特点的行文风格也要与全书的总体意图相匹配。所以，我只能拿出曾经的杂志编辑"旧刀"，大刀阔斧，忍痛割爱。一方面是压缩文字，单篇原则上不超过5000字，多余文字一律删减，将全书从初稿的686页压缩到现在的规模；另一方面是规范体例，大体圈定一个格式，相对齐整，并根据实际情况进行文字的分节，必要时加注小标题，甚至是更换文章题目。还有文字上的细节修改，更有电子工业出版社编辑们一丝不苟的编校，最后终于成书。

不必苛求完美，上路更显重要。这本书依然是县域电商初期阶段的产物，其理论与实践的梳理依然是初步的，甚至内容还是比较粗糙的，但至少可以比较全面地展示一幅图景：在县域电商"摸着石头过河"的过程中，有哪些路径是可行的，有哪些泥潭险滩是需要躲避的，有多少暗流涌动需要防备，还有哪些意料之外的收获等，从而为后来的"过河"者提供一个有效的参考，推动县域电商实践的全面深化与提升，这便是本书的最大价值所在。也可以预计，随着县域电商实践的加速，本书的理论梳理与案例解析，很快也需要升级。

最后，感谢大家对本书编辑工作的支持和编委会对我个人的信任，特别是在时间紧、任务重的情况下，那些"大动干戈"式的文字"粗暴拆迁"也注定会造成一些失误、遗漏和偏差，在这里说一声抱歉，并请谅解。在今后的县域电商之路中，期待与大家继续一路前行。

魏延安

陕西团省委农工部部长

2016 年 1 月于古城西安

县域电商、互联网+三农相关图书推荐

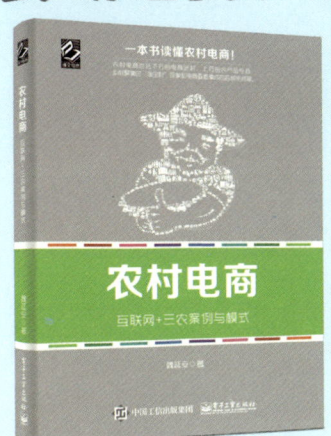

详细分析农村电商近几年发展案例与模式的图书！

淘宝大学县长班名师魏延安力作！

《农村电商》
ISBN：978-7-121-27432-9
出版日期：2015年10月
作者：魏延安

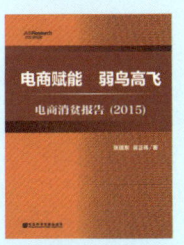

《电商赋能 弱鸟高飞》
ISBN：9-787-509-78496-9
出版日期：2015年12月
作者：张瑞东 蒋正伟

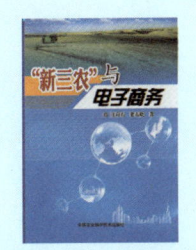

《新三农与电子商务》
ISBN：9-787-511-61528-2
出版日期：2014年1月
作者：汪向东 梁春晓

《中国淘宝第一村》
ISBN：9-787-214-16100-0
出版日期：2015年8月
作者：陈恒礼

《再战农村电商——互联网+时代的下一个新战场》
ISBN：9-787-115-41046-7
出版日期：2016年1月7日
作者：文丹枫 徐小波

《中国淘宝村》
ISBN：978-7-121-25075-0
出版日期：2015年1月
作者：阿里研究院

《互联网+：从IT到DT》
ISBN：978-7-111-49950-3
出版日期：2015年4月
作者：阿里研究院

《互联网+绿水青山——农村电商"丽水现象"透析》
ISBN：978-7-5051-3626-7
主编：丽水市农村电子商务工作办公室

《八万里路云和月：一个国家扶贫开发工作重点县的互联网+》
ISBN：978-7-121-26389-7
出版日期：2015年7月
作者：莫问剑

《互联网+：未来空间无限》
ISBN：978-7-010-14810-6
出版日期：2015年5月
作者：阿里研究院

电子工业出版社专业电商图书编辑，诚邀您合作撰写、出版图书，为县域经济、农村电商发展分享专业知识！

张编辑　电话：010-88254045
邮箱：zhanghong@phei.com.cn